LANGUES POUR TOUS

Collection dirigée par Jean-Pierre Berman, Michel Marcheteau et Michel Savio

ANGLAIS
Langue générale

❑ Pour s'intier avec un « tout en un » :
- **40 leçons pour parler anglais** ●● CD

❑ Pour se perfectionner et connaître l'environnement :
- **Pratiquez l'anglais britannique en 40 leçons** ●● CD
- **Pratiquez l'américain en 40 leçons** ●● CD

❑ Pour se débrouiller rapidement :
- **L'anglais tout de suite !** ●● CD

❑ Pour s'initier à l'anglais avant la 6e :
- **40 leçons Juniors** ●●

❑ Pour mieux s'exprimer et mieux comprendre :
- **Communiquez en anglais** ●● CD

❑ Pour évaluer et améliorer votre niveau :
- **Score anglais : testez votre niveau**

❑ Pour s'aider d'ouvrages de référence :
- **Dictionnaire de l'anglais d'aujourd'hui**
- **Grammaire anglaise pour tous** (débutants)
- **Grammaire de l'anglais d'aujourd'hui** (2e cycle)
- **Correspondance pratique pour tous**
- **L'anglais sans fautes**
- **La prononciation de l'anglais** ●● CD
- **Dictionnaire bilingue de l'argot d'aujourd'hui**
- **Vocabulaire de l'anglais moderne**

❑ Pour prendre contact avec des œuvres en version originale :
- **Série bilingue** (extrait du catalogue **avec plus de 45 ouvrages**) :

➡ Niveaux : ❑ facile (1er cycle) ❑❑ moyen (2e cycle) ❑❑❑ avancé

- *À thème :*
  - **L'humour anglo-saxon** ❑❑
  - **Nouvelles Science-fiction américaines** ❑❑
  - **L'anglais par les chansons** CD

■ *Auteurs anglais :*

Carroll (L.) ❑❑
Dickens (Ch.) ❑❑
Doyle (A.C.) ❑❑
Greene (G.) ❑❑
Shakespeare (W.) ❑❑❑
Wilde (O.) ❑
Nouvelles anglaises et américaines 1 et 2 ❑❑

■ *Auteurs américains :*

Bradbury (R.) ❑❑
Chandler (R.) ❑❑
Columbo ❑❑
Hitchcock (A.) ❑❑
James (H.) ❑❑❑
King (Stephen) ❑❑
London (J.) ❑❑
Nouvelles classiques ❑❑
Twain (M.) ❑❑

●● CD = Existence d'un coffret : Livre + K7 et/ou CD

Attention ! Les cassettes ne peuvent être vendues séparément du livre.

Également :

ALLEMAND - ARABE - CHINOIS - CORÉEN - ESPAGNOL - FRANÇAIS - GREC - HÉBREU - HONGROIS - ITALIEN
JAPONAIS - LATIN - NÉERLANDAIS - POLONAIS - PORTUGAIS - RUSSE - TCHÈQUE - TURC - VIETNAMIEN

La prononciation de l'anglais

par

Jean Tardieu

Agrégé d'anglais

CD

Nouvelle édition

POCKET

SOMMAIRE

PRÉSENTATION

La prononciation de l'anglais s'adresse à tous ceux qui s'intéressent à l'aspect sonore de l'anglais : enseignants, étudiants et non spécialistes.

- L'ouvrage comporte **6 parties :**
  I. Les sons
  II. L'accentuation et l'intonation
  III. Prononciation et orthographe
  IV. Contractions et réductions
  V. Principales difficultés des francophones
  VI. Variétés d'accents à travers le monde

- Cette structure permet une double lecture : par son organisation en grandes rubriques, au sein desquelles s'articulent des sous-ensembles, elle permet l'apprentissage ou la révision des règles fondamentales de la prononciation de l'anglais.

Par la richesse de ses détails, la minutie avec laquelle son auteur traque les exceptions, cet ouvrage donne, aux spécialistes et aux amateurs, le plaisir d'explorer toutes les niches et tous les recoins de l'univers sonore de l'anglais.

ISBN : 2-266-11253-8

Conseils d'utilisation

Ce livre est à la fois une **méthode** et **un ouvrage de référence**.

Il s'adresse à ce titre au spécialiste comme aux étudiants et aux non spécialistes.

• Utilisé comme une **méthode**, il sera lu et étudié en suivant l'ordre d'apparition de ses 6 parties.

• Considéré comme un **ouvrage de référence**, il se prêtera à la consultation de telle ou telle de ses parties grâce à sa table des matières détaillée.

→ Un **index** en fin d'ouvrage permet une recherche encore plus ponctuelle (par exemple des mots terminés en -ough ou commençant par sch-, etc.).

■ Les non-spécialistes d anglais, candidats à des examens ou à des concours, qui désirent affronter les épreuves orales d'anglais dans les meilleures conditions auront tout intérêt à commencer leur lecture par la **V^e^ partie** : *Principales difficultés de prononciation pour les francophones* et à effectuer les exercices qui l'illustrent.

■ Les francophones qui comptent entreprendre un voyage dans un pays de langue anglaise tireront également parti de la lecture de ces chapitres, tandis qu'ils pourront être avertis des difficultés particulières de compréhension dans telle région du globe, à la lecture de la **partie VI**, *L'anglais à travers le monde*.

■ Les spécialistes d'anglais, étudiants et professeurs, trouveront dans les **parties I à IV**, une étude systématique et approfondie de la prononciation anglaise qui pourra leur apporter des éclaircissements ou des éléments pour la préparation de concours ou d'exercices pour le laboratoire de langues.

●● Il existe une **version sonore** : on y trouve l'enregistrement (avec des accents variés) d'une sélection d'exemples illustrant chaque partie de l'ouvrage.

CD Voir p. 320 les index des passages enregistrés auxquels vous pouvez accéder directement.

INTRODUCTION

Une langue est fondée sur la reconnaissance et la reproduction : de signes pour l'écrit, de sons pour l'oral.

De même qu'il nous est indispensable, pour apprendre certaines langues, comme le russe ou l'arabe, d'assimiler un alphabet nouveau, il nous est également nécessaire de nous familiariser avec des sons étrangers à notre propre idiome.

Mais, à la différence de la plupart des autres langues, l'orthographe anglaise, à première vue, ne nous renseigne guère sur l'accentuation et la prononciation à l'intérieur même d'un mot.

En outre, tout comme un point d'interrogation ou d'exclamation peuvent modifier le sens d'une phrase écrite, ainsi accents de phrases et intonations, montantes ou descendantes, jouent le même rôle dans la langue parlée.

Ce sont ces diverses difficultés que nous allons nous efforcer de résoudre, en évitant le plus possible la théorie et les termes savants. Les exercices pratiques et les enregistrements permettront à chacun de s'assurer du degré de maîtrise obtenu, tant pour la production que pour la compréhension. A cet égard, l'anglais étant utilisé par près d'un milliard d'hommes et de femmes comme langue vernaculaire ou véhiculaire, il nous a paru indispensable de rendre compte des principales différences que l'on peut rencontrer dans les Iles Britanniques, en Amérique ou dans les anciennes possessions anglaises, les exemples fournis ne prétendant évidemment pas être exhaustifs.

I. PREMIÈRE PARTIE : **LES SONS**

- GÉNÉRALITÉS
- ALPHABET PHONÉTIQUE

I. CONSONNES

II. VOYELLES

III. DIPHTONGUES

I. • GÉNÉRALITÉS

Il existe de multiples façons de prononcer l'anglais, comme nous le faisions remarquer dans l'introduction, mais pour faciliter la pratique des sons de la langue anglaise, il est nécessaire d'en choisir une et de définir les différences par rapport à elle. La plus communément admise est la « Received Pronunciation », ou R.P., qui est celle des Anglais instruits du Sud de l'Angleterre, mais surtout celle des speakers de la BBC et celle que les enseignants anglais utilisent de par le monde. C'est donc elle qui nous servira de point de départ.

En outre, pour représenter les sons des différentes langues du globe, on a imaginé divers systèmes de référence mais l'un d'entre eux est plus universellement reconnu : c'est l'Alphabet de l'A.P.I. (Association Phonétique Internationale, en anglais International Phonetic Association).

Il s'agit d'un alphabet où chaque lettre ou groupe de lettres a toujours le même son. Ce sont ces lettres ou « symboles phonétiques » que l'on trouve dans la plupart des dictionnaires, et que nous reproduisons ci-après, avec en regard le mot-clé qui l'illustre.

I. • ALPHABET PHONÉTIQUE

Consonnes :

p	**pin**	*épingle*	occlusives, appelées ainsi parce que l'air est retenu par les lèvres ou la langue avant d'être libéré pour la prononciation du son.
b	**bin**	*boîte*	
t	**tin**	*étain*	
d	**din**	*vacarme*	
k	**come**	*venir*	
g	**good**	*bon*	
f	**fine**	*bien*	fricatives, consonnes articulées en resserrant le chenal expiratoire et caractérisées par un bruit de frottement.
v	**vine**	*vigne*	
θ	**think**	*penser*	
ð	**this**	*ceci*	
s	**seal**	*phoque*	
z	**zeal**	*zèle*	
ʃ	**sheep**	*mouton*	
ʒ	**measure**	*mesure*	
tʃ	**chain**	*chaîne*	affriquées : phonèmes (c'est-à-dire simplement sons du langage) doubles, formés d'une occlusive et d'une fricative.
dʒ	**Jane**	*Jeanne*	
h	**how**	*comment*	fricative « aspirée » (en fait expirée)
m	**sum**	*somme*	nasales
n	**sun**	*soleil*	
ŋ	**sung**	*chanté*	
l	**light**	*lumière*	liquides
r	**right**	*droite*	
w	**wet**	*humide*	semi-consonnes
j	**yet**	*cependant*	

Voyelles :	iː	**bean**	*haricot*
	ɑː	**barn**	*grange*
	ɔː	**born**	*né*
	uː	**boon**	*aubaine*
	ɜː	**burn**	*brûler*
	ɪ	**pit**	*puits de mine, fosse*
	e	**pet**	*animal favori*
	æ	**pat**	*tapoter*
	ʌ	**putt**	*poter (au golf)*
	ɒ	**pot**	*pot*
	ʊ	**put**	*mettre*
	ə	**another**	*un autre*

Diphtongues :	eɪ	**bay**	*baie*
	aɪ	**buy**	*acheter*
	ɔɪ	**boy**	*garçon*
	əʊ	**no**	*non*
	aʊ	**now**	*maintenant*
	ɪə	**peer**	*scruter*
	eə	**pair**	*paire*
	ʊə	**poor**	*pauvre*

Vous remarquerez qu'à la différence de l'alphabet ordinaire, l'alphabet phonétique anglais comporte 44 symboles (24 consonnes et 20 voyelles et diphtongues). Le français n'a lui que 20 consonnes et 16 voyelles.

Cet alphabet fait l'objet du premier enregistrement de la cassette d'accompagnement. Les mots, phrases, ou passages enregistrés sont indiqués en grisé.

De plus, lorsqu'un mot ou une phrase seront accompagnés de leur transcription phonétique, celle-ci figurera toujours entre deux barres diagonales. Ainsi :

another /ə'nʌðə*/.

L'apostrophe qui figure avant le /n/ dans /ə'nʌðə*/[1] indique que la syllabe qui suit est accentuée, c'est-à-dire qu'elle est prononcée plus fortement et plus longuement que celle qui précède et celle qui suit.

Les problèmes d'accentuation seront traités en II.I-II-III, page 67.

---

(1) Pour la signification de l'astérisque, reportez-vous au chapitre I.1.12, p. 36.

I.1. LES SONS CONSONNES

Ils sont le squelette des mots et des phrases anglaises. Sans eux, une phrase serait incompréhensible.

▪▪ Notez qu'une phrase peut, à la limite, rester compréhensible lorsqu'on remplace tous les sons voyelles par le même son neutre /ə/. Ainsi :

/ə hədn't sən həm fər ə vərə ləng təm/

Vous aviez reconnu :

"I hadn't seen him for a very long time",

il y avait bien longtemps que je ne l'avais vu. Mais qui comprendrait cette phrase avec les seuls sons voyelles, si bien prononcés soient-ils !

Les symboles phonétiques des pages 15-16 présentent les 16 premiers sons consonnes deux par deux. Ces 8 couples ont un caractère commun :

• Le premier son de chacun est dit *sourd* c'est-à-dire qu'il est prononcé sans que les cordes vocales vibrent.

• Pour le second, dit *sonore* ou *voisé*, la prononciation est exactement la même, avec une même position des lèvres et/ou de la langue, mais cette fois avec intervention des cordes vocales.

A ces remarques, qui sont valables aussi bien en français qu'en anglais, s'en ajoute une autre, spécifique à l'anglais cette fois : les sons consonnes sourds anglais, en syllabe accentuée, sont prononcés avec une forte expiration.

▪▪ Comparez ainsi :

Les poules pondent
et **pools and ponds** *(les mares et les étangs)*

I.1 Les sons consonnes

1. Le couple /p/, /b/

• /p/ est sourd. C'est un son très court, prononcé avec une forte explosion lorsqu'il est en position initiale.

• /b/ est sonore, plus long que /p/ et n'entraîne pas d'expiration.

• Lorsque /p/ est placé au début d'un mot, en syllabe accentuée, l'expiration est plus forte encore, mais lorsque /p/ est précédé de /s/ au début d'un mot il n'y a pas d'expiration.

Comparez et répétez :

a pill	*une pilule*	**a bill**	*une facture*
an approach	*une approche*	**a brooch**	*une broche*
a spy	*un espion*		
happy	*heureux*	**shabby**	*élimé*
a lap	*un tour de piste*	**a lab**	*un labo*

Poor Peter's poodle was pulled out of a puddle by a paddle.

Le caniche du pauvre Pierre a été tiré d'une flaque avec une pagaie.

Betty Batter had some butter, but she said, this butter's bitter ; if I bake this bitter butter, it would make my batter bitter.

Betty Batter avait du beurre, mais dit-elle, ce beurre est amer. Si je fais cuire ce beurre amer, ça rendra ma pâte amère[1].

❑ Comme vous le constatez, le son /p/ correspond généralement à une graphie p ou pp (**a pill, happy**) et le son /b/ à la graphie **b** ou **bb** (**a bill, shabby**) ; mais il existe un certain nombre de mots où le p ou le b ne se prononce pas, par exemple : **pneumatic** /njuːˈmætɪk/, *pneumatique* ; **psychology** /saɪˈkɒlədʒɪ/, *psychologie* ; **a receipt** /rɪˈsiːt/, *un reçu* ; **the thumb** /θʌm/, *le pouce* ; **dumb** /dʌm/, *muet* ; **debt** /det/, *dette* (cf. pp. 99 et 121).

1. Ces **"tongue-twisters"**, phrases difficiles à prononcer en raison de l'abondance de sons voisins (et qui sont du style de nos « chemises de l'archiduchesse sont-elles sèches... ») sont de bons exercices de reconnaissance au début, et plus tard, vous aussi, en maîtriserez la production. Nous y reviendrons en fin de chapitre.

I.1 Les sons consonnes

2. Le couple /t/, /d/

• /t/ est sourd, /d/ voisé. Dans les deux cas, la pointe de la langue ne s'appuie pas contre les incisives, comme en français (dentales), mais contre les gencives.

Comparez le français *toutou* et l'anglais **two, two**, *deux, deux* et prononcez :

ten	*dix*	**den**	*repaire*
twin	*jumeau*	**to dwindle**	*diminuer*
a writer	*un écrivain*	**a rider**	*un cavalier*
the latter	*ce dernier*	**the ladder**	*l'échelle*
heat	*chaleur*	**heed**	*attention*
fate	*destin*	**fade**	*se faner*

Tommy Tye	*Tommy Tye*
tried to tie his tie,	*essaya de nouer sa cravate*
but tugging too tight	*mais en tirant trop fort*
tore his tie	*il déchira sa cravate.*

Dauntless Doris Davis does a dozen daring dives daily.

L'intrépide Doris Davis fait chaque jour une douzaine de plongeons audacieux.

❑ Le son /t/ correspond aux graphies **t** ou **tt**, mais il est de nombreux cas où **t** ne se prononce pas. Exemple : **castle** /ˈkɑːsl/, *château* ; **ballet** /ˈbæleɪ/, *ballet*. En revanche la graphie **th**, généralement prononcée /θ/ ou /ð/ se prononce /t/ dans des mots comme **Thames** /temz/, *la Tamise* ; **Thomas** /ˈtɒməs/, *Thomas*. Ces particularités seront examinées p. 135.

❑ Remarquons aussi que la graphie **ed** se prononce /t/ au prétérit et au participe passé des verbes se terminant par une consonne sourde autre que **t**. Exemple :

he stopped /stɒpt/, *il s'arrêta* ; **he looked** /lʊkt/, *il regarda* ; **he missed** /mɪst/, *il manqua*.

❑ Le son /d/ correspond aux graphies **d** ou **dd**, mais en américain **t** ou **tt** entre voyelles se prononce généralement comme **d** ; exemple :

ladder /ˈlædəʳ/, **latter** /ˈlætəʳ/, **tomato** /təˈmeɪdəʊ/.

Ces particularités feront l'objet d'une étude en VI.I.A.

3. Le couple /k/, /g/

Ces sons ont à peu près la même prononciation qu'en français.

- /k/ est sourd, et à l'initiale est accompagné d'une expiration plus forte qu'en d'autres positions.
- /g/ est sonore et plus long que /k/.

Exercez-vous :

a cut	*une coupure*	**a gut**	*un boyau*
a card	*une carte*	**a guard**	*un garde*
to crow	*chanter* (coq)	**to grow**	*pousser* (plante)
lacking	*manquant*	**lagging**	*à la traîne*
an ankle	*une cheville*	**an angle**	*un angle*
the back	*le dos*	**the bag**	*le sac*

Keep clean socks in a clean sock stack

Conservez les chaussettes propres dans un tas de chaussettes propres.

The accountant cut along to the counting house out of countenance as his cash didn't tally with his careful calculations.

Le comptable se précipita vers la comptabilité tout décontenancé car ses espèces ne correspondaient pas à ses savants calculs.

Good gardeners grow great gherkins.

Les bons jardiniers font pousser de magnifiques cornichons.

The grotto underground was guarded at the gates by a glowing-eyed guard dog.

La grotte souterraine était gardée à la porte par un chien de garde aux yeux de braise.

I.1 Les sons consonnes

1. Le son /k/ peut, comme vous le voyez, avoir nombre de graphies.

• **k** comme dans **to keep**, *conserver*, **skate**, *patin*

• **c** ou **cc** lorsque ces lettres sont suivies de **a**, **o** ou **u**, ex :

cat	*chat*	**according to**	*selon*
could	*pouvait*	**hiccup**	*hoquet*

• ck

lack	*manque*	**luck**	*chance*
sick	*malade*	**tackle (to)**	*s'attaquer à*
sock	*chaussette*		

• ch

chaos	*chaos*	**Christmas**	*Noël*
scheme /skiːm/	*plan*	**stomach-ache**	*maux d'estomac*

• qu

quay	*quai*	**to conquer**	*conquérir*
antiques	*antiquités*		

2. Le son /g/ correspond généralement à la graphie **g** ou **gg**. Cependant, il peut aussi parfois correspondre à :

• gh

ghost	*fantôme*	**gherkin**	*cornichon*

• gu

guest	*invité*	**guard**	*gardien*

⇒ Le **g** n'est pas prononcé dans certains mots :

	sign	*signe*	
(to)	**reign**	*régner*	etc.

⇒ que nous étudierons plus en détail p. 109 à 114.

1. Comme vous l'avez peut-être remarqué, les mots déjà utilisés et traduits ne sont pas traduits à nouveau. Cela vous permettra d'utiles retours en arrière et enrichira votre vocabulaire.

4. Le couple /f/, /v/

se prononce comme en français
/f/ est sourd, /v/ est sonore.

1. /f/ correspond à **f** ou **ff** mais on peut trouver également ph comme en français dans les mots d'origine grecque, et surtout la graphie gh très souvent mal prononcée et mal identifiée et sur laquelle nous reviendrons pp. 113 et 114. Mais il ne faut pas confondre le groupe **ph** et la dernière et la première lettre de mots composés, ex. :

loophole /'luːphəʊl/, *échappatoire.*

2. /v/ correspond à la graphie **v** mais dans **of**, *de*, ainsi que dans le prénom **Stephen,** *Étienne*, la prononciation est également /v/.

Comparez :

fine /faɪn/	*bon*	**vine** /vaɪn/	*vigne*
to feign /feɪn/	*feindre*	**vain** /veɪn/	*vaniteux*
a rival /'raɪvl/	*un rival*	**a rifle** /raɪfl/	*une carabine*
a life /laɪf/	*une vie*	**alive** /ə'laɪv/	*vivant*
off /ɒf/	*au loin*	**of** /ɒv/	*de*
offer /'ɒfə*/	*offre*	**to hover** /'hɒvə*/	*survoler*
rougher /'rʌfə*/	*plus rude*	**lover** /'lʌvə*/	*amant*

et prononcez : **enough** /ɪ'nʌf/, *assez* ; **to cough** /kɒf/, *tousser* ; **tough** /tʌf/, *coriace* ; **to laugh** /lɑːf/, *rire* ; **draught** /drɑːft/, *courant d'air.*

For fine fresh fish phone Phil.

Pour du bon poisson frais téléphonez à Philippe.

The lone leavers leave the leafy lane.

Les permissionnaires esseulés quittent le sentier feuillu.

Violet vainly viewed the vast vacant vista.

Violette contemplait en vain la vaste perspective vide.

Even Stephen's even oven's on.

Même le four régulier d'Étienne est branché.

5. Le couple /θ/, /ð/

Jusqu'ici les sons consonnes présentés avaient leur équivalent en français. Il n'en est pas de même de ce couple, mais il ne faut pas en exagérer la difficulté. D'abord, ces consonnes sont facilement identifiables. Ensuite qui, dans sa vie, n'a jamais imité un zozotement ?

• En bref, ces consonnes s'articulent en plaçant la pointe de la langue sur les incisives supérieures, de façon à ce qu'elle dépasse très légèrement et en prononçant /f/ pour /θ/ et /v/ pour /ð/.

❑ Remarque : certains anglophones (les Cockneys de Londres par exemple) remplacent souvent /θ/ par /f/ et /ð/ par /v/. De plus, dans la région de Liverpool, le /ð/ initial sera le plus souvent remplacé par /d/ et beaucoup d'Américains ne limitent pas cette substitution à l'initiale. Enfin dans la région de Belfast, en Irlande du Nord, le /ð/ entre deux voyelles est souvent omis. L'essentiel pour vous est de ne pas prononcer /s/ pour /θ/ et /z/ pour /ð/. Ces remarques valent surtout pour les étudiants car les examinateurs sont assez pointilleux à ce sujet mais nos interlocuteurs anglophones trouvent souvent un certain charme à ces prononciations typiquement françaises.

• /θ/ et /ð/ correspondent toujours à la graphie **th** mais l'inverse n'est pas vrai. Ainsi, comme nous l'avons vu à propos de /t/, et comme nous le verrons plus en détail p. 135, des mots comme **thyme** /taɪm/, *le thym* et **the Thames** /'temz/, *la Tamise*, se prononcent avec /t/.

De plus, il ne faut pas se tromper dans la prononciation des mots composés lorsque, comme c'est souvent le cas, aucun trait d'union ne sépare les différentes parties du mot ; ainsi, **the anthill,** *la fourmilière* est-il formé des deux mots **ant** /ænt/, *fourmi* et **hill,** *colline*, et se prononce /'ænthɪl/.

• On peut remarquer qu'à l'initiale /ð/ est le son utilisé pour des mots à fonction grammaticale, articles, pronoms, conjonctions, adjectifs possessifs, ce qui n'est pas le cas de /θ/.

I.1 Les sons consonnes

Ex. :

the	*le, la*	**that**	*cela*
they	*ils, elles*	**then**	*puis*
more than	*plus que*	**thus**	*ainsi*
this	*ceci*	mais **through** se prononce /θruː/	*à travers*

• Notez enfin le passage de /θ/ à /ð/ lorsque des mots comme **youth** /juːθ/, *jeune*, **path** /pɑːθ/, *allée*, sont mis au pluriel : **youths** /juːðz/, **paths** /pɑːðz/.

Et maintenant comparez :

a bath	*un bain* (dans une baignoire)	**a bathe**	*une baignade*
a path	*un sentier*	**rather**	*plutôt*
and so forth	*et ainsi de suite*	**furthermore**	*en outre*

et répétez : **three months,** *trois mois.*

Miss Smith's mouth is full of growths although she bathes it to soothe her throat.

La bouche de Mlle Smith est pleine d'excroissances bien qu'elle la baigne pour calmer sa gorge.

I've been following a thoroughly thrilling thread about ethical funds.

Je lis depuis un moment un fil de discussion vraiment passionnant sur les fonds éthiques d'investissement.

Whether the wind is northerly or southerly is neither here nor there.

La question n'est pas de savoir si le vent est du nord ou du sud.

All that comes out of the mouths of these youths is oaths.

Tout ce qui sort de la bouche de ces jeunes n'est que jurons.

Those clothes are full of writhing moths.

Ces vêtements sont pleins de mites qui se tortillent.

I.1 Les sons consonnes

6. Le couple /s/, /z/

Il ne présente aucune difficulté. /s/ est sourd, /z/ sonore (voir p. 126).

1. /s/ correspond, comme en français, aux différentes graphies **s**, **ss**, **c** ou **sc** (devant **e**, **i** ou **y**).

2. /z/ s'orthographie z ou zz mais aussi s ou même ss. De plus, à l'initiale x se prononce toujours z sauf dans **Xmas,** abréviation de **Christmas** /ˈkrɪsməs/, *Noël*, qui se prononce comme le mot non abrégé et dans **X-ray** /eksˈreɪ/, *rayons X* et ses dérivés où **X** se prononce comme la lettre de l'alphabet /eks/.

❑ En revanche s ne se prononce pas dans un certain nombre de mots comme **an island** /ˈaɪlənd/, *une île*, **corps** /kɔː/, *corps* (diplomatique, d'armée, etc.) que nous étudierons en III.I.15, p. 126.

Comparez et répétez :

/s/		/z/	
tense	*tendu*	**tens**	*des dizaines*
peace	*la paix*	**peas**	*des petits pois*
lice	*des poux*	**lies**	*des mensonges*
my niece	*ma nièce*	**my knees**	*mes genoux*
a seal	*un phoque*	**zeal**	*le zèle*
fussy	*tatillon*	**fuzzy**	*frisottés* (cheveux)
a house	*une maison*	**to house**	*abriter*
too loose	*trop ample*	**to lose**	*perdre*
a crisis	*une crise*	**to possess**	*posséder*
basic	*de base*	**a lens**	*une lentille*
gas	*le gaz*	**an observer**	*un observateur*
paradise	*le paradis*	**Mars**	*la planète Mars*

❑ La prononciation /s/ ou /z/ des pluriels en **s** et des 3e personnes du singulier du présent de l'indicatif des verbes sera traitée en détail pp. 129, 130.

Les sons consonnes

7. Le couple /ʃ/, /ʒ/

Ces sons se prononcent comme le **ch** de *chambre* ou le ge de *genou*.

1. /ʃ/ correspond le plus souvent à la graphie **sh**

should	/ʃʊd/	*devrais (je)*	**cushion**	/'kʊʃn/	*coussin*
shell	/ʃel/	*coquille*	**cash**	/kæʃ/	*argent liquide*

❑ Mais /ʃ/ correspond parfois, pour des mots d'origine française, à :

- ch : **machinery** /mə'ʃiːnərɪ/ *mécanisme*
  chandelier /ʃændə'lɪə/ *lustre*
- **s** ou ss suivis de **u** :
  sure /ʃʊə/, *sûr* **to assure** /ə'ʃʊə/, *assurer*

❑ /ʃ/ correspond, plus rarement à **sch**

- dans **schedule** /'ʃedjuːl/ *horaire*, prononcé /sk/ par les Américains /'skedjuːl/
  schist /ʃɪst/
- et dans de nombreux mots d'origine étrangère, surtout allemande ou yiddish :

schlemiel *idiot*
schmaltzy *sentimental* (musique)
schnapps *gin hollandais*
schnitzel *côtelette de veau*

❑ Au milieu de certains mots, correspondant à la graphie **ti, si**, **sci**, **ci** ou **ce**, ex. :

condition /kən'dɪʃn/
Asia /'eɪʃə/
(se prononce aussi /'eɪʒə/)
conscience /'kɒnʃəns/
social /'səʊʃl/
ocean /'əʊʃn/

→ alors que **science** se prononce /'saiəns/.

2. Le son /ʒ/ ne se trouve que très rarement à l'initiale et un peu plus souvent en finale et ceci toujours dans des mots d'origine française, qui conservent leur sens originel et leur graphie **g**, ex. :

gendarme	**mirage**	**espionage**
genre	**fuselage**	**beige**
gigolo	**camouflage**	**rouge**, *fard*
barrage	**sabotage**	

❑ A l'intérieur d'un mot, /ʒ/ correspond soit à :

• une graphie **si** **decision** /dɪ'sɪʒn/

• une graphie **s** ou **z** suivie de **u** :

treasure /'treʒə*/ *trésor*
leisure /'leʒə*/ *loisir*
/'liːʒəʳ/ (U.S.)
pleasure /'pleʒə*/ *plaisir*
azure /'eɪʒə*/ *azur*

• une graphie g dans le mot d'origine française **bourgeois** /'bɔːʒwɑː/

Et maintenant à vous :

Répétez :

machinery	**ocean**	**schedule** (2 pron.)
pleasure	**treasure**	**Asia**

Even though he had to cross the ocean or the azure, I assure you, he would be on schedule.

Quand bien même il lui faudrait traverser l'océan ou l'azur, je vous assure qu'il serait à l'heure.

The bishop had to rush to see the treasures of Asia during his leisure time.

L'évêque dut se presser pour voir les trésors de l'Asie durant ses loisirs.

8. Le couple /tʃ/, /dʒ/

Un « match », le « jazz », ces deux mots contiennent des phonèmes doubles qui sont très rares en français et qu'on trouve toujours dans des mots d'origine étrangère. Au demeurant, ils ne présentent aucune difficulté d'articulation.

1. /tʃ/ correspond :

• le plus souvent : à la graphie **ch** :

cheese /tʃiːz/, *fromage*
church /tʃɜːtʃ/, *église*
chair /tʃeə*/, *chaise*
catch (to) /kætʃ/, *attraper*
inch /ɪntʃ/, *pouce* (2,54 cm)
merchant /'mɜːtʃənt/, *négociant*
chore /tʃɔː*/, *corvée*
cheap /tʃiːp/, *bon marché*

ou tch :

match /mætʃ/, *allumette*
witch /wɪtʃ/, *sorcière*
butcher /'bʊtʃə*/, *boucher*

• ou encore à la graphie **t** suivie de -**ure**, -**ion** et parfois -**eous** :

nature /'neɪtʃə*/
picture /'pɪktʃə*/
feature /'fiːtʃə*/, *trait*
nation /'neɪʃn/
question /'kwestʃən/
righteous /'raɪtʃəs/, *vertueux*

/tʃ/ est enfin la prononciation relachée d'un certain nombre d'expressions à savoir reconnaître mais à ne pas imiter :

doncha (don't you), I gotcha (I got you), *je t'ai eu* ;
I betcha (I bet you), *je te parie* ; **I wantcha (I want you),** *je veux que tu…*

2. /dʒ/ correspond en général à :

• la graphie **j** :

Ex. :

Japan /dʒə'pæn/, *le Japon* ; **a joke** /dʒəʊk/, *une plaisanterie*

• ou encore **g** devant **e**, **i** et même **a** :

a danger /'deɪndʒə*/, *un danger* ; **the agenda** /ə'dʒendə/, *l'ordre du jour*

a gaol, *une prison* (même prononciation que **jail** /dʒeɪl/)

• il peut aussi correspondre à **dj** ou **dg**, ou **gg** :

to adjust /ə'dʒʌst/, *ajuster* ; **to adjourn** /ə'dʒɜːn/, *ajourner* ; **an edge,** *un bord* ; **to suggest** /sə'dʒest/, *suggérer*

• ou à **di** : **a soldier** /'səʊldʒə*/, *un soldat*

Greenwich se prononce avec la finale /dʒ/ ou /tʃ/ : /'grenɪdʒ/ ou /'grɪnɪtʃ/

de même **spinach** et **sandwich**

Maintenant, entraînez-vous :

The woman was put in gaol. It was suggested by the Church that she was a witch, which was strange since she had always been righteous.

La femme fut mise en prison. L'église suggérait que c'était une sorcière, ce qui était bizarre vu qu'elle avait toujours été vertueuse.

George and Charles lunched on chips, chops, cheese and cherries.

George et Charles ont déjeuné de frites, de côtelettes, de fromage et de cerises.

Genetic engineering may help cure C.J.D. and legionnaires' disease.

Le génie génétique pourra peut-être aider à guérir la maladie de Creutzeldt-Jakob et la légionellose.

The chief charge against James, the Chairman, was that he had cheated the Exchequer and he was tried before a judge and jury.

Le principal chef d'accusation retenu contre James, le président, était d'avoir dupé le Trésor Public et il a été jugé par un juge et des jurés.

•• Répétez :

cheese	**picture**	**jail**
church	**nature**	**Japan**
chain	**righteous**	**joke**
butcher	**question**	**to suggest**
		soldier

9. Le son /h/

Comparez : l'anglais **a human** et le français *un humain.*

Vous sentez la différence. L'**h** anglais, dit « aspiré » est en fait *expiré*, soufflé. A l'initiale la lettre **h** est presque toujours /h/ sauf dans les mots : **hour** /'aʊə*/, *heure* ; **honour** /'ɒnə*/, *honneur*, **heir** /eə*/, *héritier* et leurs dérivés et dans des mots d'emploi constant (pronoms, adjectifs, auxiliaires, etc.) auxquels on ne désire pas donner un relief exceptionnel **he, her, has, have, him, had,** etc.

Comparez :

she had her hat on her head

elle avait le chapeau sur la tête

et

"Who's she ?" "Who ?" "Her" "Who do you mean, her ?"

« *Qui est-ce ?* » « *Qui ?* » « *Elle* » « *Qui, elle ?* »

Vous aurez remarqué également que le /h/ peut également s'orthographier **wh**.

En revanche, h ne se prononce jamais /h/ dans des groupes de lettres tels **ch**, **gh**, **ph**, **rh**, **sh** et **th** sauf lorsqu'il est en fait la première lettre du second terme d'un mot composé comme nous l'avons vu pp. 22 et 23 pour les mots **loophole** et **anthill.**

Une difficulté du son /h/ est qu'il doit être utilisé à bon escient, alors que bien des Français l'omettent là où il est nécessaire et le rajoutent intempestivement ailleurs. Cette faute est d'autant plus gênante qu'elle nuit à la compréhension de nombre de mots, les monosyllabes en particulier, ayant des sens tout différents suivant qu'ils sont ou non précédés de /h/. En revanche, cette faute est commune parmi les couches les moins éduquées de la société britannique, à Londres surtout où **dropping the aitches,** *laisser tomber le h* est une des caractéristiques du parler cockney.

● ● Répétez maintenant en vous efforçant de ne pas introduire /h/ là où il n'y est pas.

How's Harry ? How's Arthur ?

Comment va Harry ? Comment va Arthur ?

His home's not here, his home's in Ireland.

Il n'est pas établi ici, mais en Irlande.

The owl howls on the edge of the hedge.

Le hibou hulule sur le bord de la haie.

What could we eat in this heat ?

Que pourrions-nous manger par cette chaleur ?

Perhaps we shall all be annihilated by the horrible exhaust fumes that we inhale hourly.

Peut-être serons-nous tous anéantis par les affreux gaz d'échappement que nous respirons constamment.

I honestly behieve Humphreys was not hired because the human resources manager had hinted he was homophobic.

Je suis convaincu qu'Humphreys n'a pas été embauché parce que le directeur des ressources humaines avait laissé entendre qu'il était homophobe.

10. Le couple /m/, /n/

Le couple ne présente aucune difficulté, car il correspond toujours à une graphie **m**, **mm** ou **n**, **nn**.

Le seul problème est de savoir quand ne pas prononcer la lettre qui précède ou qui suit, comme nous l'avons vu à propos du couple /p/, /b/ p. 18 avec des mots tels que **a comb** /kəʊm/, *un peigne*, **pneumonia** /njuːˈməʊnjə/, *la pneumonie* ; mais avec **to damn** /dæm/, *damner* ou encore **autumn** /ˈɔːtəm/, *l'automne* contrairement au français c'est le **n** qui n'est pas prononcé. Nous verrons cela en détail pp. 119 et 120.

Il est un travers dont les Français doivent se garder, cependant, c'est de « nasaliser » les groupes **an, en, in, on, un, am, em, im, om, um**.

I.1 Les sons consonnes

❑ Les noms en **ism** ne se prononcent pas comme les mots français en *isme* mais avec un son /ə/ plus ou moins perceptible (entre le **s** et le **m**).

Ex. : **realism** /'rɪəlɪzəm/
socialism /'səʊʃəlɪzəm/

Et maintenant comparez :

le confort	**comfort**
simple	**simple**
un symbole	**a symbol**
(une pile) Wonder	**to wonder**[1], *s'étonner*
un melon	**a melon**
remembrer	**remembrance**[1], *le souvenir*
une lampe	**a lamp**
étrange	**strange**
danger	**danger**

et exercez-vous :

meat	*la viande*	**neat**	*propre*
nice	*agréable*	**mice**	*des souris*
nor	*non plus*	**more**	*plus*
funny	*drôle*	**a family**	*une famille*
sunny	*ensoleillé*	**summer**	*l'été*
seen	*vu*	**to seem**	*sembler*
to warn	*avertir*	**warm**	*chaud*
to know	*savoir*	**to mow**	*faucher*
dinner	*le dîner*	**dimmer**	*plus obscur*

vandalism	*le vandalisme*	**catholicism**	*le catholicisme*
journalism	*le journalisme*	**fanaticism**	*le fanatisme*
realism	*le réalisme*	**imperialism**	*l'impérialisme*
racism	*le racisme*	**Americanism**	*l'américanisme*
capitalism	*le capitalisme*	**individualism**	*l'individualisme*

1. Il ne s'agit pas de la traduction des mots français mais de graphies semblables ou très voisines.

I.1 Les sons consonnes

11. Le son /ŋ/

Sonore, il n'existe pas en français et présente donc quelque difficulté. De plus il est très courant puisqu'on le trouve dans tous les participes présents et gérondifs anglais. Il faut éviter de prononcer le verbe **to sing,** *chanter* comme le français « signe ». La langue dans le premier cas, doit toucher le palais beaucoup plus en arrière que dans le second. En fait la langue a la même position que pour articuler le son /g/ mais /ŋ/ est une nasale comme /m/ et /n/, alors que /g/ est une occlusive (voir définition p. 14).

La graphie habituelle est **ng** et aussi **nk**. Il est à noter que /ŋ/ n'apparaît jamais au début d'un mot. Le mieux est de vous entraîner :

to sing	*chanter*	**a singer**	*un chanteur*
to think	*penser*	**a thinker**	*un penseur*
language	*la langue (parlée, écrite)*	**among**	*parmi*
young	*jeune*	**the King**	*le roi*
a handkerchief	*un mouchoir*	**the tongue**	*la langue* (organe)

You're wrong again.

vous vous trompez encore une fois

Bring those things and hang them up.

Apportez ces choses et pendez-les.

Ting-a-ling goes the tinkling bell.

La cloche qui tinte fait ding ding dong.

People suffering from heart disorders should not engage in extreme sports such as bungee-jumping or canyoning.

Les gens qui ont des problèmes cardiaques ne doivent pas s'adonner à des sports extrêmes tels que le saut à l'élastique ou le canyoning.

12. Le couple /l/, /r/

1. Sonore, /l/ est une consonne dite latérale car l'air sort par les côtés de la langue et s'écoule comme un liquide. Il existe deux sortes de son /l/ en anglais, l'un dit clair, l'autre sombre.

• Le premier présente peu de difficulté, dans la mesure où il est assez proche du /l/ français (en plus « mouillé », c'est-à-dire en portant la langue vers les gencives). Il se rencontre au début des mots et devant une voyelle.

labour	*travail*	**left**	*gauche*	**light**	*lumière, léger*
lack	*manque*	**life**	*vie*	**to lay**	*poser*
lady	*dame*	**love**	*amour*		
law	*loi*	**log**	*bûche*		

• Le second se rencontre à la fin des mots et devant une consonne. Il se prononce en appuyant légèrement la partie arrière de la langue contre le palais, comme les gens du Nord de la France prononcent « Lille ». Mais là aussi, il ne faut s'exagérer ni la difficulté ni l'urgence de bien prononcer le /l/ sombre, car bien des Britanniques, en particulier les Gallois, n'utilisent que le /l/ clair.

Δ /l/ correspond toujours à une graphie **l** ou **ll** et **ll** ne se prononce jamais comme dans le mot « fille ». Cependant **l** ne se prononce pas dans un certain nombre de mots contenant le groupement **ld, lf, lk, lm, ln**, comme :

could /kʊd/	**walk** /wɔːk/ *promenade*
should /ʃʊd/	**calm** /kɑːm/ *calme*
would /wʊd/	**salmon** /'sæmən/ *saumon*
calf /kɑːf/ *veau, mollet*	**colonel** /'kɜːnl/ prononcé comme **a kernel,** *une amande*

• Notez que le verbe **to solder** /'sɒldə*/, *souder*, peut avoir la prononciation /'sɔːdə*/ qui est la règle en américain.

I.1 Les sons consonnes

A vous :

l « clair »	*l « sombre »*
lady	**island**
like	**pill**
light	**Bill**
	mail

It's OK to lurk for a while but it's really better to participate in an on-line forum.

Ce n'est pas un problème de lire sans participer pendant un certain temps, mais c'est vraiment mieux de participer à un forum en ligne.

All that glitters is not gold.

Tout ce qui brille n'est pas or.

A spoonful of cod liver oil a day will give you a glowing complexion, my lad.

Une cuillerée d'huile de foie de morue par jour vous donnera un teint éclatant mon garçon.

All told, I calculated that the mill yielded twelve billion dollars last year.

Tout compris, j'ai calculé que cette usine avait produit (pour) 12 milliards de dollars l'an dernier.

He'll be under surveillance like all the other aliens.

Il sera sous surveillance comme tous les autres étrangers.

2. /r/

« Trois gros rats, dans trois gros trous, rongeaient trois grosses carottes rouges ». En entendant cet enregistrement, parfaitement authentique d'un Britannique non habitué à notre langue vous percevez la difficulté à prononcer le son /r/. Ce n'est ni le ***r*** parisien ni le ***r*** roulé du Midi de la France, encore qu'il s'en rapproche un peu. Sonore, le /r/ anglais se prononce avec la pointe de la langue appuyée sur le palais et non contre les dents du bas comme en français. Après **t**, il est très proche de /ʃ/ ; après d, de /ʒ/. Les Américains qui, comme nous le verrons en VI.1, p. 273, ont une façon à eux de prononcer le son /r/, lorsqu'ils veulent imiter les Anglais, remplacent carrément le **r** devant voyelle par la graphie dd. Ainsi **very** devient-il **veddy**. Une autre particularité du r en R.P. (car aux

États-Unis et dans plusieurs régions de G.B. il en va différemment), est qu'avant une consonne ou en fin de mot il ne se prononce pas, sauf bien sûr si le mot suivant commence par un son voyelle. Cette possibilité de liaison est représentée en phonétique par un astérisque /*/.

my sister and myself /maɪ 'sɪstə* ənd maɪ'self/

❏ A ce propos il faut noter une exception à la prononciation du r devant une voyelle. En R.P. le r du mot **iron** /'aɪən/, *fer* et de ses dérivés ne se prononce pas, alors qu'il se prononce normalement dans **irony** /'aɪrənɪ/, *ironie*, et ses dérivés.

❏ /r/ correspond généralement à la graphie **r** ou **rr** mais il peut retranscrire **wr** ou **rh**. Il vous sera même donné d'entendre un /r/ dit parasite (**intrusive** /r/) à la fin de mots non terminés par r lorsque ceux-ci sont suivis de mots commençant par des sons voyelles, pour éviter un hiatus :

law(r) and order
the idea(r) of...

A présent, exercez-vous :

A. Distinguez la différence de prononciation du **r** initial en français et en anglais :

Fr.	*G.B.*
rat	**rat**
raide	**red**
racaille	**rascals**
ratifier	**ratify**

B. Remarquez la différence de prononciation du **r** final en anglais et en américain :

	G.B.	*U.S.*
car	/kɑː*/	/kɑːr/
sister	/'sɪstə*/	/'sɪstər/
colour	/'kʌlə*/	/'kʌlər/

C. Vous constaterez qu'en anglais britannique, dans les exemples ci-dessous, le **r** a surtout pour effet d'allonger la voyelle ou la diphtongue qui précède (alors qu'en américain il est prononcé pour lui-même).

a mark	*une marque*	**a remark**	*une remarque*
to turn	*tourner*	**to return**	*retourner*
to form	*former*	**to reform**	*réformer*
a star	*une étoile*	**starry**	*étoilé*
to wear	*porter* (habit)	**wary**	*prudent*
a lord	*un seigneur*	**a roar**	*un rugissement*
a glamour boy	*un beau garçon*	**a grammar school boy**	*un élève de lycée*

Exercez-vous :

Try to trace the very reasons for your troubles : aren't they "Don't drink and drive" ? "True".

Essayez de déterminer les raisons exactes de vos ennuis. Ne s'agit-il pas de « boire ou conduire » ? « C'est vrai ».

The three Rs are : reading, writing and arithmetic.

La lecture, l'écriture et le calcul forment l'enseignement de base.

Visiting India and Africa was an idea of mine.

C'est moi qui ai eu l'idée de visiter l'Inde et l'Afrique.

Round the rugged rocks the ragged rascal ran.

Autour des rochers rugueux courait le fripon en haillons.

Don't get me wrong ! I said he was a computer hacker, not a cracker.

Comprenez moi bien ! J'ai dit que c'était un mordu d'informatique, pas un pirate.

13. Le couple /w/, /j/

Ce sont des semi-voyelles (ou semi-consonnes), toutes deux sonores. Elles existent en français et ne présentent donc aucune difficulté de prononciation.

1. /w/ a le son que l'on entend dans les mots français *oui, ouate, fouet, soir.*

- sa graphie est généralement : **w** ou **wh** :

wait	**when**	
wave	**whisky**	
well	**Welsh**	*Gallois*

ou **u**, après **q** comme dans :

inquest /'ɪnkwest/ *enquête après décès*
conquest /'kɒŋkwest/

→ mais pas dans **to conquer** /'kɒŋkə*/ et ses dérivés.

• on retrouve /w/ dans tous les mots commençant par **qu**- et equ- :

quality /'kwɒlətɪ/
quick /kwɪk/
quite /kwaɪt/
equal /'iːkwəl/
equator /ɪ'kweɪtə*/

→ sauf dans **queue** /kjuː/
quay /kiː/

• après **c** dans des mots d'origine française comme **cuisine** /kwɪ'ziːn/

• après g en syllabe inaccentuée et en particulier dans les terminaisons non accentuées :

— guage	**language**	/'læŋgwɪdʒ/	
— guid	**languid**	/'læŋgwɪd/	*languissant*
— guine	**sanguine**	/'sæŋgwɪn/	*optimiste*
— guish	**anguish**	/'æŋgwɪʃ/	*anxiété*

et dans quelques mots comme **one** /wʌn/, *un* et **suite** /swiːt/, *appartement* (à l'hôtel).

❏ En revanche, **w** n'est pas prononcé lorsqu'il est suivi de **r** et dans quelques mots isolés comme :

answer /'ɑːnsə*/ *réponse*
sword /sɔːd/ *épée*
two /tuː/
Greenwich /'grenɪdʒ/

2. /j/ a le son que l'on entend dans les mots français : m<u>oy</u>en, <u>yo</u>ugoslave, <u>ia</u>mbe.

• il s'écrit généralement **y** ou **i** lorsque cette lettre est suivie d'une autre voyelle.

Yale **yes** **yet** **yacht**

• il précède également souvent la lettre **u** :
uniform /'juːnɪfɔːm/ **unit** /'juːnɪt/

et les groupes de lettres :

— ew	**yew**	/juː/	*if*
— eau	**beauty**	/'bjuːtɪ/	
— eou	**courteous**	/'kɜːtjəs/	*courtois*
— eu	**Europe**	/'jʊərəp/	

Exercez-vous maintenant :

/w/		/j/	
wet	*humide*	**yet**	*cependant*
what		**yacht**	
whale	*baleine*	**Yale**	*(Université U.S.)*
warn (to)	*avertir*	**yawn (to)**	*bailler*
well		**yell (to)**	*crier*
when		**yen**	
quite		**beauty**	
why	*pourquoi*	**u, you**	*u, toi*
once	*une fois*	**Europe**	
		future	
		universal	
exquisite		**excuse**	
sweet		**suit** /sjuːt/ *procès, costume.* Sous l'influence de l'américain, cette prononciation a tendance à laisser la place à /suːt/.	

I.1 Les sons consonnes

EXERCICES DE RÉVISION

SUR LES SONS CONSONNES

A) Traduisez :

1. **Which do you believe she'd prefer, a brooch or a pill box ?**

2. **The lab assistant has been approached by a spy.**

3. **Before the last lap the pilot's plane splashed into the pool.**

B) Traduisez en anglais en utilisant uniquement des noms ou des verbes comprenant les sons /t/ ou /d/

1. *Le jumeau de Tommy a déchiré sa cravate. Il n'avait pas fait attention au fait qu'il avait trop tiré.*

2. *Par cette chaleur les cavaliers feraient mieux de rester à l'écurie.*

3. *La réputation de cet écrivain décline.*

C) Voici des mots contenant le son /k/ ou /g/. Trouvez le sens du mot lorsqu'on remplace l'un par l'autre. Ex :

froid **(cold)**	**(gold)** *l'or*
1. *chanter comme le coq*	**(to crow)**
2. *une fille*	**(a girl)**
3. *une casquette*	**(a cap)**
4. *un indice*	**(a clue)**
5. *un sac*	**(a bag)**
6. *à la traîne*	**(lagging)**
7. *un angle*	**(an angle)**
8. *un cochon*	**(a pig)**
9. *de la morue*	**(cod)**
10. *une carte à jouer*	**(a card)**

D) Trouvez le point commun entre certains mots de cette phrase traduite en anglais. *C'est assez dur, les courants d'air me font tousser et vous riez.*

E) Répétez : ●●

In a trice, the northerly breeze withered three thick trees on the heath.

En un clin d'œil le vent du nord dessécha trois gros arbres de la lande.

The Leith police dismisseth us (test traditionnel pour déterminer le degré d'ivresse).

La police de Leith nous donne la permission de partir.

They threw three thick things.

Ils ont lancé trois épaisses choses.

Three thrice-freed thieves.

Trois voleurs libérés trois fois.

Two thirsty thatchers thoughtfully thatched a thrush's nest, a thankless task.

Deux couvreurs de toits de chaume assoiffés couvraient pensivement un nid de grive, tâche ingrate.

F) Dans quels mots x ne se prononce-t-il pas /z/ ?

Xavier was X-rayed at Xmas by Dr Xerxes, a xenophobe.

G) Prononcez (et essayez d'écrire en phonétique)

1. chalet, 2. champagne, 3. charade, 4. chateau-bottled, 5. chauffeur, 6. chauvinism, 7. moustache, 8. hosiery *(bonneterie)*, **9. seizure, 10. measure, 11. usual.**

H) Traduisez :

J'ai trouvé du fromage bon marché chez un négociant de Greenwich.

Comme il n'y a pas grand-chose à l'ordre du jour, la réunion a été ajournée.

I) Quels sont les trois noms dans lesquels le **h** initial n'est pas prononcé /h/ ?

J) Quelles remarques pouvez-vous faire à propos de **danger** et **realism** ?

K) Dans quelle position ne peut-on jamais trouver /ŋ/ ?

L) Trouvez le mot où le son /r/ remplace le son /l/ du mot donné et traduisez-le. Ex. :

a lag	*un retard*	**a rag**	*un haillon*
1. **to leap**	*sauter*		
2. **lest**	*de peur que*		
3. **the loot**	*le butin*	2 possibilités	
4. **alive**	*vivant*		
5. **belly**	*ventre*	2 possibilités	
6. **flagrant**	*flagrant*		
7. **to fly**	*voler*		
8. **to glow**	*briller*		
9. **light**	*léger*	3 possibilités	
10. **to elect**	*élire*		

M) Qu'ont quay et queue en commun ?

CORRIGÉ

A)

1. *Que pensez-vous qu'elle préfèrerait, une broche ou une boîte à pilules ?*

2. *Le laborantin a été contacté par un espion.*

3. *Avant le circuit final l'avion du pilote a plongé dans un étang.*

B)

1. **Tommy's twin tore his tie. He had not paid attention to the fact he had tugged too tight on it.**

2. **In this heat the riders had better stay in the stables.**

3. **This writer's reputation is declining (fading).**

C)

1. **to crow**	**to grow**	*pousser*
2. **a girl**	**a curl**	*une boucle*
3. **a cap**	**a gap**	*une trouée*
4. **a clue**	**glue**	*de la colle*
5. **a bag**	**the back**	*le dos*

6. **lagging**	**lacking**	*manquant*
7. **an angle**	**an ankle**	*une cheville*
8. **a pig**	**a pick**	*une pioche*
9. **cod**	**God**	*Dieu*
10. **a card**	**a guard**	*un garde*

D) **It's tough enough, the draughts make me cough and you laugh :** le son /f/ est ici toujours écrit gh.

F) **X-rayed** /eks/ **Xmas** /'krɪsməs/.

G) 1. /'ʃæleɪ, 2. ʃæm'peɪn, 3. ʃə'rɑːd, 4. 'ʃætəʊ'bɒtld, 5. 'ʃəʊfə*, 6. 'ʃəʊvɪnɪzəm, 7. mə'stɑːʃ, 8. 'həʊzɪərɪ (Am. 'həʊʒərɪ), 9. 'siːʒə*, 10. 'meʒə*, 11. 'juːʒl/.

H) **I found some cheap cheese at a Greenwich merchant's. Since there is not much on the agenda of the meeting the meeting was adjourned.**

I) **hour, honour, heir.**

J) *Il faut se garder de nasaliser le mot comme en français. Il ne faut pas prononcer la finale à la française.*

K) Au début d'un mot.

L)

to reap	*récolter*	**fragrant**	*odorant*
the rest	*le reste*	**to fry**	*frire*
root,	*racine,*	**to grow**	*(faire) pousser*
route	*itinéraire*		
to arrive	*arriver*	**right,**	*vrai,*
		to write,	*écrire,*
		rite	*rite*
a berry,	*une baie,*	**to erect**	*ériger*
to bury	*enterrer*		

M) Ce sont les deux seuls mots commençant par **qu** qui ne se prononcent pas /kw/.

I.II. LES SONS VOYELLES

Si les consonnes sont le squelette de la langue, les voyelles (et les diphtongues que nous verrons au chapitre III) en sont la chair. Ce sont elles, beaucoup plus que les consonnes, qui personnalisent le locuteur et permettent d'en connaître l'origine. Certes, vous ne pourrez pas, à l'instar du professeur Higgins du *Pygmalion* de Bernard Shaw, plus connu depuis sa version de comédie musicale *My Fair Lady*, savoir de quel côté de la rue vit telle personne à Londres, mais certaines caractéristiques déjà esquissées à propos des consonnes vous permettront de distinguer un Anglais du Sud de l'Angleterre d'un Londonien, d'un Gallois, d'un Irlandais, d'un Texan ou d'un Bostonien.

Mais comme nous le disions au début du chapitre I, pour vous la prononciation des sons voyelles importe moins que celle des consonnes et qu'une accentuation correcte, comme nous le verrons au chapitre IV.

Si vous vous reportez au tableau de la page 15, vous voyez que les sons voyelles sont divisés en deux groupes, les symboles du premier étant tous suivis de /ː/. Ces deux points sont la marque d'un son voyelle long. A ce propos il faut noter que les sons voyelles longs sont plus longs que leurs équivalents français et les sons voyelles courts plus courts. De plus, lorsqu'ils sont suivis d'un son consonne sourd, les sons voyelles sont plus courts, plus longs si le son consonne est sonore. Ainsi, le « a » de **cap** est encore plus bref que celui de **cab**.

Jusqu'à présent, cela n'est guère difficile. Le problème, le seul, est d'arriver à déterminer à quelle prononciation correspond telle graphie. Lorsqu'on sait par exemple que /iː/ peut correspondre à dix lettres ou groupes de lettres différents, on mesure la difficulté.

I.II Les sons voyelles

Pour plus de logique nous étudierons les sons voyelles non dans l'ordre de la page 14, mais en regroupant les sons longs ou brefs selon qu'ils sont « antérieurs » (la langue est avancée dans le palais), « postérieurs » (la langue est reculée) ou « moyens ».

1. Le son /iː/ (appelé « i » long)

Aucun problème d'articulation : très proche du français « dire » mais comme nous l'avons vu, plus long.

Il peut s'écrire : **ee, ea, e, ie, ae, eo, ay, ey, ei, i**. Cette dernière graphie correspond à des mots d'origine étrangère (surtout française) tous accentués sur la dernière syllabe (accent principal ou même secondaire dans un cas).

Comparez et répétez :

a bee	*une abeille*	**to be**	*être*
to heal	*guérir*	**the heel**	*le talon*

he'll meet me, *il me rencontrera*

Thieves seized three sheep in a field, *des voleurs se sont emparés de trois moutons dans un champ.*

She underwent a caesarean operation, *elle a subi une césarienne.*

People are looking for a key on the quay, *des gens cherchent une clé sur le quai* (dans un port).

The police stopped the automobile, *la police a arrêté l'automobile.*

He has set up a procedure for dealing with his workers' grievances, *il a établi une procédure pour traiter les doléances de ses ouvriers.*

I.II Les sons voyelles

2. Le son /ɪ/ (appelé « i » bref)

Là non plus, pas de difficulté, sinon que le son est plus bref que le /i/ bref français et que son articulation est proche du /e/.

Comparez le français et l'anglais

Fr.	*G.B.*	
sic	**sick**	*malade*
une pipe	**a pip**	*un pépin* (de fruit)
un disque	**a disc**	*un disque*

et les sons anglais /iː/ *et* /ɪ/ *dans le même mot, en première ou seconde position*

a meeting	*une réunion*	/'miːtɪŋ/
a thesis	*une thèse*	/'θiːsɪs/
easy	*facile*	/'iːzɪ/
greedy	*gourmand*	/'griːdɪ/
to believe	*croire*	/bɪ'liːv/
a receipt	*un reçu*	/rɪ'siːt/

D'après ce que nous venons de voir, /ɪ/ correspond à des graphies **i**, **y**, **e**, **ie** mais parfois aussi **a**, **o** ou **u**.

Exercez-vous :

hostage	/'hɒstɪdʒ/	*otage*
language	/'læŋgwɪdʒ/	*langue*
heritage	/'herɪtɪdʒ/	
women	/'wɪmɪn/	*femmes*
business	/'bɪznɪs/	*affaires*
minute	/'mɪnɪt/	*minute*
⇒ mais **minute** /maɪ'njuːt/	*minuscule*	

3. Le son /e/ (appelé « e » bref)

Son situé à mi-chemin entre le français « thé » et « pêche » et plus bref que le premier. /e/ peut s'écrire **e, ea, a, u, ee, ei, eo, ie.**

penny	/'penɪ/	
message	/'mesɪdʒ/	
sensible	/'sensɪbl/	*sensé*
readily	/'redɪlɪ/	*volontiers*
deadly	/'dedlɪ/	*mortel*
many	/'menɪ/	
any	/'enɪ/	
bury (to)	/'berɪ/	*enterrer*
leisure	/'leʒə*/ cf. p. 27	*loisirs*
jeopardy (in)	/'dʒepədɪ/	*danger (en)*
friend	/frend/	

To bury a deadly enemy, *enterrer un ennemi mortel.*

He's always ready to help a friend in jeopardy, *il est toujours prêt à aider un ami en danger.*

Were the Russians ever accused of ethnic cleansing concerning the Chechens ? *Les Russes ont-ils jamais été accusés de purification ethnique à propos des Tchétchènes ?*

4. /æ/ (appelé « a » bref)

Cette voyelle ressemble au **a** du titi parisien dans « Va donc ! eh, patate ! » mais plus court. Presque toujours orthographié **a,** il a exceptionnellement la graphie **ai** dans deux ou trois mots comme **a plait,** *une tresse*, **a plaid,** *une couverture à carreaux.*

Exercez-vous :

A fat man sat down on a black cat that sat on a mat.

Un gros homme s'assit sur un chat noir trônant sur un paillasson.

Pat spat on the map.

Pat a craché sur la carte.

Actually, mad cow disease ranks high in chat sessions. *En fait, la maladie de la vache folle a une place importante dans les conversations sur Internet.*

Les sons voyelles

5. Le son /ʌ/ (bref)

Ce son se rencontre presque uniquement en syllabe accentuée ou dans les préfixes ou suffixes portant ou pas un accent secondaire. Il est proche du français « bonne » ou « basse » mais prononcé très bref.

Les graphies sont généralement u mais aussi **o**, **ou**, **oo**, **oe**.

Exercez-vous :

under	/'ʌndə*/	*sous*
unable	/ʌn'eɪbl/	*incapable*
umpteenth	/ʌm'tiːnθ/	*énième*
uncle	/'ʌŋkl/	*oncle*
to upset	/ʌp'set/	*renverser*
much	/mʌtʃ/	*beaucoup*
to pick up	/'pɪkʌp/	*choisir, saisir*
love	/lʌv/	*l'amour*
an onion	/'ʌnjən/	*un oignon*
once	/wʌns/	*une fois*
enough	/ɪ'nʌf/	*assez*
a hiccough	/'hɪkʌp/	*un hoquet*
blood	/blʌd/	*le sang*
a flood	/flʌd/	*une inondation*
he does it	/hɪ dʌz ɪt/	*il le fait*

Exercices sur les voyelles antérieures :

/iː/	/ɪ/	/e/	/æ/	/ʌ/
to beat	**a bit**	**a bet**	**a bat**	**but**
battre	*un peu*	*un pari*	*une chauve-souris*	*mais*
neat	**she knit**	**a net**	**a gnat**	**a nut**
propre	*elle a tricoté*	*filet*	*un moucheron*	*une noix*
a dean	**a din**	**a den**	**Dan**	**it is done**
un doyen	*un vacarme*	*un repaire*	*Daniel*	*c'est fait*

Les sons voyelles

6. Le son /aː/ (appelé « a » long)

Proche du mot français « pâté » ou de la prononciation parisienne de « carottes » mais plus long.

Il est généralement orthographié **a**, **ar**, **al** mais aussi **er**, **ea**, **au** ou même **oi** dans quelques mots d'origine française.

father	/ˈfɑːðə*/	*père*
tomato	/təˈmɑːtəʊ/	
promenade	/prɒməˈnɑːd/	
fast	/fɑːst/	*rapide*
giraffe	/dʒɪˈrɑːf/	*girafe*
large	/lɑːdʒ/	*grand*
hard	/hɑːd/	*dur*
park	/pɑːk/	*square*
arm	/ɑːm/	*bras*
calf	/kɑːf/	*veau*
half	/hɑːf/	*moitié*
calm	/kɑːm/	
clerk	/klɑːk/	*employé*
⇒ *attention (U.S.)* /klɜːk/		
sergeant	/ˈsɑːdʒənt/	*sergent*
heart	/hɑːt/	*cœur*
hearth	/hɑːθ/	*foyer*
aunt	/ɑːnt/	*tante*
laugh (to)	/lɑːf/	*rire*
draught	/drɑːft/	*courant d'air*
memoirs	/ˈmemwɑːz/	*mémoires*

❑ Remarque : Le son /aː/ est généralement remplacé en américain et dans les Midlands ou le nord de l'Angleterre par /æ/, mais ceci n'est pas vrai pour tous les mots ou toutes les personnes. Nous y reviendrons en VI.I et II.

• La présence d'un **r** ou d'un **l** muet (ex. **calm**), après la lettre **a**, entraîne systématiquement son allongement.

/æ/	/ɑː/
I am	**arm** /ɑːm/
Pam	**palm** /pɑːm/
cat	**cart** /kɑːt/

7. /ɒ/ (appelé « o » bref)

Beaucoup plus proche du /ɑː/ que du **o** du français *porte*. Il s'orthographie **o**, **a**, mais parfois aussi **au**, **ou**, ou **ow**.

Comparez le mot français *une bosse* et l'anglais **a boss,** *un patron.*

Exercez-vous :

clock	/klɒk/	*pendule*
often	/'ɒfn/	*souvent*
novel	/'nɒvl/	*roman*
gone	/gɒn/	*parti*
wrong	/rɒŋ/	*faux*
wash (to)	/wɒʃ/	*laver*
want (to)	/wɒnt/	*vouloir*
what	/wɒt/	*quoi*
sausage	/'sɒsɪdʒ/	*saucisse*
because	/bɪ'kɒz/	*parce que*
cough (to)	/kɒf/	*tousser*
knowledge	/'nɒlɪdʒ/	*connaissance*

8. Le son /ɔː/ (appelé « o » long)

Assez proche du son de « apôtre » mais plus guttural.

Les graphies en sont presque aussi nombreuses que pour /iː/.

Les plus courantes sont **aw** et **au** mais on trouve aussi **or**, **a**, **ou**, **oar** et exceptionnellement **oo**.

awful	/'ɔːfʊl/	*affreux*
law	/lɔː/	*loi*
straw	/strɔː/	*paille*
gnaw (to)	/nɔː/	*ronger*
naughty	/'nɔːtɪ/	*méchant*
daughter	/'dɔːtə*/	*fille*
taught	/tɔːt/	*enseigné*
short	/ʃɔːt/	*court*
sword	/sɔːd/	*épée*
worn out	/wɔːn'aʊt/	*usé(e)*
cork	/kɔːk/	*bouchon*
war	/wɔː*/	*guerre*
ball	/bɔːl/	*balle*
talk (to)	/tɔːk/	*parler*
walk (to)	/wɔːk/	*marcher*
nought	/nɔːt/	*zéro*
thought	/θɔːt/	*pensée*
mournful	/'mɔːnfʊl/	*lugubre*
roar (to)	/rɔː*/	*rugir*
hoarse	/hɔːs/	*rauque*
door	/dɔː*/	*porte*
floor	/flɔː*/	*plancher*

❑ Remarque : le **r** après la lettre **o** provoque en général son allongement en /ɔː/

shot /ʃɒt/ **short** /ʃɔːt/

I.II Les sons voyelles

9. Le son /ʊ/ (appelé « ou » bref)

Le plus souvent il s'orthographie **u**, mais aussi oo, **ou** ou **o**.

Comparez : *le coup de bouc* et **he could book,** *il pourrait louer*. La différence n'est pas grande.

push (to)	/pʊʃ/	*pousser*
butcher	/'bʊtʃə*/	*(un) boucher*
bull	/bʊl/	*taureau*
book	/bʊk/	*livre*
cook (to)	/kʊk/	*faire cuire*
wool	/wʊl/	*laine*
could (he)	/kʊd/	*pourrait (il)*
should (he)	/ʃʊd/	*devrait (il)*
gouache	/gʊ'ɑːʃ/	*gouache*
wolf	/wʊlf/	*loup*
woman	/'wʊmən/	*femme*
bosom-friend	/'bʊzəm/	*ami intime*

10. Le son /uː/ (appelé « ou » long)

Prononcez le mot français « rouge » en allongeant le son de **ou** et vous aurez un assez proche équivalent du son anglais. Les graphies en sont nombreuses :

En général, **oo**, **ou**, **o**, **ew** et plus rarement **u, ue**, **eu**, **ui**, **oe**, et même **oeu** ou **iou**.

Ex. :

to shoot		*tirer*
roof		*toit*
cool		*frais*
root		*racine*
wound	/wuːnd/	*blessure*
through	/θruː/	*à travers*
to lose		*perdre*
to move		*mouvoir*

Les sons voyelles

two		*deux*
route		*itinéraire*
youth		*jeunesse*
soup		*soupe*
to prove		*prouver*
to do		*faire*
glue		*colle*
flew	/fluː/	prét. **to fly,** *voler*
crew	/kruː/	*équipage*
true		*vrai*
sluice	/sluːs/	*écluse*
to bruise	/bruːz/	*contusionner*
canoe	/kə'nuː/	*canoë*
fruit	/fruːt/	*fruit*
shoe		*chaussure*
manoeuvre	/mə'nuːvə*/	*manœuvre*
Sioux	/suː/	*Sioux*

❑ Le son /juː/ correspondra en général à **u, ue, ew, eu** et même **eau.**

Ex. :

acute /ə'kjuːt/ *aigu*
refuge /'refjuːdʒ/ *refuge*
fuel /'fjuːəl/ *combustible*
feud /fjuːd/ *inimitié*
huge /hjuːdʒ/ *énorme*
to refuse /rɪ'fjuːz/ *refuser*
few /fjuː/
beauty /bjuːtɪ/

Notez que certains mots peuvent se prononcer avec le son /uː/ ou /juː/

to sue	/sjuː ou suː/	*poursuivre en justice*
a suit	/sjuːt ou suːt/	*un costume*
an issue	/'ɪʃuː/ /'ɪsjuː/, /'ɪʃjuː/	*un problème*

Dans de tels cas, la prononciation moderne /uː/ tend à l'emporter.

❑ Certains mots prononcés avec le son /juː/ en anglais britannique comportent le son /uː/ en américain.

student	(G.B.) /'stjuːdənt/	(U.S.) /'stuːdənt/
tube	(G.B.) /tjuːb/	(U.S.) /tuːb/
new	(G.B.) /njuː/	(U.S.) /nuː/
duty	(G.B.) /'djuːtɪ/	(U.S.) /'duːtɪ/

Les sons voyelles

Certains Américains prononcent avec /juː/ et la prononciation /uː/ existe en Angleterre, mais elle est alors considérée comme vulgaire.

Exercice sur les voyelles postérieures :

a card *une carte* **cod** *morue* **a cord** *une corde*
could, prétérit de **can** **cooed** *roucoulait*

11. Le son /ɜː/ (appelé « e » long)

Le français *peur* prononcé en allongeant le son de **eu,** rend assez bien compte de cette voyelle aux graphies multiples.

Ce son est celui des groupes :

• -**ur**, -**ir**, -**er**, en position finale ou suivis d'une consonne et -**eur** dans les mots d'origine française :

church /tʃɜːtʃ/, *église*
murder /'mɜːdə*/, *meurtre*
fir (tree) /fɜː*/, *sapin*
to err /ɜː*/, *se tromper*
curl /kɜːl/, *boucle*
fur /fɜː*/, *fourrure*
shirt /ʃɜːt/, *chemise*
stern /stɜːn/, *sévère*
amateur, chauffeur, connaisseur.

• Souvent -**ear**, -**our**, suivis d'une consonne :

earth /ɜːθ/, *terre*
to learn /lɜːn/, *apprendre*
to adjourn /ə'dʒɜːn/, *ajourner*
to earn /ɜːn/, *gagner*
journey /'dʒɜːnɪ/, *voyage*
scourge /skɜːdʒ/, *fléau*

• **or**, lorsque ce groupe est précédé de la lettre **w** :

world /wɜːld/, *monde*
work /wɜːk/, *travail*
word /wɜːd/, *mot*
worse /wɜːs/, *pire*

Écoutez et répétez :

church, murder, fur ; fir-tree, to err, stern, earth, to earn, to learn, journey, world, word, work, worse.

I.II Les sons voyelles

12. Le son /ə/

C'est le son le plus utilisé dans la langue anglaise si bien que tous les sons voyelles lorsqu'ils ne sont pas accentués peuvent se prononcer /ə/ sauf /iː/ et /uː/. C'est le cas des monosyllabes lorsque dans un groupe de mots ils ne portent pas l'accent.

Mais en plus /ə/ se trouve être la prononciation des syllabes non accentuées dans de nombreux polysyllabes. C'est dire l'importance de l'accentuation que nous aborderons au chapitre IV.

Et souvenez-vous de ce que nous disions en introduction. Si vous prononcez correctement les consonnes et surtout si vous placez bien l'accent, même si vous vous contentez de prononcer tous les sons voyelles /ə/ vous serez compris. Il faut dire que la tentation est grande de prononcer toutes ces lettres qui finalement se résument à /ə/. Mais c'est cette tentation qui fait reconnaître l'étranger et peut même le rendre incompréhensible.

Voyons donc quelques mots comportant ces oppositions syllabes accentuées et non accentuées.

London	/'lʌndən/	*Londres*
an atom	/ən'ætəm/	*un atome*
a banana	/ə bə'nɑːnə/	*une banane*
Saturday	/'sætədɪ/	*samedi*
a component	/ə kəm'pəʊnənt/	*un composant*
courageous	/kə'reɪdʒəs/	*courageux*
murderer	/'mɜːdərə*/	*meurtrier*
America	/ə'merɪkə/	
Canada	/'kænədə/	
an admirer	/ənəd'maɪrə*/	*un admirateur*

❑ Le son /ə/ peut parfois même disparaître complètement ; ainsi on peut prononcer **Britain** /'brɪtn/ ou /'brɪtən/ pour la *Grande-Bretagne*, la première prononciation étant plus courante.

I.III. LES DIPHTONGUES

Les sons voyelles étudiés au chapitre II étaient des sons purs. Nous allons maintenant passer en revue les diphtongues qui sont la prononciation dans une même syllabe de deux voyelles, la première forte, la seconde faible. Si l'on regarde le tableau p. 15 on remarque que les diphtongues se divisent en trois groupes, chacun caractérisé par la voyelle faible qui termine la diphtongue, respectivement /ɪ/, /ʊ/ et /ə/. Pour le premier groupe, il est à noter que le /ɪ/ final ressemble au son /j/ en moins accentué. Et pour le second groupe /ʊ/ se prononce un peu comme /w/. De plus, comme nous le verrons en VI.I et II, Américains, Écossais et Irlandais ont tendance à beaucoup moins diphtonguer que les Anglais.

I.III Les diphtongues

1. La diphtongue /eɪ/

Elle est proche de la prononciation de la syllabe finale dans le mot français *oseille*.

• sa graphie la plus courante est **a** suivi du groupe consonne + **e** muet.

the age	/eɪdʒ/	*l'âge*
an ape	/eɪp/	*un grand singe*
late	/leɪt/	*en retard*

• Mais ce **a** peut être suivi de deux consonnes ou d'une seule, et d'une autre voyelle que **e** muet.

haste	/heɪst/	*la hâte*
a basis	/'beɪsɪs/	*une base*
a basin	/'beɪsn/	*une cuvette*
a favour	/'feɪvə*/	*une faveur*

• D'autres orthographes sont **ei** ou **ey**, **ai** ou **ay** ou encore **ea** :

eight /eɪt/, *huit*
vein /veɪn/, *veine*
they /ðeɪ/, *ils, elles*
aim /eɪm/, *but*
main /meɪn/, *principal*
available /ə'veɪlbl/, *disponible*
to pay /peɪ/, *payer*
a steak /steɪk/, *un bifteck*
great /greɪt/, *important*

freight /freɪt/, *frêt*
to weigh /weɪ/, *peser*
grey /greɪ/, *gris*
bait /beɪt/, *appât*
to say /seɪ/, *dire*
mail /meɪl/, *poste, courrier*
a tray /treɪ/, *un plateau*
to break /breɪk/, *casser*

❑ Et nous avons déjà vu que **gaol** avait la même prononciation que **jail** /dʒeɪl/.

Notez également **to gauge** /geɪdʒ/, *jauger*.

I.III Les diphtongues

2. La diphtongue /aɪ/

Même sonorité que *aïe !* ou *aille, ail* en français (et non celle de *haïr*).

• L'orthographe est généralement i suivi du groupe consonne + **e** muet :

ice	/aɪs/	*la glace*
ripe	/raɪp/	*mûr*
wide	/waɪd/	*large*

• Mais ce **i** peut être suivi de 2 consonnes ou d'une seule consonne et d'une voyelle autre que **e** muet :

kind /kaɪnd/, *aimable*
viscount /'vaɪkaʊnt/, *vicomte*
bicycle /'baɪsɪkl/, *bicyclette*
iron /aɪən/, *fer*
island /'aɪlənd/, *île*
ivy /'aɪvɪ/, *lierre*
siren /'saɪərən/, *sirène*
Irish /'aɪrɪʃ/, *Irlandais*

• D'autres orthographes sont **igh**, **eigh**, **ie**, **y** :

sight /saɪt/, *vue*
bright /braɪt/, *brillant*
night /naɪt/, *nuit*
height /haɪt/, *hauteur*
a sleight /slaɪt/ **of hand,** *un tour de passe-passe*
a pie /paɪ/, *un pâté en croûte*
to lie /laɪ/, *mentir*
shy /ʃaɪ/, *timide*
to die /daɪ/, *mourir*
to cry /kraɪ/, *pleurer*
sly /slaɪ/, *rusé*

❑ Notez aussi **to buy** /baɪ/, *acheter* ; **an eye** /aɪ/, *un œil.*

3. La diphtongue /ɔɪ/

Ce son est très voisin de celui qui subsiste en français dans des mots comme *oyez ! oyez !* ou (langue d')*oïl.*

• Cette diphtongue s'orthographie **oi** ou **oy** :

oil /ɔɪl/ *pétrole*
coin /kɔɪn/ *pièce*
buoy /bɔɪ/ *bouée*
soil /sɔɪl/ *sol*
boy /bɔɪ/ *garçon*
oyster /'ɔɪstə*/ *huître*

EXERCICES DE RÉVISION

SUR LES DIPHTONGUES EN /ɪ/

Répétez :

/eɪ/	/aɪ/	/ɔɪ/
to ail *être malade*	**isle**	**oil** *huile ; pétrole*
on bail *sous caution*	**bile** *la bile*	**to boil** *bouillir*
to fail *échouer*	**to file** *chasser*	**to foil** *faire échouer* (un complot)
lanes	**lines** *des lignes*	**the loins** *les reins*
paint *la peinture*	**a pint** *une pinte*	**a point**
a race *une course*	**rice** *du riz*	**Royce**
a tale *une histoire*	**a tile** *une tuile*	**to toil** *peiner*

4. La diphtongue /əʊ/

Cette diphtongue ne présente pas de difficultés d'articulation et correspond à de très nombreuses graphies :

- **o** seul en position finale :

no /nəʊ/, *non* **so** /səʊ/, *ainsi* **go** /gəʊ/, *aller*

- la plus courante, **o** suivi d'une consonne + **e** muet :

nose /nəʊz/, *nez* **rope** /rəʊp/, *corde* **stone** /stəʊn/, *pierre*

- ou bien **o** suivi de 2 consonnes :

gross /grəʊs/, *grossier* **most** /məʊst/, *le plus* **poll** /pəʊl/, *scrutin*

- et aussi ow, oa non suivi de r, oe et ou :

to know /nəʊ/ *savoir*
to sow /səʊ/ *semer*
boat /bəʊt/ *bateau*
goal /gəʊl/ *but*
toe /təʊ/ *orteil*
shoulder /'ʃəʊldə*/ *épaule*
to blow /bləʊ/ *souffler*
oak /əʊk/ *chêne*
coal /kəʊl/ *charbon*
foe /fəʊ/ *ennemi*
though /ðəʊ/ *cependant*
soul /səʊl/ *âme*

❑ Notez encore quelques graphies particulières : d'abord des mots d'origine française : **a portmanteau** /pɔːt'mæntəʊ/, *une grosse valise* ; **a bureau** /'bjʊərəʊ/, *un bureau*, et aussi **to sew** /səʊ/, *coudre* ; **a brooch** /brəʊtʃ/, *une broche*, que nous avons déjà rencontré et l'interjection **oh !**. Il nous sera d'ailleurs donné d'en voir d'autres en V. 2, p. 235 avec les homogrammes non homophones que nous qualifierons de « faux jumeaux » !

5. La diphtongue /aʊ/

Le son aou de *caoutchouc, yaourt* sont de bons équivalents de la diphtongue anglaise qui ne présente aucune difficulté. Sa graphie est simple : **ou** ou **ow**, mais là le nombre des « faux jumeaux » est important.

> Ex. : **a mouse, a house, to rouse**, *réveiller* ; **aloud,** *à haute voix* ; **one thousand,** *mille* ; **a town,** *une ville* ; **brown,** *marron* ; **a cow, now,** *maintenant* ; **a clown,** *un pitre*.

❑ Attention, un certain nombre de mots en **ow** ont des prononciations différentes :

/aʊ/	/əʊ/
a sow *une truie*	**to sow** *semer*
a bow *une révérence*	**a bow** *un arc*
a row *une dispute*	**a row** *une rangée*

❑ Un mot comme **route** /ruːt/, *itinéraire*, sera souvent prononcé /raʊt/ en américain.

Les diphtongues

6. La diphtongue /ɪə/

Comme dans le français *pieu, mieux.* L'orthographe en est **eer**, **ear**, mais aussi **ere**, **ea**, **ier** ou **ia** :

- eer :
  beer /bɪə*/, *bière* ; **to cheer** /tʃɪə*/, *acclamer* ; **sheer** /ʃɪə*/, *pur*
- ear :
  to hear /hɪə*/, *entendre* ; **year** /jɪə*/, *année* ; **dear** /dɪə*/, *cher* ; **fear** /fɪə*/, *peur*
- ere :
  here /hɪə*/, *ici* ; **mere** /mɪə*/, *simple* ; **sphere** /sfɪə*/, *sphère* ; **we're** /wɪə*/, *nous sommes*
- ea :
  idea /aɪ'dɪə/, *idée*
- ier :
  to pierce /pɪəs/, *percer* ; **fierce** /fɪəs/, *féroce* ; **tier** /tɪə*/, *gradin* ; **pier** /pɪə*/, *embarcadère*
- eir :
  weird /wɪəd/, *étrange* ; **weir** /wɪə*/, *barrage*
- ia :
  serial /'sɪərɪəl/, *feuilleton* ; **burial** /'berɪəl/, *enterrement* ; **Ian** /ɪən/, *Ian* ; **raffia** /'ræfɪə/, *raphia*

7. La diphtongue /eə/

Pour obtenir le son de cette diphtongue, faites glisser le son **ai** de *mais* sur celui du **e** de **le** : **ai** + **e**.

Quatre graphies principales : **-air**, **-are**, **-ear** et **-ar**.

- air :
  air /eə*/, *air* ; **hair** /heə*/, *cheveux* ; **fair** /feə*/, *juste* ; **dairy** /'deərɪ/, *laiterie* ; **chair** /'tʃeə*/, *chaise*

- are :
  rare /reə*/, *rare, « saignant »* ; **to stare** /steə*/, *regarder fixement* ; **share** /ʃeə*/, *part* ; **to bare** /beə*/, *dénuder*
- ear :
  to bear /beə*/, *porter* ; **to tear** /teə*/, *déchirer* ; **to wear** /weə*/, *porter* (vêtement)
- ar :
  various /'veərɪəs/, *varié* ; **Aquarius** /ə'kweərɪəs/, *Verseau* ; **wary** /'weərɪ/, *sage* ; **Mary** /'meərɪ/, **scarcely** /'skeəslɪ/, *rarement*

❑ Mais notez également **there, their** /ðeə*/ lorsqu'ils sont accentués : **a ne'er-do-well,** *un bon à rien* ; **the mayor** /meə*/, *le maire.*

❑ Et notez les « faux jumeaux » : **a tear** /teə*/, *un accroc* ; **a tear** /tɪə*/, *une larme* ; **contrary** /kən'treərɪ/, *obstiné* ; **contrary** /'kɒntrərɪ/, *contraire.*

8. La diphtongue /ʊə/

Le groupe **oue** dans *éboueur* s'articule approximativement comme le /ʊə/ anglais.

Cette diphtongue s'orthographie :

- oor :
  poor /pʊə*/, *pauvre* ; **moor** /mʊə*/, *lande* ; **boor** /bʊə*/, *rustre*
- our (dans des mots d'origine française) :
  tour /tʊə*/, *voyage organisé* ; **bourgeois** /'bʊəʒwɑː/ ; **dour** /dʊə*/, *austère* ; **gourmet** /'gʊəmeɪ/ ; **tourist** /'tʊərɪst/
- ur (le plus souvent suivi de **e**, mais parfois d'une autre voyelle) :
  sure /ʃʊə*/, *sûr* ; **pure** /pjʊə*/ ; **to lure** /ljʊə*/, *attirer par la ruse* ; **curious** /'kjʊərɪəs/, *curieux* ; **jury** /'dʒʊərɪ/, *jury* ; **security** /sɪ'kjʊərətɪ/, *sécurité* ; **rural** /'rʊərl/, *rural.*

La diphtongue est dans ce cas souvent précédée du son /j/.

I.III Les diphtongues

- on retrouve cette diphtongue dans certaines terminaisons en er, lorsque ce groupe est précédé de w ou de o : **skewer** /skjʊə*/, *brochette* ; **sewer** /sʊə*/ ou /sjʊə*/ ; **a wrong-doer** /rɒŋ'dʊə*/, *un malfaiteur*

❑ Attention aux « faux jumeaux » :

to conjure /kən'dʒʊə*/, *supplier* ; **to conjure** /'kʌndʒə*/, *faire surgir* (peur, magie) ; **sewer** /sʊə*/sjʊə*/, *égout* ; **sewer** /'səʊə*/, *quelqu'un qui coud*

EXERCICES

SUR LES DIPHTONGUES EN /ʊ/ ET EN /ə/

A)

/əʊ/		/aʊ/	
tone	*ton*	**town**	*ville*
whole	*entier*	**to howl**	*hurler*
to dote	*radoter*	**to doubt**	*douter*
drone	*bourdonnement*	**to drown**	*noyer*
foal	*poulain, pouliche*	**fowl**	*volaille*
hoe	*binette*	**how**	*comment*
code	*code*	**cowed**	*intimidé*
boat	*bateau*	**about**	*environ*
row	*rangée*	**row**	*dispute*

B)

/eə/		/ʊə/		/ɪə/	
pair	*paire*	**poor**	*pauvre*	**peer**	*pair*
tear	*accroc*	**tour**	*voyage*	**tear**	*larme*
to bear	*porter*	**boor**	*rustre*	**beer**	*bière*
mayor	*maire*	**moor**	*lande*	**mere**	*simple*
to dare	*oser*	**dour**	*austère*	**dear**	*cher*

II. DEUXIÈME PARTIE : ACCENTUATION ET INNOVATION

I. L'ACCENT DE MOT

II. ACCENT DE PHRASE

III. INTONATION

IV. FONCTION GRAMMATICALE

II.1. L'ACCENT DE MOT

Après le squelette et les muscles, les nerfs de la langue anglaise. Et c'est là que le bât blesse car alors qu'en français les mots sont généralement accentués sur la dernière syllabe, l'anglais semble procéder dans le plus grand désordre à la distribution des accents qui varient souvent entre deux mots identiques ou presque, avec des différences de sens parfois, ainsi :

invalid	/'ɪnvəlɪd/ *infirme*	mais **invalid**	/ɪn'vælɪd/ *non valable*
industry	/'ɪndəstrɪ/	mais **industrial**	/ɪn'dʌstrɪəl/
economy	/ɪ'kɒnəmɪ/	mais **economic**	/ˌɪkə'nɒmɪk/
object	/'ɒbdʒɪkt/	mais **to object**	/əb'dʒekt/
photograph	/'fəʊtəgrɑːf/ *photo*	mais **photographer**	/fə'tɒgrəfə*/ *photographe*
		photographic	/fəʊtə'græfɪk/

De plus, c'est également par l'accent de mot, ou accent tonique que l'anglais britannique et américain se distinguent dans un certain nombre de cas sur lesquels nous reviendrons dans la partie VI, variété d'accents.

Il faut bien sûr s'astreindre à reproduire le plus exactement possible ces accents sous peine de ne pas être compris mais surtout il faut s'habituer à repérer où tombe l'accent de mot et à faire abstraction de la graphie sinon on se condamne à ne pas comprendre.

II.1 L'accent de mot

Prenons des mots aussi courants que **commercial** /kə'mɜːʃl/, **comfortable** /'kʌmftəbl/, ou **production** /prə'dʌkʃn/, on peut être dérouté si l'on ne connaît pas la place où cet accent va tomber : si l'on prononce le mot tel qu'il s'écrit, on aura du mal à être intelligible mais on en aura encore plus pour comprendre si l'on s'attend à entendre des prononciations semblables au français.

Nous allons à présent nous efforcer de dégager quelques règles fondamentales qui nous permettront d'aborder les cas particuliers avec plus de facilité.

1. Les monosyllabes

Les monosyllabes, pris séparément, sont tous accentués. Ceci a une influence sur l'orthographe des polysyllabes qui en sont dérivés, ce que nous verrons. Mais à l'intérieur d'une phrase, certains restent accentués, d'autres ne portent aucun accent et sont réduits souvent à une consonne et /ə/.

❏ Remarque : Les monosyllabes grammaticaux (**in, for, but**, etc.) sont plus ou moins accentués (ou inaccentués et réduits à consonne et /ə/) selon leur rôle dans la phrase.

2. Les polysyllabes

Les polysyllabes portent un accent principal dit primaire et parfois un (ou plusieurs) accents secondaires[1].

a) Mots de deux syllabes

• Ils sont pour la plupart accentués sur le radical, c'est-à-dire généralement sur la première syllabe ; cependant, si ces disyllabes sont formés d'un préfixe, qui n'est plus perçu comme tel mais fait partie intégrante du mot, c'est le radical qui est accentué.

---

1. Nous ne traiterons que de l'accent primaire, de beaucoup le plus important, pour éviter les confusions. Une fois l'accent primaire bien placé, le ou les accents secondaires se placent d'eux-mêmes. Il est à remarquer d'ailleurs que le **Concise Oxford Dictionary** ne fait usage que de l'accent primaire.

II.1 L'accent de mot

city	/'sɪtɪ/	*ville*
window	/'wɪndəʊ/	*fenêtre*
basket	/'bɑːskɪt/	*panier*
chemist	/'kemɪst/	*pharmacien*
afraid	/ə'freɪd/	*effrayé*
asleep	/ə'sliːp/	*endormi*
to forget	/fə'get/	*oublier*
to explain	/ɪks'pleɪn/	*expliquer*

• Une seconde règle générale concerne certains mots d'origine française (ou latine) souvent composés d'un préfixe et d'un radical. Ces mots sont accentués sur la première syllabe s'ils sont noms ou adjectifs, sur la seconde s'ils sont verbes. Le sens est parfois différent entre les deux groupes.

Exercez-vous :

Nom	Verbe
accent /'æksent/	**to accent** /æk'sent/
ally /'ælaɪ/ *allié*	**to ally** /ə'laɪ/
combine /'kɒmbaɪn/ *entente*	**to combine** /kəm'baɪn/ *combiner*
contract /'kɒntrækt/	**to contract** /kən'trækt/
defect /'diːfekt/ *défaut*	**to defect** /dɪ'fekt/ *passer à l'ennemi*
excerpt /'eksɜːpt/ *extrait*	**to excerpt** /ek'sɜːpt/
export /'ekspɔːt/	**to export** /ɪk'spɔːt/
increase /'ɪnkriːs/ *augmenter*	**to increase** /ɪn'kriːs/
object /'ɒbdʒɪkt/ *chose*	**to object** /əb'dʒekt/ *s'élever contre*
perfect /'pɜːfɪkt/	**to perfect** /pə'fekt/
produce /'prɒdjuːs/ *(produit agricole)*	**to produce** /prə'djuːs/ *produire*
progress /'prəʊgres/	**to progress** /prəʊ'gres/
a rebel /'rebl/	**to rebel** /rɪ'bel/
a record /'rekɔːd/[1]	**to record** /rɪ'kɔːd/
refuse /'refjuːs/ *ordures*	**to refuse** /rɪ'fjuːz/ *refuser*

1. L'américain prononce ici /'rekərd/.

a subject /'sʌbʒɪkt/ *un sujet*	**to subject** /səb'dʒekt/ *soumettre*
a survey /'sɜːveɪ/	**to survey** /sə'veɪ/
a transfer /'trænsfə*/	**to transfer** /træns'fɜː*/
transport /'trænspɔːt/	**to transport** /træn'spɔːt/
etc.	

b) Mots de trois syllabes :

L'accent tonique est généralement placé sur la première syllabe.

Entraînez-vous :

marvellous	**excellent**	**rectify (to)**
absolute	**exercise**	**specify (to)**
different	**interest**	**tentative**
difficult	**primary**	**usual**
discipline	**quantity**	**valuable,** etc.

Mais cette règle souffre de nombreuses exceptions que nous verrons au paragraphe des suffixes et des préfixes.

c) Mots de plus de trois syllabes :

Dans le cas fréquent de mots d'origine française, latine ou grecque, ils sont en général accentués sur l'antépénultième (c'est-à-dire sur la syllabe précédant l'avant-dernière syllabe).

ad'versity	**in'telligent**	**re'covery**
bi'ography	**ka'leidoscope**	**sa'tirical**
cosmo'politan	**le'gitimate**	**te'nacity**
de'mocracy	**mo'lecular**	**una'nimity**
e'cology	**neu'trality**	**vul'garity**
flexi'bility	**o'viparous**	**xe'rography**
ges'ticulate	**pa'rameter**	**zoo'logical**
hy'pothesis	**quadri'lateral**	

Notez que dans les mots de plus de 3 syllabes, il y aura souvent un accent secondaire :

sociability /ˌsəʊʃə'bɪlɪtɪ/

3. Influence des suffixes

Celle-ci peut infirmer les règles générales définies ci-dessus :

a) L'accent tombe toujours sur la dernière syllabe avec les suffixes -**ade**, -**ee**, -**eer**, -**ette** (d'origine française), -**ese**, -**ice**, -**igue**, -**ique**, -**esque**, -**oo**, -**oon**.

Exercez-vous :

-ade :	**arcade**	**invade (to)**
	grenade	**pervade (to),** *pénétrer*
	parade	**lemonade**
	evade (to), *éviter*	**harlequinade**
-ee :	**addressee,** *destinataire*	**settee,** *canapé*
	bargee, *batelier*	**trainee,** *stagiaire*
	consignee, *destinataire*	**payee,** *bénéficiaire*
(d'un chèque)		
	nominee, *candidat officiel*	**drawee,** *tiré* (chèque)
	Dundee	**draftee,** *appelé* (mil.)
	referee, *arbitre*	**goatee,** *barbiche*
	divorcee	**employee**
	❑ exceptions : **'coffee,** *café* ; **'toffee,** *caramel* ; **committee** /kə'mɪtɪ/, *comité*	
-eer :	**engineer**	**mountaineer**
-ette :	**brunette**	**cigarette**
-ese :	**Burmese**	**Japanese**
-ice :	**suffice (to)**	**advice**
-igue :	**intrigue**	**fatigue**
-ique :	**oblique**	**critique**
-esque :	**picturesque**	**grotesque**
-oo :	**bamboo**	**tattoo**
	❑ Exception : **igloo** /'ɪgluː/	
-oon :	**baboon**	**lagoon**

b) L'accent tombe toujours sur l'avant-dernière syllabe dans les mots terminés par les suffixes -**ial**, -**ian**, -**ience**, -**ient**, -**ion**, -**ior**, -**iour**, -**ious** et -**eous**.

II.1 L'accent de mot

Exercez-vous :

-ial :	**financial**	**judicial**
	genial *cordial*	**credential** *lettre de créance*
	managerial *directorial*	
	perennial *éternel*	**convivial**
	terrestrial	**colonial**
	artificial	**senatorial** etc.
-ian :	**Arabian**	**pedestrian**
	Canadian	**civilian**
	barbarian	**technician**
	totalitarian	**politician**
	Caucasian	**theologian**
	Scandinavian	**utopian**
	comedian	**Victorian** etc.
-ual :	**individual**	**residual**
	intellectual	**habitual** etc.
-ience :	**obedience/obedient**	**efficience/efficient**
-ient :	**convenience/convenient**	**deficience/deficient**, etc.
	resilience/resilient	
-ion :	**deflation**	**indiscretion**
	segregation	**pavillion** *kiosque*
	neutralization	**billion**
	rehabilitation	**dominion**
	Americanization	**opinion**
	occasion	**prescription**
	expansion	**emotion**
	contraption *invention baroque*	**explosion**
		consumption *consommation* etc.
	profession	
-ior :	**inferior**	**exterior**
	superior	**ulterior** etc.
-iour :	**saviour** *sauveur*	**behaviour** *comportement*, etc.
-uous :	**ambiguous**	**voluptuous**
	conspicuous *bien visible*	**presumptuous,** etc.
-ious :	**gregarious**	**ambitious**
	audacious	**fastidious** *difficile à contenter*
	vicarious *par personne interposée*	**oblivious** *oublieux*

	ingenious	**laborious**
	mysterious	**lugubrious,** etc.
	religious	
-eous :	**spontaneous**	**piteous**
	hideous	**courteous**
	erroneous	**courageous**, etc.
	beauteous	

c) L'accent tombe toujours sur la syllabe qui précède les suffixes :

-ety	-logy	-gony	-loquist	-nimous
-itous	-logism	-gonist	-loquence	-ferous
-itive	-logist		-nomy	-vorous
-utive	-graphy	-gonal	-cular	-pathy
-itant	-grapher	-metry	-culous	-polis
-itude	-cracy	-loquy	-minous	-thesis
-ical	-ically	-icant	-icent	-icism
-ity				

Pour -**ic** la règle s'applique en général, ex. : **atomic, bombastic, economic, idyllic, seraphic, satanic, terrific, academic,** etc.

Exceptions : **arithmetic** /əˈrɪθmetɪk/ (nom, mais l'adjectif suit la règle ci-dessus), **Arabic, catholic** /ˈkæθəlɪk/, **chivalric, choleric, heretic, lunatic, politic(s), rhetoric.**

Le nom **arsenic** fait /ˈɑːsnɪk/ mais l'adjectif est régulier /ɑːˈsenɪk/. Mentionnons aussi **ˈbishopric** (mais le suffixe est en fait -**ric**).

La répétition de ces mots peut nous sembler fastidieuse mais ce n'est que par ce biais que vous pourrez acquérir les automatismes nécessaires à une expression correcte.

Exercez-vous :

-ical :	**farcical**	**nautical**
	radical	**tyrannical**
	biblical	**electrical**
	technical	**lackadaisical,** *nonchalant*, etc.

-ically :	**farcically**	**nautically**
	radically	**tyrannically**
	biblically	**electrically**
	technically	**lackdaisically,** etc.
-icant :	**mendicant,** *mendiant*	**lubricant,** *lubrifiant*
	supplicant	etc.
-icent :	**magnificent**	**maleficent**
	munificent	**beneficent,** etc.
-icism :	**mysticism**	**fanaticism**
	catholicism	**romanticism**
	aestheticism	**criticism**
	athleticism	etc.
-ity :	**calamity**	**gratuity**
	respectability	**annuity**
	adversity	**ingenuity,** *ingéniosité*
	university	**continuity,** etc.
	ambiguity	
-ety :	**society**	**sobriety**
	variety	**anxiety**
	ebriety	**surety,** etc.
-itous :	**gratuitous**	**felicitous**
	fortuitous	**solicitous,** etc.
	calamitous	
-itive :	**punitive**	**competitive**
	repetitive	**prohibitive,** etc.
-itant :	**militant**	**hesitant**
	visitant	**exorbitant,** etc.
-itude :	**solitude**	**aptitude**
	longitude	**certitude**
	magnitude	**similitude**
	multitude	**exactitude,** etc.
-logy :	**geology**	**archeology**
	theology	**gynecology**
	biology	**meteorology**
	ecology	**analogy**
	technology	**genealogy**
	ideology	**trilogy,** etc.
-logism :	**syllogism**	**neologism,** etc.
-logist :	**pathologist**	**musicologist**
	genealogist	**meteorologist**
	etymologist	**bacteriologist,** etc.

-graphy :	**telegraphy**	**biography**
	choregraphy	**demography**
	calligraphy	**radiography**
	geography	**oceanography,** etc.
-grapher :	**biographer**	**photographer,** etc.
	stenographer	
-cracy :	**democracy**	**technocracy**
	aristocracy	**bureaucracy,** etc.
-gony :	**agony,** *douleur extrême*	**cosmogony,** etc.
-gonist :	**antagonist**	**protagonist,** etc.
-gonal :	**diagonal**	**pentagonal**
	polygonal	**hexagonal,** etc.
-metry :	**geometry**	**chronometry**
	thermometry	**isometry,** etc.
-loquy :	**soliloquy**	**ventriloquy,** etc.
	obloquy, *reproche*	
-loquence :	**grandiloquence**	
-nomy :	**astronomy**	**autonomy,** etc.
	economy	
-cular :	**vernacular,** *langue du pays*	**binoculars,** *jumelles*
	oracular	
	spectacular	
	secular	
	molecular	
	particular	
	jocular, *facétieux*	
-culous :	**miraculous**	**meticulous,** etc.
	ridiculous	
-minous :	**luminous**	**ominous,** *de mauvais augure,* etc.
	voluminous	
-nimous :	**magnanimous**	**pusillanimous,** etc.
	unanimous	
-ferous :	**splendiferous**	**aquiferous**
	pestiferous	**odoriferous,** etc.
-vorous :	**herbivorous**	**omnivorous,** etc.
-pathy :	**sympathy,** *compassion*	**telepathy**
		allopathy
	antipathy	**homeopathy,** etc.

	empathy	
-tomy :	**anatomy**	**tracheotomy,** etc.
	dichotomy	
-polis :	**Acropolis**	**metropolis**
	necropolis	**heliopolis,** etc.
-thesis :	**metathesis**	**prothesis**
	antithesis	**hypothesis,** etc.

d) L'accent tombe toujours sur l'avant-dernière syllabe des suffixes :

-ental	-ernal	-icidal
-ensive	-herent	-itis
-endent	-herence	-osis
-escence		

Exercez-vous :

-ental :	**parental**	**governmental**
	occidental	**monumental**
	oriental	**continental**
	fundamental	**temperamental**
	sentimental	**experimental**
-ensive :	**comprehensive,** *global*	
-endent :	**dependent**	**transcendent**
	independent	**condescendent**
-escence :	**senescence**	**acquiescence,** *consentement*
	excrescence	**convalescence**
	incandescence	**adolescence**
	recrudescence	**obsolescence,** etc.
-ernal :	**internal**	**eternal**
	maternal	**external**
	paternal	
-herent :	**adherent**	**coherent**
	inherent	
-herence :	**adherence**	**coherence**
-icidal :	**homicidal**	**parricidal**
	regicidal	**fratricidal**

-itis :	**phlebitis**	**meningitis**
	bronchitis	**tonsillitis,** *amygdalite*
	arthritis	**appendicitis**
-osis :	**thrombosis**	**tuberculosis**
	psychosis	**hypnosis,** etc.
	diagnosis	

❑ Deux remarques s'imposent à propos des suffixes :

1) La règle d'accentuation concernant les suffixes qui précèdent prend le pas sur l'accent du mot initial, ainsi :

to a'ddress	**addre'ssee**
'engine	**engi'neer**
Ja'pan	**Japa'nese**
'water	**Water'loo**
ball	**ba'lloon**
to 'manage	**mana'gerial**
'Arab	**A'rabian**
'habit	**ha'bitual**
to 'neutralize	**neutrali'zation**
'super	**su'perior**
'vicar	**vi'carious**
'tyranny	**ty'rannical**
to 'magnify	**mag'nificent**
'catholic	**ca'tholicism**
res'pectable	**respecta'bility**
to 'vary	**va'riety**
'idea	**ide'ology**
'music	**musi'cologist**
'telegraph	**te'legraphy**
'photograph	**pho'tographer**
'bureau	**bu'reaucracy**
'cosmos	**cos'mogony**
'spectacle	**spec'tacular**
'miracle	**mi'raculous**
'volume	**vo'luminous**
'odour	**odo'riferous,** etc.

2) En revanche, les suffixes anglo-saxons **-dom, -ed, -er, -est, -es, -ful, -hood, -ing, -less, -ness, -ship, -some, -wise** et la terminaison adverbiale **-ly** n'ont pas d'effet sur la place de l'accent.

martyr	**martyrdom**	
beauty	**beautiful**	mais **beau'tician** qui s'explique par la règle 3b
	beautifully	
	beauties	
trusty	**trustier**	mais **trus'tee,** *syndic,*
	trustiest	**trus'teeship**
	trustily	en raison de la règle 3a
	trustiness	
neighbour	**neighbouring**	
voisin	**neighbourly**	
	neighbourhood	
bottom	**bottomless**	
fond	**bottoming**	
	bottomed	
weary	**wearisome**	**weariness**
fatigué	**wearier**	**wearies**
	weariest	**wearying**
	wearily	**wearied**
like	**likes**	**likeliness**
	liking	**likelihood**
	likely	**liken (to)**
	likelier	**likeness**
	likeliest	**likewise**

4. Influence des préfixes

Elle est moins grande que celle des suffixes et il est malaisé de donner des règles bien précises car s'il est habituel de distinguer préfixes « vrais » et « faux » préfixes, c'est-à-dire ceux qui ont un sens propre bien marqué et ceux qui ont perdu leur sens premier, ce sont souvent les mêmes. Les premiers portent parfois l'accent principal, plus généralement l'accent secondaire, mais ce n'est pas toujours le cas. Mais surtout les seconds, c'est-à-dire les faux préfixes sont influencés par les règles concernant les suffixes. Ainsi **'antibody** mais **an'tinomy**.

❑ *Remarques :*

A) En règle générale, l'accent principal d'un mot ne tombe pas sur le préfixe. Toutefois, selon le sens de la phrase ou l'effet visé par le locuteur, l'accentuation du préfixe pourra être supérieure à celle de la syllabe habituellement accentuée.

unnamed	/ʌn'neɪmd/	donnera	/'ʌnneɪmd/
unpublished	/ʌn'pʌblɪʃt/	donnera	/'ʌnpʌblɪʃt/
disbelief	/dɪsbɪ'liːf/	donnera	/'dɪsbɪliːf/

Cette double accentuation permettant ici d'éviter la confusion d'un mot avec son contraire.

B) Chez certains locuteurs et en fonction de l'intonation d'une phrase, un accent secondaire peut parfois devenir accent principal et vice-versa.

C) L'accent tonique des mots terminés en **-ate** peut être affecté selon qu'ils sont d'une part verbes, ou d'autre part noms ou adjectifs.

L'accent tonique peut être déplacé :

estimate, *devis, estimation* /'estɪmət/, **to estimate** /estɪ'meɪt/ ou un accent secondaire peut s'ajouter à l'accent principal : **advocate,** *partisan* /'ædvəkət/, **to advocate** /'ædvəkeɪt/, **approximate,** *approximatif* /ə'prɒksɪmət/, **to approximate** /ə'prɒksɪmeɪt/, **elaborate** /ɪ'læbərət/, **to elaborate** /ɪ'læbereɪt/

La prononciation de cette finale **-ate** est en tous cas modifiée par la nature grammaticale du mot : **/ət/** pour le nom ou l'adjectif, **/eɪt/** pour le verbe.

II.1 L'accent de mot

❑ Exercez-vous à distinguer le nom ou l'adjectif du verbe.

Verbe	adj.-nom
to advocate	**an advocate**
to elaborate	**elaborate**
to estimate	**an estimate**
to delegate	**a delegate**
to aggregate	**(an) aggregate**
to duplicate	**(a) duplicate**
to desolate	**desolate**
to intimate	**(an) intimate**
to consummate	**consummate**
to separate	**separate**
to federate	**federate**
to moderate	**(a) moderate**
to graduate	**a graduate**
to deliberate	**deliberate**
etc.	

II.II. L'ACCENT DE PHRASE

Il existe en anglais, comme en français, mais avec des différences notables. En effet, lorsque nous parlons français les syllabes ont toutes à peu près la même longueur et la dernière de chaque segment de phrase est légèrement accentuée. Ainsi dans :

L'histoire qu'il raconte / finit en queue de poisson

ou **Allez lui dire qu'il vienne / avant que je me fâche**
les syllabes sont sensiblement égales et l'accent légèrement plus fort sur **conte,...sson, vienne** et **fâche**.

En anglais, comme nous l'avons déjà dit, ce sont les mots importants de la phrase (souvent les mots lexicaux) qui sont mis en relief et qui conservent leur accentuation intérieure propre, alors que les autres termes de la phrase (en général les mots grammaticaux) ne portent pas d'accent et sont souvent réduits à leurs consonnes et au son **/ə/** s'ils sont monosyllabiques.

❑ Notons cependant que cette réduction ne s'applique pas :

1) aux mots qui contiennent une voyelle longue ou une diphtongue, comme **may, might,** etc. ;

2) au relatif **when** ;

3) aux prépositions **off, on** (pour éviter la confusion avec **of** et **in**) ;

4) aux postpositions.

Celles-ci constituent un élément essentiel de la phrase, puisqu'elles indiquent le sens principal d'une action, le verbe ne faisant que préciser cette dernière. Il est donc naturel qu'elles soient fortement accentuées :

come in ! *entrez !*
off we go ! *et nous voilà partis !*

Dans le cas où la même forme monosyllabique peut être à la fois préposition et postposition, elle sera tantôt réduite à consonne + /ə/ ou /ə/ + consonne, tantôt fortement accentuée :

Comparez : **he lives in Paris**
et :**come in !**

Δ *Remarques :*

a) Attention à ne pas confondre la postposition préposée **off** avec la préposition **of**.

off garde une valeur pleine /ɔːf/ ou /ɒf/ alors que **of** /ɒv/ sera souvent réduit à /əv/ ou à un simple /v/.

/ɔːf/ **off the coast** = *au large de la côte*
/əv/ **of the coast** = *de la côte*

b) Les mots grammaticaux de 2 syllabes accentués sur la première (**always, after, often**) conservent leur accent.

c) Les mots grammaticaux de 2 syllabes accentués sur la 2e voient parfois la première syllabe réduite à /ə/, ou disparaître complètement :

upon → /ə'pɒn/ → /əpən/ ou /pən/
because /bɪ'kɒz/ → /kəz/

Maintenant exercez-vous à prononcer et traduisez :

You can see them, there're on top of that tree.
Where were you ? I was in London.
How long for ? A couple of days only.
What's her phone number ? What does that matter ?
I was better off on my own. Yes I thought you were.
How awful it is to be sad when everyone else is merry.

L'accent de phrase

What can I do ? I'm not sure you can do anything.

He thought that that 'that' that that theologian said was thoroughly wrong was right.

CORRIGÉ

Vous les voyez. Ils sont au sommet de l'arbre.

Où étiez-vous ? J'étais à Londres.

Pendant combien de temps ? Un ou deux jours seulement.

Quel est son numéro de téléphone ? Quelle importance ?

Je m'en tirais mieux seul. C'est bien ce que je pensais.

Qu'il est affreux d'être triste quand tout le monde est joyeux.

Que puis-je faire ? Je ne crois pas que vous puissiez faire quoi que ce soit.

Il pensait que ce ***that*** *que ce théologien disait être fautif était correct.*

II.III. INTONATION

L'intonation existe dans toutes les langues et c'est ce qui leur donne vie.

A l'intérieur de la phrase, il peut y avoir de brusques montées pour donner un relief particulier à un mot ou à un groupe de mots.

Ainsi dans la phrase :

She is a very brilliant artist
C'est une artiste très brillante

on peut souhaiter mettre en relief :

she pour la distinguer des autres

ou **is** pour renforcer ou confirmer l'affirmation ou faire pièce à une contradiction (accent contrastif)

ou **very** pour marquer une adhésion totale

ou **brilliant** pour mettre en avant cette qualité.

❑ Il est très important de distinguer les différentes intonations pour d'une part apprécier les intentions de l'interlocuteur et d'autre part ne pas commettre d'impair en parlant. Ainsi la simple phrase :

●● **Close the door, will you ?** *Fermez la porte, voulez-vous ?*

peut refléter soit la demande polie, soit l'ordre brutal.

1) demande polie
2) ordre brutal

II.III Intonation

1. L'intonation descendante s'emploie

a) pour l'information simple :

It was quite good. I enjoyed it very much.

C'était très bon. Ça m'a beaucoup plu.

b) Les exclamations :

Of course ! *Bien sûr !* **How awful !** *Comme c'est affreux !* **Well I never !** *Ça alors !* **What a beautiful day !** *Quelle belle journée !*

c) Les ordres :

Stop it ! *Arrête !* **Do as you're told !** *Fais ce qu'on te dit !* **Let it go at once !** *Lâche ça immédiatement !*

d) Les questions comportant un mot interrogatif (**what, when, where, which, who, why, how,** etc.) :

What is Sharon like ? *Elle est comment, Sharon ?*

Why didn't you say so ?

Pourquoi ne l'as-tu pas dit avant ?

(Mais la question habituelle lorsqu'on veut faire répéter quelque chose que l'on n'a pas entendu a une intonation montante.) Ainsi, comparez :

"When you met him, what did you say ?"

« *Quand tu l'as rencontré, que lui as-tu dit ?* »

"What did you say ?" « *Que dis-tu ?* »

e) Les questions utilisées comme réponse mais montrant peu d'intérêt pour ce qui vient d'être dit. Au contraire, une intonation ascendante montrerait l'intérêt que l'on porte à la déclaration. Comparez :

"I shall go to London this week-end ?" "Will you ?"

« *Je vais à Londres samedi et dimanche* » « *Ah bon !* » « *Vraiment !* »

"Peter is ill" "Is he ?"

« *Peter est malade* » « *Ah oui ?* » « *C'est pas vrai !* »

f) Pour forcer quelqu'un à tomber d'accord avec vous :

Dans une phrase comportant une négation dans la principale ou dans la queue de phrase interrogative (**question tag**) :

You're late, aren't you ?

Vous êtes en retard, n'est-ce pas ?

It's hard work, isn't it ?

C'est du boulot, hein !

You won't forget, will you ?

Tu me promets de ne pas oublier ?

She oughtn't to have said that, ought she ?

Elle n'aurait pas dû dire ça, hein ?

g) Pour les remerciements très marqués :

Oh, thank you

Merci infiniment

Thank you very much indeed

Je ne sais comment vous remercier

2. L'intonation montante s'emploie :

a) Pour les réponses en forme de question, lorsqu'on marque de l'intérêt pour la réponse, comme nous l'avons vu en 1.

"Peter is ill". "Is he ?"

b) Dans les affirmations qui marquent un encouragement, une requête, une tranquillisation, une suggestion :

Don't worry, it won't hurt.
N'ayez pas peur, ça ne fait pas mal.
Be patient, we'll soon be there.
Patience, nous y sommes presque.
Try and let us know beforehand, will you ?
Tâchez de nous prévenir autant que possible.

c) Dans les protestations :

I didn't say that !

Je n'ai jamais dit ça !

You shouldn't speak to her like that !

Tu n'as pas à lui parler sur ce ton !

d) Dans les phrases interrogatives à forme affirmative :
You'll come with us ? *Alors vous venez avec nous ?*
We'll be there soon ? *On arrive bientôt ?*
You enjoyed it ? *Ça t'a plu ?*
You said he wasn't sure ? *Alors d'après toi il n'était pas sûr ?*

e) Dans les questions en **wh** ou **h** quand on veut montrer à l'interlocuteur l'intérêt qu'on lui porte :
What did you say ? *Comment ?*
When will you come back ? *Et tu seras de retour quand ?*
How's your leg ? *Et cette jambe, comment ça va ?*

f) Dans les questions qui appellent une réponse par « oui » ou par « non » :
Did you hear the news ? *Tu sais la nouvelle ?*
Will you be able to come ? *Pourrez-vous venir ?*
Has he left yet ? *Est-il parti ?*
Would you like to ? *Ça te dirait (de faire ça) ?*

g) Dans les queues de phrases interrogatives **(tags)** ne comportant d'expression négative dans aucune partie de la phrase, souvent avec une intention ironique :
You saw her, did you ?
Alors, tu l'as vue ?
He managed to hurt himself, did he ?
Alors comme ça, il a trouvé le moyen de se faire mal !
He must go, must he ? *Ainsi il est obligé d'y aller.*

h) Pour les « **tags** » destinés à demander l'opinion de quelqu'un :
You didn't see what happened, did you ?
Tu n'as pas vu ce qui s'est passé, par hasard ?
When you saw him, he was alone, wasn't he ?
Quand vous l'avez vu il était bien seul ?
It couldn't be found, could it ?
Alors on ne l'a jamais retrouvé ?

Notez à ce propos la possibilité qu'offre l'anglais d'exprimer par le simple changement d'intonation d'un « **tag** » deux idées totalement opposées :

You didn't see what happened, did you ? or did you ?
Vous n'avez pas vu ce qui s'est passé, n'est-ce pas ? Mais est-ce que je me tromperais ?

When you saw him, he was alone, wasn't he ? or wasn't he ?
Quand vous l'avez vu il était seul, n'est-ce pas ? Ou est-ce que par hasard... ?

It couldn't be found, could it ? or could it ?
On ne l'a pas trouvé, n'est-ce pas ? Ou est-ce que par hasard...

i) Dans les exclamations interrogatives :

Why ? *Pourquoi ?* **Really ?** *Vraiment ?* **Well ?** *Et alors ?*

j) Dans les exclamations qui se réfèrent à quelque chose de peu important ou de peu inattendu :

Thank you. *Merci.* (comparez avec l'intonation descendante).
All right ! *D'accord !*
Good luck ! *Bonne chance !*

k) Dans les formules de salutation :

Good morning ! Good-bye ! Hello ! Good night ! God bless ! See you !

l) Dans les phrases inachevées :

If you ever see him... *Si jamais vous le rencontrez...*
Before I go on with this... *Avant d'aller plus loin...*

3. Il existe également un « ton creusé » (ou dive) qui est un passage de l'aigu au médium et du médium à l'aigu. Il s'emploie :

a) Pour émettre des réserves :

She's beautiful, no doubt (but ...)
Elle est belle, c'est vrai (mais ...)

We could go there by car (but ...)
On pourrait y aller en voiture (mais ...)

I like your dress (but ...)
J'aime bien votre robe (mais ...)

b) Pour corriger ce que quelqu'un vient de dire :

"I am a very good swimmer" "You used to be"
Je suis très bon nageur – Tu l'étais

"She's thirty" "More like forty"
Elle a 30 ans – Plutôt 40, oui !

"You'll do it" "If I want"
Tu vas le faire – Si ça me plaît

c) Pour mettre quelqu'un en garde ou donner un ordre bref :
Mind *Attention* ; **Careful** *doucement* ; **You'll miss your train !** *Tu vas rater ton train !* ; **You'll never do it that way** *Vous n'y arriverez jamais comme ça* ; **Try** *Essaye* ; **Have one** *Prenez-en un(e)* ; **Don't drop it** *Attention de ne pas le faire tomber !*

EXERCICES DE RÉVISION

SUR LES INTONATIONS

Lisez les phrases suivantes. Essayez de donner l'intonation voulue. Enfin, traduisez :

"Why don't you come when I call you ?" "But I did !"
We're bound to find it. I left it there five minutes ago.
What's on tonight ? A horror film ? Oh, no, not again !
"Excuse me. Is that seat taken ?" "Yes it is, I'm afraid."
Here we are at last. I thought we'd never make it.
Better late ...
"Do have some more tea, do." "No thank you, I simply can't drink anymore."
"That's a pretty dress, don't you think ?" "Rather !"
Come on. Don't be a spoilsport !
Help me lay the table, will you ; now let's see, how many of us are there ?
On the one hand there's some truth in what you say.
On the other hand you are not taking all the data into account.
Behave yourself. Where do you think you are ?
Good morning, Mrs. Brown. Lovely day, isn't it ?
"Well, that was a pretty good play, wasn't it ?" "Well, perhaps you're right. Yet ..."
Children, stop arguing and go and wash your hands.
"Excuse me, officer, could you tell me how I can get to Southwark Crescent ?" "Now, let me see, are you driving ?"
"No. I'm walking." "Well, it'll be easier, but it's a long way away."
"Good gracious, what a ghastly accident ! It looks as if there has been a pile-up !" "Don't worry, nobody seems to he hurt !"
"Mind your own business." "Same to you."

II.III Intonation

CORRIGÉ

Pourquoi ne viens-tu pas quand je t'appelle ! — Mais je suis venu.

On va le trouver. Je l'ai posé là il n'y a pas 5 minutes.

Qu'est-ce qu'il y a à la télé ce soir. Un film d'horreur ?

Encore ! C'est pas vrai !

Pardon, cette place est-elle prise ? — Oui, en fait.

Ouf, on y est. J'ai bien cru qu'on n'y arriverait jamais.

Mieux vaut tard que jamais.

Je vous en prie, reprenez du thé ! — Non merci, je ne peux avaler une goutte de plus.

Quelle jolie robe, hein ! — Je comprends.

Allons, ne joue pas les rabat-joie.

Aide-moi à mettre la table, s'il te plaît. Voyons, combien sommes-nous ?

D'une part il y a du vrai dans ce que vous dites. D'autre part vous ne considérez pas l'ensemble des données.

Tiens-toi un peu. Où te crois-tu ?

Bonjour Madame Brown. Beau temps, n'est-ce pas ?

Dis-moi, la pièce était bonne, hein ! — Tu as peut-être raison mais…

Arrêtez de vous disputer, les enfants, et allez vous laver les mains.

S'il vous plaît, monsieur l'agent, pourriez-vous m'indiquer comment aller à Southwark Crescent ? — Voyons… vous êtes en voiture ? — Non, à pied. — Eh bien, ce sera plus facile mais c'est assez loin.

Grand Dieu ! Quel horrible accident ! On dirait qu'il y a eu un carambolage. — Ne t'inquiète pas, personne ne semble blessé.

Occupe-toi de ce qui te regarde. — Toi aussi.

II.IV. PRONONCIATION ET FONCTION GRAMMATICALE

Notez que la prononciation ou l'accentuation de certains mots peut changer selon leur nature grammaticale ; ainsi :

1. Préposition/post-préposition

Lorsqu'un même élément est susceptible d'avoir ces deux fonctions, il peut être contracté et non accentué comme préposition, accentué comme post-préposition :

he lives in ('n) Paris
come in ! (accentué)

---

cf. II.II, p. 84.

2. Les mots de 2 syllabes qui sont à la fois noms et verbes sont souvent :

accentués sur la 1re en tant que nom

accentués sur la 2e en tant que verbe

a protest /'prəʊtest/ (1re) — **to protest** /prə'test/ (2e)

3. Les mots terminés en -ate ont la prononciation /eɪt/ pour cette syllabe quand ils sont verbes, /ət/ ou /ɪt/ quand ils sont noms ou adjectifs.

v. **to estimate** /eɪt/

n.	**an estimate**	/ət/ ou /ɪt/
v.	**to approximate**	/eɪt/
adj.	**approximate**	/ət/ ou /ɪt/

Cf. II.I.4. Remarque C, pp. 81-82.

4. Dans certains mots, la finale -ed changera de prononciation selon que l'emploi est celui d'un adjectif ou d'une forme verbale :

adj. **I can't see a blessed** /'blesɪd/ **thing without my glasses**
Je n'y vois rien du tout sans mes lunettes

vb. : **he blessed the congregation** /blest/
il a béni les fidèles

Cf. III.I.3.2.C, pp. 105-6-7.

III. TROISIÈME PARTIE : **PRONONCIATION ET ORTHOGRAPHE**

I. LES CONSONNES

II. LES VOYELLES SIMPLES

III. LES VOYELLES COMPLEXES

Nous avons vu les règles générales concernant la prononciation des consonnes, des voyelles et des diphtongues et celles qui régissent l'accentuation et l'intonation. A propos de chaque son nous avons donné des exemples de graphies. Nous pouvons maintenant donner un certain nombre de règles qui lient l'orthographe à la prononciation et à l'accentuation.

III.I. LES CONSONNES

Règle générale : les consonnes doubles se prononcent toujours comme des consonnes simples sauf s'il s'agit de deux mots accolés comme **bookkeeping,** *la comptabilité*.

1. b (prononcé /biː/ dans l'alphabet)

1. **b** ne se prononce pas après un **m** en fin de mot ou devant un suffixe anglo-saxon (dont nous avons déjà parlé en **II.**I.3 Rq 2, p. 80).

Ainsi :		Mais :	
comb	/kəʊm/	**combat**	/ˈkɒmbæt/
combing	/ˈkəʊmɪŋ/	**combine**	/ˈkɒmbaɪn/
combed	/kəʊmd/	**combustion**	/kəmˈbʌstʃən/
comber	/ˈkəʊmə*/		
bomb	/bɒm/	**bombardier**	/bɒmbəˈdɪə*/
bombing	/ˈbɒmɪŋ/	**bombast**	/ˈbɒmbæst/
bombed	/ˈbɒmd/		
bomber	/ˈbɒmə*/	**Bombay**	/bɒmˈbeɪ/

Il est à noter que lorsqu'il ne s'agit pas d'un suffixe, mais de la seconde partie d'un mot composé, celle-ci est sans effet sur la prononciation. Ainsi :

bomb-proof /ˈbɒmpruːf/, *résistant aux bombes*
bombshell /ˈbɒmʃəl/, *nouvelle qui fait l'effet d'une bombe*
tomb /tuːm/
tombstone /ˈtuːmstəʊn/, *pierre tombale*
mais
tombola /tɒmˈbəʊlə/
tomboy /ˈtɒmbɔɪ/, *garçon manqué*

		Mais :	
womb	/wuːm/, *utérus*	**wombat**	/ˈwɒmbət/
plumb	/plʌm/		
plumbing	/ˈplʌmɪŋ/		
plumber	/ˈplʌmə*/, *plombier*		
plumb line	/ˈplʌmlɑɪn/, *fil à plomb*		

De même :		Mais :	
climb	/klaɪm/		
lamb	/læm/	**lambaste** *fustiger*	/læmˈbeɪst/
thumb	/θʌm/		
dumb	/dʌm/, *muet*	**Dumbarton**	/dʌmˈbɑːtn/
numb	/nʌm/, *gourd*		
number	/ˈnʌmə*/, *plus gourd*	**number**	/ˈnʌmbə*/

(car ici **-er** n'est pas un suffixe saxon)

numbness	/ˈnʌmnɪs/		
crumb	/krʌm/, *miette*		
crumby *pouilleux*	/ˈkrʌmɪ/	**to crumble** *tomber en ruine*	/ˈkrʌmbl/

2. Il ne se prononce pas avant **t** si **b** n'est pas la finale d'un préfixe ; ainsi **doubt** /daʊt/ et ses dérivés verbaux, nominaux ou adjectivaux :

doubting	/ˈdaʊtɪŋ/	**doubtless**	/ˈdaʊtlɪs/
doubted	/ˈdaʊtɪd/	**debt**	/det/
doubtful	/ˈdaʊtfʊl/	**debtor**	/ˈdetə*/

		Mais :	
subtle	/ˈsʌtl/	**subterfuge**	/ˈsʌbtəfjuːdʒ/
subtilize	/ˈsʌtɪlaɪz/	**subtitle**	/ˈsʌbtaɪtl/
subtlety	/ˈsʌtltɪ/	**to subtract**	/səbˈtrækt/
		to obtain	/əbˈteɪn/
		obtuse	/əbˈtjuːs/

2. c (prononcé /siː/ dans l'alphabet)

Le plus fréquemment **c** se prononce /k/ à l'initiale : **car** /kɑː*/ ; **could** /kʊd/, etc., sauf s'il est suivi de **e**, de **i** ou de **y** ; il se prononce alors généralement /s/. <u>Exceptions</u> : les mots d'origine italienne où le son est /tʃ/. Ex. : **cello, cicerone**, etc.

On a /s/ ou /ʃ/ à l'intérieur d'un mot : **society** /sə'saɪətɪ/ ; **social** /səʊʃl/. Mais :

1. **c** ne se prononce pas dans les mots suivants, par ordre de fréquence :

muscle	/'mʌsl/	mais **muscular**	/'mʌskjʊlə*/
to indict	/ɪn'daɪt/, *inculper*		
indicting			
indictment		**indiction**	/ɪn'dɪkʃn/
	indiction		
corpuscle	/'kɔːpʌsl/	**corpuscular**	/kɔː'pʌskjʊːlə*/
blackguard	/'blægɑːd/, *vaurien*		
czar	/zɑː*/ et dérivés : **czarist** /'zɑːrɪst/ ; **czarina** /zɑː'riːnə/ ; **czarevitch** /'zɑːrəvɪtʃ/		
to victual	/'vɪtl/, *ravitailler* et dérivés : **victuals,** *victuailles*		
victualler	/'vɪtlə*/, *fournisseur*		

2. Remarquez la prononciation en /ʃ/ de **social** /'səʊʃl/ et de ses dérivés et en /s/ de **society** /sə'saɪətɪ/ et **sociology** /səʊsɪ'ɒlədʒɪ/. Il s'agit d'une palatalisation[1] du **c** devant le son /j/ + voyelle.

3. Le groupe **cc** se prononce /ks/ devant les voyelles **e** ou **i** :

accent	/'æksent/	et dérivés : **to accentuate** /æk'sentʃʊeɪt/ ; **accentuation** /æksentʃʊ'eɪʃn/
to accept	/ək'sept/	et dérivés : **acceptable, acceptance**
access	/'ækses/	et dérivés : **accessibility**
accident	/'æksɪdənt/	

⇒ y compris dans **flaccid** /'flæksɪd/, *mou*, de plus en plus souvent prononcé /'flæsɪd/.

1. Modification subie par un phonème dont le point d'articulation est reporté dans la région du palais dur.

4. Le groupe **ch** présente plus de variétés :

a) Il est muet dans **drachm** /dræm/, *drachme* et **schism** /'sɪzm/, *schisme* (et dérivé : **schismatic** /sɪz'mætɪk/, mais la prononciation /'skɪzəm/ existe également.

b) Il a le son /tʃ/ dans la plupart des mots comme nous l'avons vu à propos de ce son (cf. p. 28).

church /tʃɜːtʃ/
chain /tʃeɪn/
cheerio /ˌtʃɪərɪ'əʊ/
rich, such, which

Mais aussi :

chalice /ʒtʃælɪs/, *calice*, et **gutta-percha** /ˌgʌtə'pɜːtʃə/ **niche,** *créneau, emploi*, fait /niːʃ/ ou /nɪtʃ/, la seconde prononciation étant la seule prononciation en américain.

c) Il a le son /k/ dans un certain nombre de mots, surtout d'origine grecque comme nous l'avons vu à propos de ce son (cf. p. 21).

Ainsi :

anarchy /'ænəki/ et dérivés : **anarchic, anarchism**
chemist /'kemɪst/ et dérivés : **chemical, chemistry**
chimera /kaɪ'mɪərə/
chaos /'keɪɒs/
chorus /'kɔːrəs/, *chœur*
choir /'kwaɪə*/, *chorale*
mocha /'mɒkə/, *moka*
monarch /'mɒnək/ et dérivés : **monarchy, monarchical**
ache, achy /eɪk/, *douleur* et dérivés **aching**
loch /lɒk/, *lac écossais*
Michelangelo /'maɪkəl'ændʒələʊ/, *Michel-Ange*

d) Il a le son /ʃ/ dans un certain nombre de mots d'origine française comme nous l'avons vu à propos de ce son (cf. p. 26), les principaux étant :

chagrin /'ʃægrɪn/
chalet /'ʃæleɪ/
chamois /'ʃæmwɑː/
champagne /ʃæm'peɪn/
chandelier /ʃændə'lɪə/ *lustre*
chaperon /'ʃæpərəʊn/
chauvinism /'ʃəuvɪnɪzəm/
cheroot /ʃə'ruːt/, *cigare*
chevron /'ʃevrən/
chivalry /'ʃɪvlrɪ/
machine /mə'ʃiːn/
machinery /mə'ʃiːnərɪ/

→ mais **machination** /mækɪ'neɪʃən/

charade	/ʃə'rɑːd/		
chateau	/'ʃætəʊ/	**marchioness**	/'mɑːʃənɪs/ *marquise*
chauffeur	/'ʃəʊfə*/	**moustache**	/mə'stɑːʃ/
chic	/ʃiːk/		

e) **arch** et **archi** présentent deux possibilités de prononciation :

— /tʃ/ :	**arch**	/ɑːtʃ/	
	arch-enemy	/ɑːtʃ'enɪmɪ/	
	archbishop	/ɑːtʃ'bɪʃəp/,	*archevêque*
	archer	/'ɑːtʃə*/	
	archdeacon	/ɑːtʃ'diːkən/,	*archidiacre*
	archery	/'ɑːtʃərɪ/	
	archduke	/ɑːtʃ'djuːk/,	*archiduc*
	Archibald	/'ɑːtʃɪbɔːld/,	etc.
— /k/ :	**archeology**	/ɑːkɪ'ɒlədʒɪ/	
	Archimedes	/ɑːkɪ'miːdiːz/	
	archaic	/ɑː'keɪɪk/	
	archipelago	/ɑːkɪ'pelɪgəʊ/,	*archipel*
	archangel	/'ɑːkeɪndʒl/	
	architect(ure)	/'ɑːkɪtekt(ʃə*)/	
	archetype	/'ɑːkɪtaɪp/	
	archive	/'ɑːkaɪv/	

Et n'oublions pas les variantes en /ɪdʒ/ ou /ɪtʃ/ de mots comme **Greenwich, spinach, sandwich.**

Les groupes **sc** et **sch** sont traités avec la lettre **s** en III.1.15, p. 132.

3. d (prononcé /diː/ dans l'alphabet)

1. **d** ne se prononce généralement pas dans certains mots comportant le groupe **-and** suivi de consonne.

handkerchief	/'hæŋkətʃɪf/,	*mouchoir*
Sandgate	/'sæŋgɪt/	*ville d'Angleterre*
sandwich	/'sænwɪdʒ/	*et les termes de parenté*
grandchild	/'græntʃaɪld/	*petit-enfant*
grandma	/'grænmɑː/	*grand-maman*

Il peut ne pas se prononcer dans :

landlady	/'lænleɪdɪ/	} *propriétaire*
landlord	/'lænlɔːd/	
landscape	/'lænskeɪp/	*paysage*
bed-and-breakfast	/bedən'brekfəst/	*pension de famille*
bread-and-butter	/bred ən'bʌtə*/	*pain beurré*

• **handsome,** *beau,* se prononce soit /'hænsəm/ soit /'hæntsəm/

Il est également muet chez la plupart des locuteurs dans **Wednesday** /'wenzdɪ/, *mercredi.*

2. La finale **-ed,** celle des prétérits et participes passés des verbes réguliers peut avoir trois prononciations :

a) /t/ dans les verbes dont l'infinitif se termine par une sourde autre que /t/. Ainsi :

stopped	/stɒpt/	**laced** /leɪst/,	*lacé*
looked	/lʊkt/	**lashed** /læʃt/,	*fouetté*
laughed	/lɑːft/	**latched** /lætʃt/,	*verrouillé*
unearthed	/ʌn'ɜːθt/, *déterré* etc.		

b) /d/ dans les verbes dont l'infinitif se termine par une voyelle ou par une consonne sonore autre que /d/. Ainsi :

it baaed /bɑːd/ *il a bêlé*		**they warred** *ils ont fait la guerre*	
agreed /ə'griːd/		**bowed** /baʊd/	*courbé*
defied /dɪ'faɪd/		**she sobbed**	*sanglota (elle)*
booed /buːd/ *hué*		**sagged**	*affaissé*
glued	*collé*	**saved**	*sauvé*
eyed	*vu*	**soothed** /suːðd/	*calmé*
dimmed	*obscurci*	**seized** *pris*	
gunned	*mitraillé*	**camouflaged**	*camouflé*
hanged	*pendu*	**they merged**	*fusionné (ils ont)*

they sailed *ils sont allés en bateau*

c) /ɪd/ dans les verbes dont l'infinitif se termine par /t/ ou /d/ :

granted /'grɑːntɪd/ *accordé*
waited *attendu*
evacuated /ɪ'vækjueɪtɪd/ *évacué*
quoted /'kwəʊtɪd/ *cité*

blended *mélangé*
wedded *marié*
waded /'weɪdɪd/ *traversé à gué*
eroded /ɪ'rəʊdɪd/ *rongé*

❑ Cette même prononciation /ɪd/ s'applique également :

• aux adjectifs d'origine verbale, qui bien que non terminés par /t/ ou /d/ se distinguent de cette façon de la forme verbale qui conserve la prononciation normale. Ainsi dira-t-on :

	/ɪd/	/t/ ou /d/
aged :	**he is very aged** *il est très âgé* **he is an aged man** *c'est un homme âgé*	**he is aged three** *il a trois ans* **he has aged greatly** *il a beaucoup vieilli*
blessed :	adj. *bienheureux, sacré* **blessed are the meek** *bienheureux les doux* **that blessed car won't start** *cette sacrée bagnole ne veut pas démarrer*	v. **to bless,** *bénir* **the priest blessed the congregation** *le prêtre a béni les fidèles*
	subs. **the Isles of the blessed**	*les îles des bienheureux*
crabbed :	adj. *irascible ; illisible* **a crabbed hand** *une écriture illisible*	v. **to crab,** *critiquer, décrier* **she crabbed all day yesterday**

	/ɪd/	/t/ ou /d/
	a crabbed writer *un écrivain au style pénible*	*hier, elle n'a pas arrêté de rouspéter*
crooked :	adj. *tortueux, malhonnête* **a crooked road** *une route tortueuse* **a crooked business** *une affaire louche*	v. **to crook,** *courber, recourber* **he crooked his arm** *il replia le bras*
cursed :	adj. *maudit(e)* **it's that cursed lumbago again** *c'est encore ce maudit lumbago*	v. **to curse,** *jurer* **he cursed terribly** *il jura comme un troupier*
dogged :	adj. *obstiné* **it's dogged as does it** *la persévérance vient à bout de tout*	v. **to dog,** *filer, suivre* **we were dogged by bad luck during the whole journey** *pendant tout le voyage, nous avons été poursuivis par la malchance*
jagged :	adj. *déchiqueté, dentelé* **a jagged rock** *un rocher déchiqueté*	v. **to jag,** *entailler, ébrécher* **he jagged the piece of wood** *il a entaillé le morceau de bois*
learned :	adj. *érudit* **a learned man**	v. **to learn,** *apprendre* **he learned his lesson**
ragged :	adj. *en haillon*	v. **to rag,** *taquiner, chahuter*

/ɪd/	/t/ ou /d/
a ragged shirt, a ragged boy *peu soigné* **a ragged performance** *un spectacle peu reluisant*	**they ragged him about his big ears** *ils l'ont taquiné sur ses grandes oreilles*

• à des adjectifs en **-ed,** qui ne sont pas d'origine verbale :

accursed	*maudit*	**sacred**	*sacré*
naked	*nu*	**wicked**	*mauvais*
rugged	*rugueux*	**wretched**	*pitoyable*

• à certains substantifs en **-ed** :

Alfred	
hatred	*haine*
kindred	*parents*

• à certains des adverbes en **-edly** et à certains substantifs en **-edness** :

— d'abord tous ceux formés sur les adjectifs et participes passés en /ɪd/, ainsi :

decidedly	/dɪ'saɪdɪdlɪ/	**wickedly**	/'wɪkɪdlɪ/
excitedly	/ɪk'saɪtɪdlɪ/	**wickedness**	/'wɪkɪdnɪs/, etc.

— ensuite certains formés sur un radical dont la dernière syllabe est accentuée :

absorbedly	/əb'sɔːbɪdlɪ/	**avowedly**	/ə'vaʊɪdlɪ/
absorbedness	/əb'sɔːbɪdnɪs/	**deservedly**	/dɪ'zɜːvɪdlɪ/
advisedly	/əd'vaɪzɪdlɪ/	**fixedly**	/'fɪksɪdlɪ/
advisedness	/əd'vaɪzɪdnɪs/	**fixedness**	/'fɪksɪdnɪs/
assuredly	/ə'ʃɔːrɪdlɪ/	**markedly**	/'mɑːkɪdlɪ/
assuredness	/ə'ʃɔːrɪdnɪs/	**unreservedly**	/ʌnrɪ'zɜːvɪdlɪ/

4. f (prononcé /ef/ dans l'alphabet)

• muet dans **halfpenny** /'heɪpnɪ/, *demi-penny* (fam.) *sou*, peu employé depuis la décimalisation

• en revanche **clef,** *clef* (musicale) se prononce /klef/

• notez aussi que **of** se prononce /ɒv/ pour le distinguer de **off** /ɒf/

EXERCICES DE RÉVISION

SUR LES CONSONNES b, c, d, f

A. Rappelez-vous quatre mots dans lesquels le groupe **mb** se prononce /m/.

(Efforcez-vous d'en trouver en **-amb, -imb, -omb, -umb.**)

B. Dans le paragraphe concernant les adjectifs en /ɪd/ correspondant à des formes verbales en /t/ ou /d/, classez ces dernières suivant ces mêmes finales /t/ ou /d/.

C. Donnez la phonétique des mots en italique et traduisez la phrase suivante :

When the **czar** was accused by his **chauffeur** and **indicted**, the **country** went through a period of **anarchy** and **chaos** unknown even in the **archives**.

CORRIGÉ

A. Reportez-vous à III.I.1, pp. 99-100 :

(par ex. : lamb, limb, bomb, dumb).

B. /t/ **blessed crooked cursed**
/d/ **aged crabbed dogged jagged learned ragged**

C. /zɑː*/, /'ʃəʊfə*/, /ɪn'daɪtɪd/, /'kʌntrɪ/, /'ænəkɪ/, /'keɪɒs/, /'ɑːkaɪvz/.

Quand le tsar fut accusé par son chauffeur et inculpé, le pays traversa une période d'anarchie et de chaos sans précédent même dans les archives.

5. g (prononcé /dʒiː/ dans l'alphabet)

1. **g** est muet :

a) En position finale avant **n** dans :

foreign	/'fɒrɪn/	*étranger*
to sign	/saɪn/	
to feign	/feɪn/	*feindre*
to reign	/reɪn/	
to consign	/kən'saɪn/	*expédier*
consignment	/kən'saɪnmənt/	

b) Dans tous les mots commençant par le groupe **gn** comme :

gnarled	/nɑːld/	*noueux*
to gnash	/næʃ/	*grincer*
gnat	/næt/	*moucheron*
to gnaw	/nɔː/	*ronger*
gneiss	/naɪs/	
gnome	/nəʊm/	*lutin*
gnostic	/'nɒstɪk/	
mais **agnostic**	/æg'nɒstɪk/	
gnu	/nuː/	*gnou*

c) Dans toutes les finales en **gm** comme dans :

diaphragm	/'daɪəfræm/
paradigm	/'pærədaɪm/
phlegm	/flem/

Mais si cette finale est suivie d'une voyelle, le **g** se prononce :

enigma	/ɪ'nɪgmə/
phlegmatic	/fleg'mætɪk/
paradigmatic	/pærədɪg'mætɪk/

Notez aussi la prononciation de **poignant** /'pɔɪnənt/ et de ses dérivés (**poignancy** /'pɔɪnənsɪ/, et celle de **Magdalen(e)** /'mɔːdlɪn/) pour désigner un collège ou une rue d'Oxford et de Cambridge, au lieu de /'mægdəlɪn/, pour le prénom courant Madeleine.

Enfin signalons **Ngaio** /'naɪəʊ/, banlieue de Wellington (Nouvelle-Zélande) et prénom de la romancière **Dame Ngaio Marsh.**

d) Dans tous les mots où il est en position finale après **n** et dans certains de leurs dérivés, **g** transforme **n** en /ŋ/. Ainsi dans les formes en **-ing** et dans les mots comme :

hang (-er, -ing) /hæŋ/	**sing** (-er, -ing) /sɪŋ/
ginseng /ˈdʒɪnseŋ/	**bang** (-ed, -er, -ing) /bæŋ/
thing /θɪŋ/	**sting** (-ing, -er) /stɪŋ/
wrong (-ed, -ful, -ly) /rɒŋ/	**prolong** /prəˈlɒŋ/

mais **prolongation** /prəʊlɒnˈgeɪʃən/

e) Le même phénomène se produit dans les mots à finale en -**ngue** comme :

tongue	/ˈtʌŋ/	**meringue**	/məˈræŋ/
harangue	/həˈræŋ/		

Il faut se garder d'y prononcer /ŋ/ comme /n/, faute très française.

2. **g** se prononce /ʒ/ dans les mots d'origine française (étudiés en I.I.7.2, p. 27), comme :

genre	/ˈʒɑːnrə/
bourgeois	/ˈbʊəʒwɑː/
espionage	/ˈespɪənɑːʒ/, etc.

3. **g** se prononce /dʒ/ d'une façon générale devant **e, i** et **y**. Exemples :

gender		*genre, sexe*
gin		
general		
gentle(man)		
Gibraltar		
Gillette		
ginger		*gingembre*
giraffe	/dʒɪˈrɑːf/	*girafe*
giro	/ˈdʒaɪrəʊ/	*chèques postaux*
gist		*points essentiels*
harbinger		*précurseur*
wharfinger		*gardien d'un quai*
stingy		*avare*
gimcrack		*article de pacotille*
misogynist	/mɪˈsɒdʒɪnɪst/	
to gyrate	/dʒaɪˈreɪt/	

III.I Les consonnes

gypsum	
panegyric	/pænɪ'dʒɪrɪk/

Mais cette règle souffre de nombreuses exceptions que nous allons étudier en 4.

4. En dehors des cas cités en 1 et 2, **g** se prononce /g/ d'une façon générale dans les cas suivants :

a) Devant **a** et **o,** ex. :

game, *jeu ; gibier* **gate,** *porte*
mais **gaol** /dʒeɪl/, *prison* (voir p. 28).

b) Devant **u,** qui ne se prononce pas devant une voyelle, sauf dans des mots étrangers et les terminaisons non accentuées.

guarantee	/gærn'tiː/	
guard	/gɑːd/	
guardian	/'gɑːdjən/	
guerilla	/gə'rɪlə/	
Guernsey	/'gɜːnzɪ/	
to guess	/ges/	*deviner*
guest	/gest/	*invité*
Guiana	/gaɪ'ænə/	*la Guyane*
guile	/gaɪl/	*ruse*
guillotine	/gɪlə'tɪːn/	
guilt	/gɪlt/	*culpabilité*
Guinea	/'gɪnɪ/	
Guiness	/'gɪnɪs/	
to disguise	/dɪs'gaɪz/	
guitar	/gɪ'tɑː*/	
guy	/gaɪ/	*type*

Mais :

Guadeloupe	/gwɑːdə'luːp/
Guatemala	/'gwɑːtə'mɑːlə/
guano	/'gwɑːnəʊ/

et	— **guage**	ex. : **language**	/'læŋgwɪdʒ/
	— **guid**	ex. : **languid**	/'læŋgwɪd/
	— **guine**	ex. : **sanguine**	/'sæŋgwɪn/
	— **guish**	ex. : **anguish**	/'æŋgwɪʃ/

déjà vu en I.I.13, p. 38 à propos du son /w/.

c) Devant une consonne, ex. :

Bagdad
glad
dogma
dignity
migrant
pigsty /'pɪgstaɪ/ *porcherie*
Gwen
etc.

d) En position finale et dans les dérivés de ces mots :

bag(-ged), leg(-gy), big(-ger, -gest), flog(-ged, -ging), *fouetter* ; **bug(ger),** *punaise, bougre.*

❑ Mais notez la prononciation de l'abréviation familière pour **vegetables,** *légumes* **veg** /vedʒ/.

e) Plus rarement devant **e** et **i,** mais dans de nombreux mots très courants cependant, ex. :

gear *matériel*
geese *oies*
geisha
Getty
geyser
gibberish *charabia*
gibbon
gibbosity
gift *don*
gig *cabriolet*
giggle *rire nerveux*
Gilbert
to gild *dorer*

gill /gɪl/ *ouïe(s)*, mais : **gill** /dʒɪl/ *quart de pinte*, et **gilly-flower** /'dʒɪlɪflaʊə*/ *giroflée*

Gillespie
gimlet *vrille*
to gird *ceindre*
girder *ceinture*
girdle
girl

give
gizzard *gésier*
finger
hunger *faim*
lager *bière légère*
to linger *s'attarder*

longer, longest, alors qu'on dit normalement **long** /lɒŋ/ selon la règle donnée en 1 et que les autres dérivés conservent /lɔŋ/ **longed, longing**

target *cible*
tiger
young(-er, -est)
etc.

f) A l'initiale dans le groupe **gyn** dans :

gynaecology /gaɪnə'kɒledʒɪ/ et dérivés.

5. Le groupe **gg** se prononce toujours /g/ sauf dans **suggest** /sə'dʒest/ et ses dérivés.

6. Le groupe **gh** :

a) A l'initiale ou à l'intérieur d'un mot, il se prononce toujours /g/, ex. :

ghastly *abominable*
gherkin *cornichon*
ghetto
ghost *fantôme*
Afghan
etc.

Mais attention aux mots composés comme **throughout** /'θruːaʊt/ ; **thoroughfare** /'θʌrəfeə*/, *artère, avenue*, où **gh** est en fait en position finale du premier mot et comme tel reste muet (cf. 6-b).

b) En finale, il est toujours muet, ex. :

borough /'bʌrə/
thorough /'θʌrə/
through /θruː/
etc.

Sauf dans :

to cough	/kɒf/	*tousser*
enough	/ɪ'nʌf/	*assez*
hiccough	/'hɪkʌp/	*hoquet*
lough	/lɒk/	*lac*
rough	/rʌf/	*rude*
slough	/slʌf/	*peau de serpent*
trough	/trɒf/	*abreuvoir, pétrin, dépression*

7. Le groupe **ght** : **gh** y est toujours muet, ex. :

thought	/θɔːt/
daughter	/'dɔːtə*/

Sauf dans **draught** /drɑːft/, *courant d'air*. Nous reviendrons sur ces deux derniers groupes à propos de l'étude du groupe **ou** en III.III.4, p. 187.

6. h (prononcé /eɪtʃ/ dans l'alphabet)

Nous avons déjà abondamment parlé de cette lettre à propos du son /h/ (cf. p. 30), dont il est la seule graphie. Pensez simplement qu'elle n'est pas seulement « aspirée » (en réalité expirée) à l'initiale (sauf dans **hour** /aʊə*/ ; **honour** /'ɒnə*/ ; **heir** /eə*/, *héritier* et leurs dérivés), mais aussi à l'intérieur de nombreux mots comme :

to adhere /əd'hɪə*/
alcohol /'ælkəhɒl/
behind /bɪ'haɪnd/
childhood /'tʃaɪldhʊd/
inhabit /ɪn'hæbɪt/
perhaps /pə'hæps/

❑ Mais h est muet dans :

vehemence	/'viːəməns/	**annihilate**	/ə'naɪəleit/
vehicle	/'viːɪkl/ mais	**vehicular**	/vɪ'hɪkjʊlə*/

et dans les finales des noms propres en **-ham,** tels que :

Birmingham	/'bɜːmɪŋəm/	**Graham**	/'greəm/
Cheltenham	/'tʃeltnəm/	**Durham**	/'dʌrəm/

et lorsqu'il est final après une voyelle : **hurrah** /hə'rɑː/, **oh** /əʊ/, etc.

Le groupe **wh** sera traité avec **w**, p. 137.

7. j (prononcé /dʒeɪ/ **dans l'alphabet) toujours prononcé** /dʒ/ **:**

Jack	/dʒæk/	**jet**	/dʒet/
jam	/dʒæm/	**John**	/dʒɒn/
jealous	/'dʒeləs/	**joke**	/dʒəʊk/
jelly	/'dʒelɪ/	**juice**	/dʒuːs/
		etc.	

Sauf dans quelques mots d'origine étrangère :

jalousie	/'ʒælʊziː/	**jodel**	/jəʊdl/
Jahveh	/'jɑːveɪ/	**Jugoslav**	/juːgə'slɑːv/
		etc.	

Les trois derniers mots cités ont d'ailleurs une autre graphie plus conforme en anglais à leur prononciation :

Yahveh, yodel et **Yugoslav**

8. k (prononcé /keɪ/ **dans l'alphabet)**

- Même son qu'en français, ex. :

Kennedy	**kind** (n.)	*sorte* ; (adj.) *bon*	
key	*clé*	**kick**	*coup de pied*
keel	*quille*	**kitten**	*chaton*
keen	*fervent, vif*	**kiss** *baiser*, etc.	

- En revanche, **k** est muet dans le groupe **kn** :

knack	/næk/	*tour (de main)*
knee	/niː/	*genou*
knife	/naɪf/	*couteau*
to knit	/nɪt/	*tricoter*
to knock	/nɒk/	*frapper (à la porte)*
to know	/nəʊ/	*savoir*
knowledge	/'nɒlɪdʒ/	*connaissance*
knuckle	/nʌkl/	*articulation*

On le prononce cependant dans **Knesset** /ˈkneset/, *Parlement israélien* et **Knossos** /ˈknɒsɒs/, ancienne cité principale de Crète.

Remarquez que dans **to acknowledge** /əkˈnɒlɪdʒ/, c'est le **c** que l'on prononce /k/.

III.1 Les consonnes

EXERCICES DE RÉVISION

SUR LES CONSONNES g, h, j, k

A. Retrouvez deux mots dans lesquels **g** :

1. est muet
2. devient /ŋ/
3. se prononce /ʒ/
4. se prononce /dʒ/
5. se prononce /g/

B. Retrouvez un mot où **g** :

1. Présente successivement les deux prononciations /dʒ/ et /ŋ/
2. Présente successivement les deux prononciations /g/ et /ŋ/
3. Retrouvez un mot dans lequel **h** à l'intérieur d'un mot ne se prononce pas
4. Trouvez cinq mots courants dans lesquels **k** ne se prononce pas.

CORRIGÉ

A. Voir pp. 109 à 114. Ex. :.

1. **through, borough**
2. **sing, hang**
3. **genre, bourgeois, espionage**
4. **gin, general**
5. **game, gate**

B.

1. Le mot cité est **ginseng** /'dʒɪnseŋ/, mais il y aurait aussi **engineering, managing, encouraging, surging,** *déferlant*, etc.

2. Le mot cité est **flogging** /'flɒgɪŋ/, mais il y en a beaucoup d'autres : **begging,** *mendicité* ; **logging,** *abattage des arbres* ; **giving, getting,** etc.

3. Voir, p. 114.

Par ex. : **dishonour, vehemence, Graham.**

4. Voir p. 115.

Par ex. : **knack, knee, knife, knob,** *bouton de porte* ; **knock, know, knuckle,** mais aussi **knave,** *coquin* ; **knead,** *pétrin* ; **to kneel,** *s'agenouiller* ; **knickers,** *culotte* ; **knight,** *chevalier* ; **knot,** *nœud* ; **knout,** etc.

9. l (prononcé /el/ dans l'alphabet)

On a vu dans l'étude du son /l/ (v. p. 34) que placé en début d'un mot ou devant une voyelle, il correspond au « l » français, ex. :

lady	**Alice**
land	**alive**
lazy	**aloud**
left	**ally**

Précisons qu'il est muet :

1. Entre le son /ɑː/ d'une part et /m/, /f/ ou /v/ d'autre part, ex. :

balm /bɑːm/	**calf** /kɑːf/
calm /kɑːm/	**half** /hɑːf/
palm /pɑːm/	**to calve** /kɑːv/, *vêler*
psalm /sɑːm/	**to halve** /hɑːv/
qualm /kwɑːm/, *scrupule*	etc.

2. Entre les sons /ɔː/ et /əʊ/ et le son /k/, ex. :

chalk	/tʃɔːk/	**folk**	/fəʊk/
talk	/tɔːk/	**yolk**	/jəʊk/, *jaune d'œuf*
walk /wɔːk/		etc.	

De même dans les finales géographiques non accentuées en **-folk** :

Norfolk	/'nɔːfək/	**Suffolk**	/'sʌfək/

3. Entre /ʊ/ et /d/, ex. :

could /kʊd/ **should** /ʃʊd/ **would** /wʊd/

4. Dans quelques mots isolés comme :

haulm /hɔːm/, *fane (de légume)*
mais
holm /həʊm/ *chêne vert*
Holmes /həʊmz/
Holborn /'həʊbən/

salmon /'sæmən/
salmonella /sælmə'nela/
Lincoln /'lɪŋkən/
colonel /'kɜːnl/

Et selon la règle exposée en tête de l'étude des consonnes, **ll** se prononce comme **l** et non pas « mouillé » comme parfois en français. Ainsi :

raillery /'reɪlərɪ/ **vanilla** /və'nɪlə/

Pour donner le son /lj/, l'anglais est obligé d'ajouter **i** après les **ll**. Ainsi :

billiards /'bɪljədz/

Pour la distinction entre **l** « clair » à l'initiale et **l** « sombre » en finale (par ex. : **light, bell**), nous vous renvoyons à la 1re partie, I, 12, p. 34.

Il est à noter que les Américains emploient toujours le **l** « sombre » alors que beaucoup d'Anglais et de Gallois n'emploient que le **l** « clair ».

Écoutez la différence. G.B./U.S. **light, bell**

10. m (prononcé /em/ dans l'alphabet)

A part le défaut de nasalisation contre lequel il faut lutter, cette lettre ne présente aucune difficulté.

Nous avons vu l'influence de sa présence dans l'effacement du **g** et du **l** (p. 109, 118).

diaphragm /'daɪəfræm/ **calm** /kɑːm/

et nous allons la voir dans le cas de **n**.

11. n (prononcé /en/ dans l'alphabet)

Même remarque pour le danger de nasalisation : prononcer /æn/ et non « an » comme en français.

• **n** est muet en finale après **m** :

Ainsi :		Mais :	
damn (-ing, -ed)	/'dæm(ɪŋ, d)/	**damnable**	/'dæmnəbl/
		damnation	/dæm'neɪʃn/
condemn	/kən'dem/ (et dérivés)	**condemnation**	/kɒndem'neɪʃn/

et l'archaïsme **contemn** /kən'tem/, *mépriser*, et ses dérivés verbaux

hymn	/hɪm/		
hymn-book	*recueil d'hymnes*	**hymnal**	/hɪmnl/, *recueil d'hymnes*
solemn	/'sɒləm/	**solemnity**	/sə'lemnətɪ/
autumn	/'ɔːtəm/	**autumnal**	/ɔ'tʌmnəl/
column	/'kɒləm/ *rubrique*	**columnist**	/'kɒləmnɪst/, *chroniqueur*

• Il s'associe au **g** final pour donner /ŋ/, ex. :

hang	/hæŋ/	**long** (mais **longer** /'lɒŋgə*/)	
sing		**thing**	/θɪŋ/

• Devant **k**, il se transforme en /ŋ/ :

think /θɪŋk/ **tank** /tæŋk/

Nous avons déjà vu que sa présence à la suite de **g** et de **k** à l'initiale provoque leur effacement.

gnome /nəʊm/ **know** /nəʊ/

Il en est de même, nous allons le voir tout de suite, après **p**.

12. p (prononcé /piː/ dans l'alphabet)

• Se prononce comme en français, en plus percutant :

pack
pain
Panama
parachute /ˈpærəʃuːt/
person /ˈpɜːsn/
Peter
picnic
plot
etc.

• p est muet :

1. A l'initiale quand il est suivi de **n, s** ou **t** :

pneumatic /njuːˈmætɪk/
pneumonia /njuːˈməʊnjə/
Pnompenh /nɒmˈpen/
psalm /sɑːm/
pseudo /ˈsjuːdəʊ, ˈsuːdəʊ/
psycho /ˈsaɪkəʊ/ et dérivés
Ptolemy /ˈtɒləmɪ/
ptisan /tɪˈzæn/, *tisane*

❑ Il faut remarquer qu'avec **s,** il y a quelques exceptions :

— l'interjection **pshaw !,** *fi donc !* prononcée /pʃɔː/ ou /pɸ/ comme dans le français *peuh !*).

— **psi** /psaɪ/, la lettre grecque ψ.

2. A l'intérieur de certains mots comme :

cupboard /ˈkʌbəd/, *placard*
corps /kɔː/, *corps* (d'armée)
mais **corpse** /kɔːps/, *cadavre*
raspberry /ˈrɑːzbrɪ/, *framboise*
receipt /rɪˈsiːt/, *reçu*

❑ Le groupe **ph** a toujours le son /f/ (même pour l'onomatopée **phew** /fjuː/, qui correspond à *pfff* en français) :

phase /feɪs/ — **phenomenon** /fəˈnɒmɪnən/ — **philosophy** /fɪˈlɒsəfɪ/ etc.

❑ Rappelons qu'il ne faut pas confondre ce groupe **ph** avec l'assemblage **ph** que l'on peut rencontrer dans un mot composé comme **loophole** /ˈluːphəʊl/, *échappatoire*, où chacun des composants, **loop** et **hole** se prononce séparément.

EXERCICES DE RÉVISION

SUR LES CONSONNES l, m, n, p

Retrouvez cinq mots dans lesquels **l**, **n** et **p** sont muets.

CORRIGÉ

calm, balm, damned, psychology.

13. q (prononcé /kjuː/ dans l'alphabet)

• Comme en français, **q** est rare en anglais non accompagné de **u**, ce groupe se prononçant /kw/ :

quick	**quote**
quite	**quizz** etc.

⇒ Cependant on le trouve seul dans les mots :

Iraq /ɪ'rɑːk/ **Iraqi** /ɪ'rɑːkɪ/ **Qantas** /'kwɒntəs/

• Il est utile de savoir quand **qu** ne se prononce pas /kw/ (qui est sa prononciation normale) :

1. **qu** se prononce /k/ :

a) Dans le groupe final **-que** accentué, d'origine française, comme :

plaque	**boutique**
clique	**physique**
oblique	**Martinique**
technique	**Mozambique**
unique	**cheque**
critique	**discotheque**
antique	**mosque** /mɒsk/

mais **antiquity** /æn'tɪkwətɪ/

b) Dans certains mots, comme :

to conquer	/'kɒŋkə*/	mais	**conquest**	/'kɒŋkwest/
liquor	/'lɪkə*/	mais	**liqueur**	/lɪ'kjʊə*/
			(U.S.)	/lɪ'kɜːʳ/
quay	/kiː/		**quoit**	/kɔɪt/, *palet*
quenelle	/kə'nel/		**quoin**	/kɔɪn/, *encoignure*
Quito	/'kiːtəʊ/			

Enfin, il se prononce /kj/ dans le mot **queue** (et comme nous venons de le voir, dans **liqueur**).

14. r (prononcé /ɑː*/ ou (U.S.) /ɑːr/ dans l'alphabet)

Nous avons déjà longuement parlé du son /r/ p. 35 de la 1re partie, et des différences de prononciation entre régions et continents, que nous étudierons plus en détail dans la partie VI.

⇒ Revoir signification de l'astérisque *, p. 36.

• En américain, le **r** sera toujours prononcé, quelle que soit sa position.

• Mais il est muet en R.P. dans les cas suivants :

1. Devant toutes les consonnes, sauf **r** (à moins qu'il ne soit final) orthographiquement et phonétiquement. Ex. :

scarf	/skɑːf/	*foulard*
ardent	/'ɑːdənt/	
alert	/ə'lɜːt/	
Bernard	/'bɜːnəd/	
firm	/fɜːm/	
Birmingham	/'bɜːmɪŋəm/	
pork	/pɔːk/	
Corsica	/'kɔːsɪkə/	
burden	/'bɜːdn/	*fardeau*
purr (to)	/pɜː*/	*ronronner*
⇒ mais **purring**	/'pɜːrɪŋ/	
myrrh	/mɜː*/	
starboard	/'stɑːbəd/	*tribord*

bored	/bɔːd/	*ennuyé*
beard	/bɪəd/	*barbe*
moors	/mʊəz/	*lande*
scarred	/skɑːd/	*balafré*
reared	/rɪəd/	*élevé*
blurred	/blɜːd/	*indistinct*
⇒ mais **sacred**	/ˈseɪkrɪd/	pour les raisons étudiées p. 105-107 sur la finale **-ed**

2. En fin de mot où il suit toujours une voyelle ou un autre **r** ou lorsqu'il précède un **e** muet (il peut alors suivre une consonne), ex. :

far	/fɑː*/	
guitar	/gɪˈtɑː*/	
err (to)	/ɜː*/	*se tromper*
writer	/ˈraɪtə*/	*écrivain*
fir	/fɜː*/	*pin*
astir	/əˈstɜː*/	*en émoi*
cor	/kɔː*/	
encore (to)	/ɒŋˈkɔː*/	*bisser*
fur	/fɜː*/	*fourrure*
purr (to)	/pɜː*/	
incur (to)	/ɪŋˈkɜː*/	*encourir*
aware	/əˈweə*/	*conscient*
here	/hɪə*/	
pure	/pjʊə*/	
acre	/ˈeɪkə*/	
centre	/ˈsentə*/	
kilometre	/ˈkɪləmiːtə*/	

• Pour ces deux derniers mots, notez que l'américain, plus logique, a la graphie **center** et **kilometer** (prononcé /kɪˈlɒmɪtər/).

3. Dans le mot **iron** /ˈaɪən/ *fer*, et dérivés.

Notez cependant la prononciation /ˈaɪərn/ chez certains Américains.

Il est intéressant, dès à présent, de remarquer les différences de prononciation du passage suivant, selon l'origine géographique du locuteur. Ainsi :

In practise, however, there are very few differences in terms of the services offered by the two systems.

En pratique, il existe peu de différences entre les services offerts par les deux systèmes.

Calls can be paid by special credit card in both countries.

Dans l'un comme dans l'autre, les appels peuvent être payés par une carte de crédit spéciale.

But the American user is perhaps more trustworthy or, at any rate, more trusted, than his British counterpart.

Mais l'utilisateur américain est probablement plus digne de confiance (on lui fait en tout cas davantage confiance) comparé à son homologue britannique.

Il faut enfin noter qu'une voyelle suivie de **r** plus consonne a toujours un son plus long ou diphtongué.

S'il y a deux voyelles devant **r** + consonne, on a toujours une diphtongue.

Rappelons qu'en R.P., pour les mots terminés par **r** ou **re,** où cette lettre est muette, il est normal de prononcer le **r** final si le mot suivant commence par un son voyelle. En phonétique, ces mots sont suivis d'un astérisque*. Ainsi :

far away
there it is
four MPs /'fɔːr'empiːz/

mais **four members of Parliament** /'fɔː'membəz/. C'est ce qu'on appelle le **r** de liaison.

❑ Dans l'enregistrement, en revanche, vous aurez sans doute remarqué la différence de prononciation du **r** dans des mots comme :

however	**perhaps**
terms	**trustworthy**
services	**more**
card	**counterpart**

Alors que le **r** postvocalique disparaît en R.P. et, dans une certaine mesure en Nouvelle-Angleterre, il est très sensible dans d'autres régions anglophones où il est, notamment chez beaucoup d'Américains, très rétroflexe, c'est-à-dire prononcé avec le bout de la langue remontée plus en arrière que pour le **r** anglais, ou roulé comme chez les Écossais.

15. s (prononcé /es/ dans l'alphabet)

1. **s** est muet dans un certain nombre de mots dont on ne peut que dresser une liste (non exhaustive) faute de règles très nettes :

a) En fin de mot, dans certains mots d'origine française ou américaine :

a propos	/'æprəpəʊ/	**corps**	/kɔː*/ pl. /kɔːz/
chamois /'ʃæmwɑː/ pl. /'ʃæmwɑːz/		**débris**	/'deɪbrɪ/
⇒ **chamois leather** /'ʃæmɪ/, *peau de chamois*		**Louis**	/luːɪ/
chassis /'ʃæsɪ/	pl. /'ʃæsɪz/	**rendez-vous**	/'rɒndɪvuː/ pl. /-vuːz/
		vis-à-vis	/viːzɑː'viː/
Iroquois	/'ɪrəkwɔɪ/ pl. /kwɔɪz/	**Illinois**	/ɪlɪ'nɔɪ/
Arkansas /'ɑːkənsɔː/	mais	**Kansas**	/'kænzəs/

b) Dans quelques mots comportant **s** :

aisle, *bas-côté* et **isle,** *île*, qui ont tous deux la même prononciation /aɪl/

island /'aɪlənd/, *île*

c) Dans des mots variés tels que :

demesne /dɪ'meɪn/*propriété, domaine*
viscount /'vaɪkaʊnt/ et ses dérivés

2. De même, il est difficile de donner des règles très strictes pour les prononciations /s/, /z/ ou /ʒ/ de la graphie **s** (**sc, sch** et **sh** seront traités à la fin du paragraphe pp. 132-133).

III.1 Les consonnes

a) **s** se prononce toujours /s/ à l'initiale sauf dans les noms propres d'origine irlandaise :

Seamas, Seamus	/'ʃeɪməs/	*Jacques*
Sean	/ʃɔːn/	
Sinn Fein	/ʃɪn'feɪn/	etc.

b) **s** se palatalise (cf. note p. 101) en /ʃ/ devant le son /j/ :

oppression /ə'preʃn/ mais **to oppress** /ə'pres/

c) Le préfixe **mis** se prononce toujours /mɪs/ et **dis** se prononce /dɪs/ sauf dans :

disaster	/dɪ'zɑːstə*/	et ses dérivés
et **disease**	/dɪ'ziːz/	*maladie*

d) La finale **-ism** se prononce toujours /ɪzm/ et même /ɪzəm/ ex. :

prism	/'prɪzəm/	**journalism**	/'dʒɜːnəlɪzəm/
Toryism	/'tɔːrɪɪzm/, *Conservatisme*	**patriotism**	/'pætrɪətɪzəm/
socialism	/'səʊʃəlɪzm/	**colloquialism**	/kə'ləʊkwɪəlɪzəm/
tourism	/'tʊərɪzəm/	**individualism**	/ɪndɪ'vɪdʒʊəlɪzəm/
		etc.	

e) Les finales en **sive, sis, osity** ont toujours le son /s/, ainsi :

pervasive	*envahissant*	**elusive**	*évasif*
derisive	*ironique*	**conclusive**	*décisif*
abusive		**unobstrusive**	*discret*
emphasis		**hypothesis**	
genesis		**analysis**	
synthesis		**paralysis**	
viscosity		**generosity**	
curiosity		**virtuosity**	
animosity		**impetuosity**	

f) Les finales en **-use,** son /z/ ou /s/ :

	Verbe /z/		Nom/adj. /s/
to use	/juːz/	**the use**	/juːs/
to abuse		**abuse**	

to diffuse	**diffuse**
to excuse	**excuse**
to refuse	**refuse** (cf. II.I.2.a, p. 71)

g) Les pluriels en **s**, la 3e personne du singulier du présent de l'indicatif des verbes réguliers et le cas possessif permettent de dégager un certain nombre de règles de graphie et de prononciation (nous n'abordons évidemment pas ici le côté purement grammatical de la question).

1. Mots terminés en **-ch** /tʃ/, **-sh** /ʃ/ ou **-ss** /s/ :

On ajoute **-es** au singulier et la prononciation est toujours /ɪz/ :

brush	/brʌʃ/	**brushes**	/'brʌʃɪz/
church	/tʃɜːtʃ/	**churches**	/'tʃɜːtʃɪz/
class	/klɑːs/	**classes**	/'klɑːsɪz/
to progress	/prə'gres/	**he progresses**	/prə'gresɪz/

❑ Pour le cas possessif, le son est également :

the wretch's rags	/'retʃɪz/	*les haillons du malheureux*
the thrush's song	/'θrʌʃɪz/	*le chant de la grive*

2. Mots terminés par /s/, /z/, /ʒ/ ou /dʒ/

L'adjonction d'un **s** donne également au mot la terminaison /ɪz/ :

price	→ **prices**	/'praɪsɪz/
to nurse *soigner*	→ **he nurses**	/'nɜːsɪz/
rose	→ **roses**	/'rəʊzɪz/
to raise *élever*	→ **he raises**	/'reɪzɪz/

the mouse's tail	/'maʊsɪz/	*la queue de la souris*
Charles's wife	/'tʃɑːlzɪz/	*l'épouse de Charles*

barrage	/'bærɑːʒ/	**barrages**	/'bærɑːʒɪz/
edge		**edges**	/'edʒɪz/
to sabotage	/'sæbətɑːʒ/	**he sabotages**	/'sæbətɑːʒɪz/
to change	/tʃeɪndʒ/	**he changes**	/'tʃeɪndʒɪz/

the entourage's influence	/ɒntʊ'rɑːʒɪz…/
George's friends	/'dʒɔːdʒɪz…/

Plusieurs remarques s'imposent pour les deux premiers groupes de ces mots, ceux en /s/ et en /z/.

❑ En effet, un certain nombre de noms d'origine grecque en **is** ont leur pluriel en **-es** /iːz/ :

basis	/'beɪsɪs/	**bases**	/'beɪsiːz/
thesis	/'θiːsɪs/	**theses**	/'θiːsiːz/
crisis	/'kraɪsɪs/	**crises**	/'kraɪsiːz/
diagnosis	/daɪəg'nəʊsɪs/	**diagnoses**	/'daɪəg'nəʊsiːz/

De même, **analysis, oasis, axis, parenthesis,** etc. mais **metropolis** fait **metropolises** /mə'trɒplɪsɪz/.

❑ D'autres, d'origine latine, sont semblables au singulier et au pluriel avec une terminaison **-ies** :

caries	/'keəriːz/	*carie*
congeries	/kɒn'dʒɪəriːz/	*amas*
series	/'sɪəriːz/	*série*
species	/'spiːʃiːz/	*espèce*, etc.,

Le nom **house** change sa prononciation au pluriel :

a house /haʊs/ → **houses** /'haʊzɪz/

3. Mots terminés par un son consonne sourd, autre que /s/ ou /ʃ/ c'est-à-dire après /p/, /t/, /k/, /f/ et /θ/ :

Le **s** se prononce /s/

shops, cats, he makes, she laughs
Ralph's car, months, etc.

4. Mots terminés par un son voyelle, une diphtongue ou un son consonne sonore autre que /z/ ou /ʒ/, c'est-à-dire après /b/, /d/, /g/, /l/, /m/, /n/, /v/ ou /ð/ :

Le **s** se prononce /z/, ex. :

cinemas	**peers**
he says	**pairs**
bees	**he pours,** *il verse*
laws	**cabs**

cuckoos	**lords**
rays	**he dies**
he tries	**she loves**
boys	**booths**
he knows	**he breathes,** *il respire*
cows	

Il est à remarquer que :

— le **th** final + **s** se prononce également /ðz/ dans :

he bequeaths	/bɪ'kwiːðz/	*il lègue*
he betroths	/bɪ'trəʊðz/	*il se fiance à*
he mouths	/maʊðz/	*il déclame*

dont la finale est déjà en /ð/.

❑ Un certain nombre de monosyllabes en /θ/ font leur pluriel en /ðz/ (les autres en /θs/), ainsi :

baths	/bɑːðz/		
mouths	/maʊðz/	**truths**	/truːðz/
oaths	/əʊðz/, *serments*	**wreaths**	/riːðz/, *guirlandes*
sheaths	/ʃiːðz/, *fourreaux*	**youths**	/juːðz/, *jeunes*

❑ Attention de ne pas céder à la tendance des francophones d'intercaler un son /ə/ entre les sons /θ/ et /s/ dans :

months /mʌnθs/, *mois*

ou entre le /ð/ et le /z/ dans :

youths /juːðz/, *jeunes* **clothes** /kləʊðz/, *vêtements*

h) Un certain nombre de mots présentent des difficultés car ils ressemblent à leur équivalent français mais ont une prononciation différente.

Ainsi se prononcent avec /s/ :

asylum	/ə'saɪləm/	**episode**	/'epɪsəʊd/
basic	/'beɪsɪk/	**gas**	/gæs/
bison	/'baɪsn/	**nuisance**	/'njuːsns/
case	/keɪs/	**paradise**	/'pærədaɪs/
crusade	/kruː'seɪd/	**parasite**	/'pærəsaɪt/
dose	/'dəʊs/	**subsist**	/səb'sɪst/, etc.

Notez également :

crease /kriːs/, *pli* et dérivés **lease** /liːs/, *bail*

goose	/guːs/, *oie*	**loose**	/luːs/, *ample*
grouse	/graʊs/, *coq de bruyère*		

Notons ici que si **s** entre deux voyelles se prononce /z/ en français, il se prononce /s/ en anglais, ex. :

increase	/ˈɪnkriːs/	**cease**	/siːs/
purchase	/ˈpɜːtʃəs/	**research**	/rɪˈsɜːtʃ/
disappoint	/dɪsəˈpɔɪnt/	etc.	

A l'inverse, par rapport au français, on trouvera avec /z/ :

cosmetic	/kɒzˈmetɪk/	**lens**	/lenz/, *lentille optique*
cosmic	/ˈkɒzmɪk/	**to observe**	/əbˈzɜːv/
cosmonaut	/ˈkɒzmənɔːt/ (et dérivés)		
cosmopolitan			
cosmos	/ˈkɒzmɒs/	**pansy**	/ˈpænzɪ/, *pensée* (fleur)
to mesmerize	/ˈmezməraɪz/, (et dérivés) *magnétiser*	**presbyterian**	(et dérivés)

Notez aussi :

Mons	/mɒnz/	**to cleanse**	/klenz/, *purifier*
Santa Claus	/klɔːz/	**tsar**	/zɑː*/

i) Le groupe **ss** s'il a généralement la même prononciation qu'en français est parfois trompeur (il faut se rappeler que les lettres doubles ont la même prononciation que les lettres simples).

Ainsi :

scissors	/ˈsɪzəz/	**dessert**	/dɪˈzɜːt/
to possess	/pəˈzes/	**dissolve**	/dɪˈzɒlv/

et ses dérivés **possession, possessive, possessory** *qui possède*

to dispossess	/ˌdɪspəˈzes/
to prepossess	/priːpəˈzes/

Notez que le mot **issue,** *problème, question,* peut se prononcer /ˈɪʃjuː/ ou /ˈɪsjuː/ en anglais britannique et /ˈɪʃuː/ en américain.

j) **sc** devant **a, o, u** et en finale se prononce toujours /sk/ :

scale	*échelle*	**disc**
to scold	/skəʊld/, *gronder*	**fisc**
sculpture	/'skʌlptʃə*/	

• Devant **e** il se prononce le plus souvent /s/ :

scenario	/sɪ'nɑːrɪəʊ/	**scent**	/sent/, *parfum*
scene	/siːn/	**sceptre**	/'septə*/

Mais aussi /sk/ :

sceptic /'skeptɪk/ (que les Américains logiquement écrivent **skeptic**) et ses dérivés

• Devant **i** et **y,** il se prononce /s/ à l'initiale mais il peut se prononcer /ʃ/ à l'intérieur d'un mot, ainsi :

conscience /'kɒnʃəns/ et ses dérivés

k) **sch** se prononce /ʃ/ sauf devant **o** où il a le son /sk/, ex. : **school** et ses dérivés (**scholar, scholarship, scholastic**, etc.) et quelquefois devant **e** et **i**.

scheme /skiːm/ et ses dérivés
scherzo /'skeətsəʊ/ et ses dérivés
schizoid /'skɪtsɔɪd/, **schizophrenia** /skɪtsəʊ'friːnjə/, **schizophrene** où **schizo** se prononce /'skɪtsəʊ/
et dans **Schenectady** /skɪ'nektədɪ/

Remarquez le mot **schedule** (*horaire, calendrier, planning*, etc.) prononcé :

/'ʃedjuːl/ en anglais britannique et /'skedjuːl/ en américain.

Dans des mots en général d'origine germanique comme :

Schiller	/'ʃɪlə*/	**Schubert**	/'ʃuːbət/
Schleswig	/ʃlezvɪg/	**Schumann**	/'ʃuːmən/
Schopenhauer	/'ʃəʊpənhaʊə*/	**Schweppes**	/ʃweps/

il se prononce /ʃ/.

❑ Notez également **schist** /ʃɪst/.

❑ Remarquez le cas de **schism,** prononcé /sɪzm/, mais quelquefois /skɪzm/, de même pour ses dérivés.

1) **sh** se prononce toujours /ʃ/, ex. :
ship, shop, shape, fish, etc.

16. t (prononcé /tiː/ **dans l'alphabet)**

1. **t** ne se prononce pas :

a) Entre **s** d'une part et /l/ ou /n/ d'autre part. Ainsi :

bustle	/bʌsl/,	*agitation*	**chestnut**	/'tʃesnʌt/
castle	/kɑːsl/		**listen**	/'lɪsn/
jostle	/dʒɒsl/,	*bousculer*	**moisten**	/'mɔɪsn/, *humecter*
thistle	/θɪsl/,	*chardon*	**mustn't**	/mʌsnt/
whistle		*sifflet*	**often**	/'ɒfn/
trestle		*tréteau*	**soften**	/'sɒfn/
wrestle		*lutter*	etc.	

b) En finale d'un certain nombre de mots d'origine française :

ballet	/'bæleɪ/	**depot**	/'depəʊ/
croquet	/'krəʊkeɪ/	**sabot**	/'sæbəʊ/
chalet	/'ʃæleɪ/	⇒ mais **portrait**	/'pɔːtrɪt/

c) Dans un mot d'origine française également :

mortgage /'mɔːgɪdʒ/, *hypothèque*
et dans **tsar** /zɑː*/et ses dérivés.

2. Comme il a été déjà dit à propos de /d/ (p. 19), en américain, **t** est souvent sonorisé en /d/ :

water /'wɔːtər*/ devenant /'wædəʳ/, etc.

3. /t/ (cf. note p. 101) se palatalise[1] en /ʃ/ devant le son /j/. Ainsi :

to liberate	/'lɪbəreɪt/	**liberation**	/lɪbə'reɪʃn/
to create	/kriː'eɪt/	**creation**	/kriː'eɪʃn/, etc.

Notez que dans **to negotiate, negotiation, negotiator,** le **t** peut se prononcer /ʃ/ ou /s/ :

/nɪ'gəʊʃɪeɪt/ ou /nɪ'gəʊsɪeɪt/

Les consonnes

4. **th** se prononce /θ ou /ð/

• A l'initiale, il se prononce /θ/

— devant **r** :

throw	**three**
thrive	**throngs**
	etc.

— et en général devant voyelle :

thick	**thorn**
thatch	**thumb**

❑ Sauf pour les « mots grammaticaux » :

the /ðə/	**they**
this, these	**them**
that, those	**their**
there	**theirs**

Il en va de même pour les archaïsmes **thou,** *tu* /ðaʊ/ ; **thee,** *toi* /ðiː/ ; **thy,** *ton, ta, tes* /ðaɪ/ ; **thine,** *le tien, la tienne,* /ðaɪn/ etc.

• En finale, il se prononce en général /θ/ :

path	**breath**
cloth	**seventh**
month	etc.

• Devant un **-e** final ou un **-y** final, il se prononce /ð/

Comparez : **breath** /breθ/ et **to breathe** /briːð/
worth /wɜːθ/ et **worthy**/wɜːθɪ/

et notez : **mouth** /maʊθ/ *la bouche*, mais **to mouth** /maʊð/ *déclamer* ou *dire silencieusement.*

• A l'intérieur d'un mot, il se prononce le plus souvent /ð/

— entre deux voyelles :

rather /'rɑːðə*/ **mother** /'mʌðə*/ **leather** /'leðə*/

— entre une consonne et une voyelle :

further /'fɜːðə*/ **northern** /'nɔːðn/

— entre une voyelle et une consonne :

rhythm /'rɪðəm/

❑ Par ailleurs **th** :

a) Ne se prononce pas dans le langage des gens de mer dans les mots **north** et **south** en composition. Ainsi dans la rose des vents :

north-north east	se prononce	/nɔːnɔːr'iːst/
south-south west	se prononce	/saʊsəʊ'west/

L'orthographe rend d ailleurs compte en partie de cet usage puisque *le suroît*, chapeau de marin (dont le nom est d'ailleurs la déformation normande de « sud-ouest » s'écrit en anglais :

sou'wester /saʊ'westə*/

b) Se prononce exceptionnellement /t/ dans :

Thai	/taɪ/	**Thomas**	/'tɒməs/
thaler	/'tɑːlə*/	**Thompson**	/'tɒmsn/
Thames	/temz/	**thyme**	/taɪm/
Theresa	/tɪ'riːzə/		

c) Le groupe **ths** en finale a été déjà traité à propos de **s** (voir III.1.15.g. 4, p. 130).

III.1 Les consonnes

EXERCICES DE RÉVISION

SUR LES SONS CONSONNES q, r, s, t

A. Trouvez un mot dans lequel **qu** se prononce :

1. /k/ 2. /kw/ 3. /kj/

B. Quel est le sens de /*/ ?

C. Prononcez :

1. **viscount**	5. **series**	9. **possessive**
2. **island**	6. **houses**	10. **sceptre**
3. **abusive**	7. **truth**	
4. **crises**	8. **lens**	

D. Qu'ont les mots suivants en commun ?

listen **ballet** **mortgage**

CORRIGÉ

A. 1. **quay, technique** 2. **quite** 3. **queue**

B. 2. /*/ indique la présence d'un son /r/ qui ne se prononce que devant un son voyelle en R.P.

C. 1. /'vaɪkaʊnt/ 5. /'sɪəriːz/ 9. /'pə'zesɪv/
2. /'aɪlənd/ 6. /'haʊzɪz/ 10. /'septə*/
3. /ə'bjuːsɪv/ 7. /truːθ/
4. /'kraɪsɪs/ 8. /lenz/

D. Le **t** est muet.

17. v (prononcé /viː/ dans l'alphabet)

Ne présente aucune difficulté de graphie ou de prononciation dans la mesure où il se prononce toujours /v/.

Notez cependant la possibilité, qui n'existe pas en français, de redoubler le **v** final :

to rev, *faire tourner* (un moteur) **he revved**

et l'existence de mots comportant deux **v** comme :

navvy, *terrassier* **divvy,** *dividende*
civvies, *vêtements civils* **savvy,** *compréhension*, etc.

❑ Ici encore le son est toujours /v/.

18. w (prononcé /'dʌbljuː/ dans l'alphabet)

1. Se prononce /w/ :

waggon /'wægən/, *chariot*
away
Walter /'wɔːltə*/
water
reward *récompense*
wealth
week
well
Weston
will, etc.

mais pas dans les mots d origine allemande comme :

Wagner /'vɑːgnə*/
Wagnerian /vɑːg'nɪərɪən/

❑ Notez qu'en américain, et sous l'influence de la prononciation du **r** final, le **w** est plus clairement perceptible qu'en anglais britannique dans un mot comme :

power (G.B.) /'paʊə*/ (U.S.) /'pæwər/

2. Il est muet :

a) En début de mot devant **r** :

wreath /riːθ/, *couronne*
wreck /rek/, *épave*
wrist /rɪst/, *poignet*
write /raɪt/

b) En finale :

cow /kaʊ/ **hew** /hjuː/, *fendre* **law** /lɔː/

ou lorsqu'il est suivi d'une consonne :**bowler** /'bəʊlə*/, *chapeau melon*

❑ De même, il n'est pas prononcé devant les finales verbales en **-ing** et **-ed** :

showed /ʃəʊd/ **blowing** /'bləʊɪŋ/

c) Dans certains mots comme :

answer	/'ɑːnsə*/	**knowledge**	/'nɒlɪdʒ/
Greenwich	/'grenɪdʒ/	**sword**	/sɔːd/, *épée*
whole	/həʊl/	et dérivés	
who /	hʊː/	et tous les mots en **who (whoever)**	

⇒ sauf dans des interjections comme :

whoa	/wəʊ/ *ho !*	(pour arrêter un cheval)
whoopee	/'wʊpiː/	*youpie !*

et **to whop,** *battre* et dérivés

whorl /wɜːl/, *spire*, et dérivés

19. x (prononcé /eks/ **dans l'alphabet)**

• Nous avons déjà vu, à propos du son /z/ (p. 25) que la lettre **x** à l'initiale avait le son /z/. Ainsi :

Xanadu	/'zænəduː/	**xerography**	/zɪə'rɒgrəfɪ/
Xavier	/'zævɪə*/	**Xerox**	/'zɪərɒks/

• Les autres mots en **x** admettent une variante en /gz/ sauf bien sûr :

x	/əks/	**X-ray**	/eks'reɪ/, *rayon X*
Xmas	/'krɪsməs/ (abréviation de **Christmas,** *Noël*)		

• L'initiale **ex** se prononce tantôt /eks/ tantôt /igz/. Citons simplement les mots qui sont différents en anglais et en français :

/eks/			/ɪgz/	
exeat	/'eksɪæt/			
execrable	/'eksɪkrəbl/	et dérivés		
execute	/'eksɪkju:t/	mais	**executant**	/ɪg'zekjʊtənt/
execution	/eksɪ'kju:ʃn/		**executive**	/ɪg'zekjʊtɪv/, *cadre, dirigeant*
executioner	/eksɪ'kju:ʃnə*/, *bourreau*		**executor**	/ɪg'zekjʊtə*/
exercise	/'eksəsaɪz/			
exergue	/'eksɜ:g/			
exhibition	/eksɪ'bɪʃn/	mais	**exhibit**	/ɪg'zɪbɪt/
exhibitioner				
exhibitionism				
exiguity	/eksɪ'gju:ətɪ/	mais	**exiguous**	/eg'zɪgjʊəs/
exode	/'eksəʊd/			
exodus	/'eksədəs/			

20. z (prononcé /zed/, et /zi:/ en américain, dans l'alphabet)

La lettre **z** ou le groupe **zz** se prononcent toujours /z/, ex. :

zebra /'zi:brə/ **buzzard** /'bʌzəd/
buzz /bʌz/ **mizzen** /'mɪzn/

sauf dans **nazi** /'nɑ:tsɪ/ et ses dérivés

EXERCICES DE RÉVISION

SUR LES CONSONNES v, w, x, z

Prononcez :

1. **revving**	6. **waggon**
2. **wrong**	7. **Wagnerian**
3. **whom**	8. **xerography**
4. **which**	9. **exercise**
5. **whorl**	10. **exodus**

CORRIGÉ

1. /'revɪŋ/	6. /'wægən/
2. /rɒŋ/	7. /vɑːg'nɪərɪən/
3. /huːm/	8. /zɪə'rɒgrəfɪ/
4. /wɪtʃ/	9. /'eksəsaɪz/
5. /wɜːl/	10. /'eksədəs/

III.II. LES VOYELLES SIMPLES

Il s'agit, comme dans le chapitre I, de la correspondance entre l'orthographe et la prononciation.

En règle générale, lorsqu'une voyelle est suivie d'une seule consonne en position finale, le son est bref.

Lorsque cette consonne est suivie d'un **e** muet, le son est diphtongué ou allongé.

bref			*allongé*		
pan	/pæn/	*casserole*	**pane**	/peɪn/	*vitre*
pet	/pet/	*animal familier*	**Pete**	/piːt/	*Pierrot*
spit	/spɪt/	*broche*	**spite**	/spaɪt/	*dépit*
rot	/rɒt/	*pourriture*	**rote**	/rəʊt/	*routine*
cut	/kʌt/		**cute**	/kjuːt/	*astucieux*

1. a (prononcé /eɪ/ dans l'alphabet)

a a généralement le son : /æ/ devant une ou plusieurs consonnes finales. Ex. :

cat, bag, lamp, rag, etc.

et/eɪ/ si cette consonne est suivie d'un **e** muet.

/æ/			/eɪ/		
pat	/pæt/	*caresse*	**pate**	/peɪt/	*caboche*
rag	/ræg/	*chiffon*	**rage**	/reɪdʒ/	
man	/mæn/		**mane**	/meɪn/	*crinière*
scrap	/skræp/	*morceau*	**scrape**	/skreɪp/	*frottement*
			et dérivés		

III.II Les voyelles simples

1. a prend le son /ɪ/ dans certaines finales en **-age,** comme dans :

cabbage	*chou*	**village**	
package		**voyage**	
stoppage		**pilgrimage**	*pèlerinage*
message		**patronage**	
usage		**beverage**	*boisson*
shortage	*pénurie*	**average**	*moyen*
hostage		**marriage**	
language		**luggage**	
brokerage	*courtage*	**baggage**	

❑ Mais dans d'autres mots d'origine française, cette même finale se prononce /ɑː/ (comme nous l'avons vu à propos de ce son. Ex. : ●●

barrage	**camouflage**
garage	**fuselage**
massage	**sabotage**
mirage	

Notez que **barrage, garage, massage** et **mirage** sont accentués sur la première syllabe en anglais britannique, sur la seconde en américain.

2. a prend le son /ə/ ou parfois /ɪ/ dans la finale **-ate** de certains mots lorsqu'ils sont adjectifs ou substantifs, et /eɪ/ lorsqu'ils sont verbes. Ainsi : ●●

articulate	**separate**
delegate	**federate**
duplicate	**moderate**
triplicate	**graduate**
advocate	**legitimate**
desolate	**deliberate**
intimate	**confederate**
estimate	**conglomerate**

Les mots en **-ate** qui sont uniquement l'un ou l'autre se prononcent selon la même règle, cf. II.I.4 Rq C, p. 81.

3. Les mots en **-ade** se prononcent généralement /eɪd/

made	**barricade**
grade	**brigade**

trade	**blockade**
shade	**arcade**
wade	**cavalcade**
motorcade	

❑ Mais certains mots d'origine française ont le son /ɑː/

charade /ʃə'rɑːd/ **façade** /fə'sɑːd/ **promenade** /prɒmə'nɑːd/

❑ /ɑː/ est aussi la prononciation des mots en **-ada** et **-ado**

armada	/ɑː'mɑːdə/	**cicada** /sɪ'kɑːdə/ *cigale*
amontillado	/əmɒntɪ'lɑːdəʊ/	
avocado	/ævəʊ'kɑːdəʊ/	
desperado	/despə'rɑːdəʊ/	
Mikado	/mɪ'kɑːdəʊ/	mais **tornado** /tɔː'neɪdəʊ/

4. a prend le son /ɑː/

a) lorsqu'il est suivi de **sk, ft** ou **th** prononcé /θ/, lorsque ces trois groupes sont finaux ou suivis de **er** et /ou de dérivés verbaux.

ask (-ed, -ing)	→ mais **wrath** /rɒθ/, *colère divine*
bask (-ed, -ing)	(/ræθ/ en américain)
basket	**bather** /'beɪðə*/, *baigneur* qui vient
casket	de **to bathe** /beɪð/ *se baigner* et non
daft *écervelé*	de **bath** /bɑːθ/, *bain*
after	**gather** /'gæðə*/ car le **th** a le son /ð/
bath /bɑːθ/	

b) devant un **r** final ou suivi d'une consonne autre que **r** (dans ce dernier cas, on a /æ/ : **carry** /'kærɪ/)

car	/kɑː*/	**sparse**	/spɑːs/ mais **scarce** /skeəs/
far	/fɑː*/	**part**	/pɑːt/
tardy	/'tɑːdɪ/		
garter		**barn**	/bɑːn/

⇒ Mais il ne faut pas qu'il soit précédé par un son /w/.
Dans ce dernier cas, on a la prononciation /ɔː/

award	/ə'wɔːd/	**warp**	/wɔːp/
war	/wɔː*/	**wart**	/wɔːt/
warm	/wɔːm/		
warn	/wɔːn/		

❑ Notez le cas spécial de **wax** /wæks/, *cire*

c) dans le groupe **-ance**

dance	/dɑːns/	**France**	/frɑːns/
chance	/tʃɑːns/		
⇒ exception		**finance**	/faɪ'næns/ ou /'faɪnæns/
		romance	/rəʊ'mæns/

d) devant le groupe **-lf**

calf	/kɑːf/	**half**	/hɑːf/
⇒ mais **Alfred**	/'ælfrɪd/	**Balfour**	/'bælfə*/

e) devant le groupe **-lm**

balm /bɑːm/ **calm** **palm** **psalm**

⇒ Mais **Balmoral** /bæl'mɒrəl/
salmon /'sæmən/

En américain et dans d'autres pays anglophones, comme l'Australie, etc. les règles **a, c** et **d** ne s'appliquent pas et le **a** prend le son /æ/

Écoutez la différence :

G.B. (R.P.)			*U.S.*
/ɑː/	**ask**	**France**	/æ/
	basket	**chance**	
	daft	**psalm**	
	after	**calf**	
	bath	**wrath**	
	dance	**raft**	

5) **a** prend le son /e/ dans les mots **any** et **many**

6) **a** prend le son /ɔː/ devant le groupe **-ll** final (sauf dans **Pall Mall** /pæl'mæl/ et **the Mall** /mæl/

ex. **ball** /bɔːl/, **call, fall, tall**

7) **a** prend le son /eɪ/ devant le groupe **-nge** ou **-ste** et leurs dérivés.

change	**strange(r)**
range(r)	**paste**

Les voyelles simples

danger **waste**
⇒ mais **caste** /kɑːst/ mot d'origine espagnole ou portugaise

Il est temps de donner quelques exemples de contrastes pour lesquels il n'existe pas de règle bien précise et qui présentent des difficultés pour des Français car ils ont souvent une prononciation contraire à celle du français :

/æ/	/eɪ/	/e/	/ɑː/	/ə/	/ɔː/	/ɒ/	/eə/
Daniel	**Danish**	**any**					
manor	**major**						
manifold		**many**					
dramatist			**drama**				
amicable	**amiable**						
ration	**ratio**						**rare**
natural	**nature**						
tabloid	**table**						
statue	**status** (Am. /'stætəs/)						
statute	**stadium**						
valour	**vapour**		**vase**				**varied**
	vacant						
pastoral	**pastry**						
canon	**cane**						
manic	**mania**						
			ask	**askance**			
	lumbago						
	crater				**daltonism**		
	apricot		**khaki**				
	atheism					**yacht**	
gland			**farce**		**false**	**watt**	
	crater						
ample	**capon**		**sample**				
	grange						
	halo						
matrimony		**matron**					
wrath	**to strafe**		**to strafe**				**wrath**
(Am.)	(Am.)		(G.B.)			(G.B.)	

N.B. Dans cette liste, il convient de se souvenir de ce que nous disions pour l'américain p. 144. Ainsi, **drama, sample** ou **wrath,** ont le son /æ/ et non /ɑː/ ou /ɒ/.

2. e (prononcé /iː/ dans l'alphabet)

1. **e** a généralement le son /e/ devant une (ou plusieurs) consonnes finales en syllabe accentuée, du moment que cette ou ces consonnes ne sont pas **r**.

web,	*toile d'araignée*	**himself**
ebb,	*reflux*	**condemn**
fetch,	*aller chercher*	**strength**
bereft,	*endeuillé*	**prevent**
perplex		**possess**
respect		**invest**
personnel		**forget**
		etc.

2. **e** a toujours le son /iː/ en finale accentuée (monosyllabes accentués) :

E	**re-**	**be**
he	**she**	**the**
me	**we**	
	etc.	

3. **e** a souvent le son /iː/ en syllabe accentuée lorsqu'il est suivi d'une seule consonne (sauf si la 2e consonne est **l** ou **r**) puis d'une voyelle :

evening	/ˈiːvnɪŋ/	**Hebrew**	/ˈhiːbruː/
metre	/ˈmiːtə*/	**Eden**	/ˈiːdn/
theme	/θiːm/		

⇒ mais les exceptions abondent, où le **e** a le son /e/, dûes aux suffixes **-ic, -it, -isk,** etc. Ex. :

athletic	/æθˈletɪk/	**perish**	/ˈperɪʃ/
edit	/ˈedɪt/		

ou si l'accent tombe sur l'antépénultième :

medical	/ˈmedɪkl/	**repetitive**	/rɪˈpetətɪv/
celebrity	/sɪˈlebrətɪ/	⇒ mais **repetition**	/repɪˈtɪʃn/

Les voyelles simples

4. **e** a le son /iː/ lorsqu'il précède en syllabe accentuée un groupe consonne + i + voyelle. Ainsi :

helium	/'hiːlɪəm/		
genial	/'dʒiːnjəl/	**previous**	/'priːvjəs/
leniency	/'liːnjənsɪ/	**region**	/'riːdʒən/

⇒ Exceptions, où **e** a le son /e/ :

precious	/'preʃəs/	**Premier**	/'premjə*/ *premier ministre*
special	/'speʃl/	**requiem**	/'rekwɪəm/

5. **e** accentué, suivi d'un **r** final ou suivi d'une ou plusieurs consonnes se prononce /ɜː/. Ex. :

prefer	/prɪ'fɜː*/	**perch**	/pɜːtʃ/
defer	/dɪ'fɜː*/ *ajourner*	**term**	/tɜːm/
herb	/hɜːb/	**concern**	/kən'sɜːn/ *intérêt*
err	/ɜː*/	**excerpt**	/'eksɜːpt/

6. **e** final a le son /ɪ/ dans des mots d'origine grecque ou latine, comme :

catastrophe	/kə'tæstrəfɪ/	**simile**	/'sɪmɪlɪ/ *comparaison*
apostrophe	/ə'pɒstrəfɪ/	**psyche**	/'saɪkɪ/

etc.

et le son /iːz/ dans les noms terminés par **-es** d'origine grecque singuliers ou pluriels de mots en **-is** :

Socrates	/'sɒkrətiːz/		
Euripides	/jʊ'rɪpɪdiːz/	**antipodes**	/æn'tɪpədiːz/
crises	/'kraɪsiːz/	**analyses**	/ə'nælɪsiːz/

Voyons maintenant les contrastes entre mots français et anglais.

Ainsi se prononcent :

- avec le son /iː/

arena	/ə'riːnə/	**pretext**	/'priːtekst/
legal	/'liːgəl/	**decent**	/'diːsənt/
cedar	/'siːdə*/		

III.II Les voyelles simples

edile	/'i:daɪl/	**meteor**	/'mi:tjə*/
legion	/'li:dʒən/	**veto**	/'vi:təʊ/
lever	/'li:və*/	**extremism**	/ɪks'tri:mɪzəm/
→ mais (U.S.)	/'levər/	**obesity**	/əʊ'bi:sətɪ/
prefix	/'pri:fɪks/	**penal**	/'pi:nl/
frequent	/'fri:kwənt/		

• Avec le son /ɪə/

anterior	/æn'tɪərɪə*/	**here**	/hɪə*/
period	/'pɪərɪəd/	**zero**	/'zɪərəʊ/
cereal	/'sɪərɪəl/	**hysteria**	/hɪs'tɪərɪə/
serum	/'sɪərəm/		

Et maintenant les oppositions pour des mots de même origine :

	/i:/		/e/
allegiance	/ə'li:dʒəns/	**allege**	/ə'ledʒ/
athlete	/'æθli:t/	**athletic**	/æθ'letɪk/
lethal	/'li:θl/	**lethargy**	/'leθədʒɪ/
penal(ize)	/'pi:nl(aɪz)/	**penalty**	/'pənltɪ/
ingenious	/ɪn'dʒi:njəs/	**ingenuous**	/ɪn'dʒənjʊəs/

Et aussi :

legion	/'li:dʒn/	**legend**	/'ledʒnd/
lever	/li:və*/	**leper**	/'lepə*/
specious	/'spi:ʃəs/	**precious**	/'preʃəs/

❑ Notons enfin la prononciation particulière du verbe **to sew** /səʊ/, *coudre* et l'opposition entre la prononciation logique de l'américain et irrégulière de l'anglais pour des mots comme :

	(U.S.)	(G.B.)
Berkeley	/bə:rklɪ/	/'bɑ:klɪ/
clerk	/klərk/	/klɑ:k/
Derby	/'dərbɪ/	/'dɑ:bɪ/

Les voyelles simples

3. i (prononcé /aɪ/ dans l'alphabet)

1. **i** a toujours le son /ɪ/ devant une ou plusieurs consonnes finales sauf **r**, lui aussi suivi ou non d'une ou plusieurs consonnes où il a le son /ɜː/.

did	**din**	**kilt**
fig	**dip**	**dismiss**
fib	**tin**	**addict**
until	**lit**	**milk**
dim	**six**	**ditch**
etc.		

mais /ɜː*/ **fir, sir, stir, bird, girl, first, thirst, third, birth, flirt,** etc.

2. **i** a toujours le son /aɪ/ dans le groupe **-igh**. Ex. :

thigh	**sight**
high	**fighter**
night	**might**
	etc.

C'est aussi le son de l'interjection **hi** !

3. **i** a souvent le son /aɪ/ en syllabe accentuée lorsqu'il est suivi d'une seule consonne (sauf si la 2e consonne est **l** ou **r**) puis d'une voyelle :

tide	**mile**	**mitre**
life	**Rhine**	**nitre**
time	**tiny**	**isle**
dive	**ivy**	**title**
mice	**live** (adj.)	etc.

⇒ Mais il y a là aussi des exceptions en /ɪ/ :

give (to)	**city**	**lily**
live (to)	**privy** /'prɪvɪ/	**pity** etc.

et d'autres dues, comme pour le **e** aux suffixes **-ic, -it, -id,** et **-ish** et à la place de l'accent sur l'antépénultième. Ex. :

prolific	/prəʊ'lɪfɪk/	**rigid**	/'rɪdʒɪd/
terrific	/tə'rɪfɪk/	**livid**	/'lɪvɪd/
pacific	/pə'sɪfɪk/	**vivid**	/'vɪvɪd/
prohibit	/prə'hɪbɪt/	**finish**	/'fɪnɪʃ/
exhibit	/ɪg'zɪbɪt/	**diminish**	/dɪ'mɪnɪʃ/

solicit	/sə'lɪsɪt/	**British**	/'brɪtɪʃ/
frigid	/'frɪdʒɪd/	etc.	

❑ Notez **signal** /'sɪgnl/ ; **signature** /'sɪgnətʃə*/ et remarquez que l'on a :

signify (to)	/'sɪgnɪfaɪ/ mais	**sign**	/saɪn/
malignity	/mə'lɪgnətɪ/	**malign**	/mə'laɪn/
divinity	/dɪ'vɪnətɪ/	**divine**	/dɪ'vaɪn/
derivative	/dɪ'rɪvətɪv/	**derive**	/dɪ'raɪv/

4. **i** a généralement le son /aɪ/ dans le groupe **-ind** et **-ign** en finale accentuée. Ex. :

bind	/baɪnd/	**resign (to)**	/rɪ'zaɪn/
remind	/rɪ'maɪnd/	**design**	/dɪ'zaɪn/
wind (to)	/waɪnd/ *remonter* (montre)	**malign** (déjà vu ci-dessus en 3.)	

⇒ mais **the wind** /wɪnd/, *le vent.*

5. Des mots courants peuvent indifféremment être prononcés avec /ɪ/ ou /aɪ/. Ainsi :

• Plus souvent en /ɪ/

direct	/dɪ'rekt/
privacy	/'preɪvəsɪ/
vicarious	/vɪ'keərɪəs/
vitamin	mais /'vaɪtəmɪn/ est la prononciation américaine normale

• Plus souvent en /aɪ/

citation	/saɪ'teɪʃn/	**divest**	/daɪ'vest/
dilate	/daɪ'leɪt/	**dynamic**	/daɪ'næmɪk/
dilute	/daɪ'lju:t/	**finance**	/faɪ'næns/
diverge	/daɪ'vɜ:dʒ/	**plebiscite**	/'plebɪsait/
diverse	/daɪ'vɜ:s/	**turbine**	/'tɜ:baɪn/
divert	/daɪ'vɜ:t/		

Δ Par ailleurs, il faut noter que la finale **-ile,** généralement **/aɪl/** en Grande-Bretagne, est le plus souvent prononcé **/əl/** ou simplement **/l/** en américain. Ainsi :

	(G.B.)	(U.S.)
docile	/'dəʊsaɪl/	/'dɒsl/
fertile	/'fɜːtaɪl/	/'fərtl/
fragile	/'frædʒaɪl/	/'frædʒəl/
missile	/'mɪsaɪl/	/'mɪsəl/
mobile	/'məʊbaɪl/	/'məʊbəl/
sterile	/'steraɪl/	/'sterəl/
virile	/'vɪraɪl/	/'vɪrəl/

Mais se prononcent de la même façon de part et d'autre de l'Atlantique (à l'initiale près parfois).

automobile	/'ɔːtəməbiːl/
campanile	/kæmpə'niːlɪ/

6. Il est intéressant de noter certaines oppositions entre des mots de même racine :

	/aɪ/		/ɪ/
advertise	/'ædvətaɪz/	**advertisement**	/əd'vɜːtɪsmənt/
mais l'américain plus logique : /ædvə'taɪzmənt/			
bible	/'baɪbl/	**biblical**	/'bɪblɪkl/
line	/laɪn/	**linear**	/'lɪnɪə*/
lino	/'laɪnəʊ/	**linoleum**	/lɪ'nəʊljəm/
live (adj.)	/laɪv/	**live (to)**	/lɪv/
Messiah (the)	/mɪ'saɪə/, *le Messie*	**messianic**	/mesɪ'ænɪk/
midwife	/'mɪdwaɪf/, *sage-femme*	**midwifery** mais (U.S.)	/'mɪdwɪfrɪ/ /'mɪdwaɪfərɪ/
private	/'praɪvɪt/	**privy,**	/'prɪvɪ/,
privily	/'prɪvɪlɪ/		
privation	/praɪ'veɪʃn/	**privative**	/'prɪvətɪv/
suffice	/sə'faɪs/	**sufficient**	/sə'fɪʃnt/
wide	/waɪd/	**width**	/wɪdθ/
wild(ness)	/waɪld(nɪs)/	**wilderness**	/'wɪldənɪs/

Les voyelles simples

Notez aussi que si **shire** *(comté)* se prononce avec /aɪ/, on a /ə/ en composition dans **Yorkshire** /'jɔːkʃə*/, **Lancashire** etc.

Enfin, en finale, dans des mots d'origine étrangère, il a le son /ɪ/, /aɪ/ ou /iː/,

/ɪ/ **spaghetti, Haiti, Punjabi, khaki, Iraqi, Somali, sari, Missouri**.

/aɪ/ : **rabbi**

/iː/ : **literati, glitterati**

EXERCICES DE RÉVISION

SUR LES VOYELLES a, e, i

Les trois colonnes supérieures représentent des prénoms masculins dont la voyelle accentuée est **a, e** ou **i**.

Le même nombre de prénoms féminins paraît en dessous de la colonne correspondante.

Trouvez les mariages possibles selon le son donné à ces voyelles.

Ex. : **Alan-Agatha, Benjamin-Beryl, Bill-Bridget**

a	*e*	*i*
Alan	**Benjamin**	**Bill**
Adrian	**Bernard**	**Christopher**
Alexander	**Cecil**	**Giles**
Arnold	**Edward**	**Michael**
Arthur	**Ernest**	**Nigel**
Barry	**Peter**	**Sidney**
Basil	**Quentin**	
Charles	**Stephen**	
Clarence		
Daniel		
David		
Gary		
Graham		
Harvey		
Jack		
James		
Walter		

Ada	**Amelia**	**Bridget**
Agatha	**Bertha**	**Christine**
Alexandra	**Beryl**	**Dinah**
Alice	**Deborah**	**Ida**
Amy	**Edith**	**Isabel**
Barbara	**Edna**	**Ivy**

Blanche
Charlotte
Clara
Dawn
Jane
Janet
Kate
Katherine
Madge
Margaret
Emily
Gertrude

Répétez :

I'd rather you asked how she hurt her calf with a waste-paper basket.

J'aimerais mieux que ce soit toi qui lui demande comment elle s'est fait mal au mollet avec une corbeille à papier.

CORRIGÉ

/æ/	/ɑː/	/e/	/ɜː/
Alan	**Alexander**	**Benjamin**	**Bernard**
Barry	**Arnold**	**Cecil**	**Ernest**
Basil	**Arthur**	**Edward**	
Clarence	**Charles**	**Quentin**	
Daniel	**Harvey**		
Jack			
Agatha	**Alexandra**	**Beryl**	**Bertha**
Alice	**Barbara**	**Deborah**	**Gertrude**
Carol	**Blanche**	**Edna**	
Janet	**Charlotte**	**Emily**	
Katherine	**Margaret**		
Madge			

/ɪ/	/iː/	/ɔː/	/aɪ/	/eɪ/	/eə/
Bill	**Peter**	**Walter**	**Giles**	**Adrian**	**Gary**
Christopher	**Stephen**		**Michael**	**David**	
Sidney			**Nigel**	**Graham**	
				James	
Bridget	**Amelia**	**Dawn**	**Dinah**	**Ada**	**Clara**
Christine	**Edith**		**Ida**	**Amy**	
Isabel			**Ivy**	**Jane**	
				Kate	

4. o (prononcé /əʊ/ dans l'alphabet)

1. **o** se prononce généralement /ɒ/ devant une consonne finale (sauf **r**) simple ou double en syllabe accentuée :

job	**doc**	**on**	**chop**
God	**hot**	**of**	**cross**
fog	**Tom**	**off**	**dot**

❑ Exceptions : **son, ton** et leurs dérivés et **won**, où **o** a le son /ʌ/ et **Job** /dʒəʊb/ avec le son /əʊ/

2. **o** a généralement le son /əʊ/ lorsqu'il est final ou suivi d'une **e** muet final. Ex. :

video		
studio	/'stjuːdɪəʊ/	
cheerio	/tʃɪərɪ'əʊ/	
doe		*daim*
foe		*ennemi*
go		
no		
hoe		*houe*
Mexico	/'meksɪkəʊ/	
hullo	/hə'ləʊ/	
roe		*chevreuil*
pro		
so		
toe		*orteil*
mistletoe	/'mɪsltəʊ/	*gui*
quid pro quo	/kwɪdprəʊ'kwəʊ/	*réciprocité*
status quo	/steɪtəs'kwəʊ/	
yobo	/'jɒbəʊ/	*voyou*
yoyo	/'jəʊjəʊ/	
etc.		

Le **s** du pluriel ne change pas la prononciation.

❑ Exceptions : **to, do, shoe, canoe** /kə'nuː/ **who** où **o** a le son /uː/

3. **o** a le son /əʊ/ en syllabe accentuée lorsqu'il est suivi d'une consonne (sauf **r**), suivie d'un **i** ou d'un **e** puis d'une autre voyelle. Ex. :

phobia	/'fəʊbjə/	**colonial**	/kə'ləʊnjəl/
zodiac	/'zəʊdɪæk/	**Oxonian**	/ɒk'səʊnjən/

III.II Les voyelles simples

Cambodian	/kæm'bəʊdjən/	**erroneous**	/ɪ'rəʊnjəs/
commodious	/kə'məʊdjəs/	**utopia**	/juː'təʊpjə/
theologian	/θɪə'ləʊdʒən/	**Ethiopian**	/iːθɪ'əʊpjən/
petroleum	/pə'trəʊljəm/	**sociable**	/'səʊʃəbl/
Mongolia	/mɒŋ'gəʊljə/	**negotiate**	/nɪ'gəʊʃɪəɪt/
Napoleon	/nə'pəʊljən/	**emotion**	/ɪ'məʊʃn/
defoliant	/diː'fəʊlɪənt/	**jovial**	/'dʒəʊvjəl/
Romeo	/'rəʊmɪəʊ/	**hosiery**	/'həʊzɪərɪ/
pneumonia	/njuː'məʊnjə/	*bonneterie*	

❑ Exception : **onion** se prononce /'ʌnjən/

4. En syllabe accentuée, **o** suivi d'un **r** final, ou suivi d'une autre consonne que **r**, se prononce /ɔː/ si la consonne précédant le **o** n'est pas un **w** (après lequel **o** se prononce /ɜː/). Ex. :

corps	/kɔː*/		**born**	
corpse	/kɔːps/		**port**	
scorch	/skɔːtʃ/	*brûler*	**forty**	
ford	*gué*		**export**	/'ekspɔːt/
sword	/sɔːd/	*épée*	**for**	
pork			**nor**	
storm				

❑ Mais on aura :

• le son /ɒ/ dans :

lorry	/'lɒrɪ/	*camion*	**horrid**	/'hɒrɪd/
sorry	/'sɒrɪ/	*désolé*	**borrow**	/'bɒrəʊ/
sorrel	/'sɒrəl/	*oseille*	**to-morrow**	/tə'mɒrəʊ/
abhorrence	/əb'hɒrns/			

• et /ɜː/ dans :

worm /wɜːm/, **word** /wɜːd/, **work** /wɜːk/, **worse** /wɜːs/

⇒ mais **worn** /wɔːn/, *usé*.

5. En syllabe accentuée, **o** suivi de **l**, suivi ou non de consonne a souvent le son /əʊ/, ex. :

bold	*hardi*	**patrol**	/pə'trəʊl/
hole	*trou*	**control**	/kən'trəʊl/
holy	*sacré, saint*	**Polish**	/'pəʊlɪʃ/
poll	*sondage*	**golden**	/'gəʊldən/

roll	*rouleau, petit pain*	**colon**	/ˈkəʊlən/
knoll	*tertre*	**holster**	/ˈhəʊlstə*/
jolt	*cahot*	**folio**	/ˈfəʊlɪəʊ/

❑ Mais les exceptions sont nombreuses. Ex. :

golf
doll *poupée*
polish /ˈpɒlɪʃ/ *cirage*
solve /sɒlv/ *résoudre*
revolve /rɪˈvɒlv/ *pivoter*
(et tous les mots en **-olve**

idolatry /aɪˈdɒlətrɪ/
follow /ˈfɒləʊ/
alcohol /ˈælkəhɒl/
protocol /ˈprəʊtəkɒl/
Polly /ˈpɒlɪ/
apology /əˈpɒlədʒɪ/ *excuse*
et tous les mots en **-ology**)

où **o** se prononce /ɒ/

6. Devant les suffixes **-ic, -it, -id** et **-ish** en syllabe accentuée, **o** se prononce /ɒ/. Ex. :

me'thodic	**'profit**	**'solid**	**a'bolish**
peri'odic			**ad'monish**
dema'gogic			**as'tonish**
methodo'logical			
'toxic			
'comic			
'chronic			
ma'sonic			
Napole'onic			
'topic			
'gothic			

Mais en dehors de /ɒ/ vu au § 1, la lettre **o** peut avoir des prononciations très diverses en syllabe accentuée.

• principalement /ʌ/

a'bove	**'govern**	**other**
a'ccompany	**'honey,** *miel*	**plover,** *pluvier*
a'mong	**'London**	**shove,** *poussée*
be'come	**love**	**slovenly,** *négliger*
'borough	**'Monday**	**smother,** *étouffer*
'brother	**'monetary**	**some** et dérivés
'colour	**money**	**Somerset**
come	**'monger,** *marchand*	**son**
'comfort	**'mongrel,** *bâtard*	**sponge,** *éponge*

III.II Les voyelles simples

’company	**monk,** *moine*	**stomach,** *estomac*
’compass, *boussole*	**’monkey,** *singe*	
’conjuror, *prestidigitateur*	**month**	**thorough**
’cover	**’mother**	**ton**
does	**none**	**tongue,** *langue*
dove, *colombe*	**’nothing**	**twopence**
’dozen	**one**	**twopenny**
front	**once**	**won**
glove	**’onion**	**wonder,** *miracle*
	’oven, *four*	**worry,** *souci*

• mais aussi /uː/ :

do		**move**	
Domesday[1]	/’duːmzdeɪ/	**prove**	
lose		**to**	
tomb	/tuːm/	**whom**	/huːm/
two		**whose**	/huːz/
who	/huː/	**womb**	/wuːm/, *matrice*

• également /ʊ/

bosom	/’bʊzəm/	**woman**	/’wʊmən/
Worcester	/’wʊstə*/		
wolf	/wʊlf/	**worsted**	/’wʊstɪd/

• et même /ɪ/ **women** /’wɪmɪn/

Voici maintenant des séries de mots de même racine ou dont l’orthographe est presque semblable et où **o** se prononce /əʊ/ ou /ɔ/, /əʊ/ ou /ʌ/, /əʊ/ ou /ə/ ou encore /ɒ/ ou /ʌ/

/əʊ/	/ɔ/
atrocious	**atrocity**
bogey man, /’bəʊgɪ/, *croquemitaine*	**boggy,** *marécageux*
close	**closet,** *placard*
copious	**copy**
croquet	**crockery,** *faïence*
co-respondent, *co-accusé* dans un procès pour adultère	**correspondent**

1 **the Domesday book,** *recensement cadastral ordonné par Guillaume le Conquérant.*

III.II Les voyelles simples

ferocious	**ferocity**
fogey /'fəʊgi/, *vieux jeu*	**foggy,** *brumeux*
host, *hôte*	**hostile**
hypnosis	**hypnotic**
mediocre	**mediocrity**
narcosis	**narcotic**
neurosis	**neurotic**
ogive /'əʊdʒaɪv/	**olive**
postscript	**posthumous**
posy, *bouquet*	**posit,** *poser en postulat*
potable	**potash**
provoking	**provocative**
solar	**solstice**
sold, *vendu*	
soldier, *soldat*	**solder,** *soudure, souder*
vocal	**vocative**
/əʊ/	/ʌ/
clove, *clou de girofle*	**shove,** *pousser*
clover, *trèfle*	**plover,** *pluvier*
coney, *lapin*	**honey**
cove, *petite baie* (géog.)	**cover**
	covet, *convoiter*
	covey, *nichée, volée*
grove, *bosquet*	**grovel,** *ramper devant*
open	**oven,** *four*
sloven, *saligaud*	**slovenly,** *débraillé*
stove, *poêle*	**dove,** *tourterelle,* etc.
/əʊ/	/ə/
curbstone, *bordure de trottoir*	**brimstone,** *soufre*
flagstone, *dalle*	**Gladstone**
/ɒ/	/ʌ/
donkey, *âne*	**monkey,** *singe*
accommodate	**accompany,** etc.

Voici enfin un certain nombre de mots dont la prononciation en /əʊ/ est loin d'être évidente pour un français.

coke, folio /'fəʊlɪəʊ/, **folklore** /'fəʊklɔː*/, **locomotive** /'ləʊkə'məʊtɪv/, **mobile** /'məʊbaɪl/, U.S. /məʊbɪl/, **parole, programme, proletariat, protocol** /'prəʊtəkɔl/, **revolt, Rolls.**

et aussi : **azote, bovine, cobra, crocus, docile, erroneous, foliage, jovial, kimono, kodak, linoleum, locust,** *sauterelle,* **lotus, molar, odious, odour** et ses dérivés, **ogre, opal, opium, otary, overture, polar, potentate, prolix, revolt, Roland, sofa, trophy, topaz, totem, vote, votary, votive.**

5. u (prononcé /juː/ dans l'alphabet)

La première remarque qui s'impose pour la prononciation de la lettre **u,** c'est *qu'elle ne se prononce jamais* comme le **u** français. C'est une faute très courante chez les Français et qui les fait immédiatement reconnaître pour tels.

1. **u** ne se prononce pas dans les mots **build** /bɪld/, **buoy** /bɔɪ/, *bouée,* **buy** /baɪ/ et leurs dérivés.

Ne se prononce pas non plus entre **g** et une voyelle en syllabe accentuée : **guard, guardian, guaranty.** Ceci est valable pour les dérivés, même si la syllabe en question ne reçoit pas l'accent principal :

guarantee	/gærən'tiː/
guarantor	/gærən'tɔː*/

Les exceptions comme **Guatemala, Guano** ont été mentionnées à propos de **g**.

2. Il se prononce également /ʌ/ en syllabe accentuée ex. : **buddy,** *copain,* **bug,** *insecte,* **butter, cut, dull, gull,** *mouette,* **hull,** *coque de navire,* **just, knuckle,** *phalange,* **luck, must, nut, pun,** *jeu de mot,* **rush, vulture,** *vautour,*

ruffian, study (mais **student** /ˈstjuːdnt/, **studio** /ˈstjuːdɪəʊ/) **ultra** et tous les mots en **ult, umb, ump, un** privatif, **under, up, sub.** Mais les exceptions sont très nombreuses : ex. **bull, bush, full, push, pull, put** dans lesquels **u** se prononce /ʊ/. Il en est de même de disyllabes plus ou moins proches de ces exceptions comme **bullet, bulletin, bullion,** *lingot,* **bully,** *brute,* **bushel,** *boisseau,* **ambush,** *embuscade,* **fulfil, pulley,** *poulie,* **pulpit,** *chaire* et des mots isolés tels que **butcher, cuckoo, cushion, pudding, pussy, sugar.**

3. Il peut aussi avoir le son /e/ dans **burial,** *enterrement* et **bury,** *enterrer,* ou même /ɪ/ dans **business** et **busy** /ˈbɪznɪs/, /ˈbɪzɪ/, si souvent mal prononcés, et dans **minute** /ˈmɪnɪt/ au sens de *minute* ou **lettuce** /ˈletɪs/, *laitue.*

4. **u** suivi de **r** final ou suivi d'une consonne se prononce /ɜː/.

Ex. : **blur, absurd, fur, purr, spur, suburb** /ˈsʌbɜːb/, **disturb, church, surf, surge, burn, nurse, burst, urban, urchin, burden, urgent, Turkey, excursion, curtain, surgery, furniture,** etc.

Mais dans **current** et ses dérivés : **furrow,** *sillon* et **furrier,** *fourreur,* on a le son /ʌ/.

5. une remarque s'impose pour les prononciations /juː/, /jʊ/ et /uː/, /ʊ/ de la lettre **u** qui, curieusement, ne sont pas les plus courantes.

Elles se trouvent généralement lorsque **u** est suivi d'une consonne elle-même suivie d'une voyelle, le plus souvent un **e** muet.

En règle générale **u** y a le son /juː/, /jʊ/.

Exemples :

cube, cubic, cute, use, music, funeral, abusive, punitive (mais **punish** /ˈpʌnɪʃ/, **punishment** /ˈpʌnɪʃmənt/), **pubic** (mais **public** /ˈpʌblɪk/ et ses dérivés), **pure, union, minute** /maɪˈnjuːt/, *minuscule,* etc.

Mais après **ch, j, r** et le son /ʃ/ ou lorsque **u** est précédé d'un **l** précédé lui-même d'une consonne, **u** a le son /uː/, /ʊ/.

Exemple :

parachute, June, Jules, junior, rude, sure, sugar, Pluto, flute, fluke, *coup de veine*, **gluten, plume,** etc.

Ce même son /uː/ est normal en américain lorsque **u** est précédé de **d, n, t, th, l** ou **s** alors qu'après ces lettres l'anglais est moins systématique.

Ex. en américain :

duke, during, nucleus, nude, student, tune, enthusiasm, prelude, assume.

Nous reverrons ces particularités en VI.I, p. 274.

En revanche, en R.P., on a le choix entre /uː/, /ʊ/ et /juː/, /jʊ/ si **l** n'est pas précédé de consonne (autre qu'un **l**), avec une préférence pour /uː/ comme dans **lubricate** (et ses dérivés), **Lucas, lucid, lucrative, ludicrous, luminosity** (et ses dérivés), **lunacy,** *la folie* (et ses dérivés, mais **lunatic** est toujours avec /uː/), **lute, Luther, allude, allure, allusion, alluvial, collusion, absolute, delude, interlude, salute** (mais uniquement **salutory** /ˈsæljʊtərɪ/ ; **salutation** /sæljuːˈteɪʃn/), **voluminous**.

On a une préférence pour /juː/ dans **lure, lurid,** *sanglant,* mais uniquement /uː/ dans **Lucy, Lucifer, Luke, lunatic, Lutine** (la cloche de Lloyd's), **Luton,** et seulement /juː/ dans **deluge, prelude, soluble, volume,** etc.

Semblable diversité existe avec **u** précédé de **s** lorsque ce dernier n'a pas le son /ʃ/. Ainsi :

uniquement /uː/	d'abord /uː/	d'abord /juː/	uniquement /juː/
Sudanese	**sudorific**	**assume**	**capsule**
Sufi	**superb**	**consume**	ou /jʊ/
Susan	**supine**	**hirsute**	**consular**
Susanna	**super, supra**	**presume**	**insular**
etc.	et tous leurs dérivés ou /ʊ/	**resume**	et leurs dérivés en R.P.
	supremacy	etc.	
	Sumatra		

6. Mention doit également être faite des finales en **ure** qui se prononcent soit /ə/ soit /ʊə/.

Avec /ə/ on a :

adventure, architecture, capture, creature, conjure /'kʌndʒə*/, *évoquer,* mais **conjure** /kən'dʒʊə*/, *conjurer,* **debenture,** *obligation boursière,* **departure, expenditure,** *dépense(s),* **feature, fixture,** *installation,* **fracture, furniture, future, gesture, injure,** *blesser,* **lecture, nature, picture, procedure, puncture,** *crevaison,* **rapture,** *extase,* **structure, tincture,** *teinte,* **venture,** etc.

Certains mots qui, en R.P., se prononcent avec /ə*/ font /ʊr/ en américain. Ainsi **miniature, signature, temperature,** etc. D'autres peuvent se prononcer avec l'un ou l'autre son en G.B. avec une préférence pour /ə/ dans **azure, fissure, literature, pasture** et pour /jʊə/ dans **overture.**

Toute une série de mots n'admettent que /jʊə/ : **cure, pure** et leurs dérivés. **Endure, mature,** etc. font /jʊə*/ en anglais britannique, /ʊr/ en américain. **Tenure,** *poste de titulaire* fait /jʊə*/ ou /jə*/ en G.B., /ər/ aux E.U. Certains mots admettent /ʊə*/ ou /ɔː/: **sure** et ses dérivés, **adjure, conjure** *(conjurer quelqu'un de faire quelque chose).*

7. Voici enfin quelques mots dont la prononciation peut paraître étrange à des Français :

avec : /jʊə/ **bureau** et ses dérivés
/juː/ **dubious** et ses dérivés, **duplicate** et tous les mots en dup ; **ducal** (mais **duchess** /'dʌtʃɪs/ et **ducat** /'dʌkət/) et **puma** (mais **pumice** /'pʌmɪs/, *pierre ponce*), **fugue**. Hormis le dernier, tous ces mots ont une prononciation /uː/en américain.
/jʊ/ ou /jə/ **manuscript**

avec : /ʊ/ **bulletin, buffet** /'bʊfeɪ/, *buffet de gare* (mais **buffet** /'bʌfɪt/, *coup de poing*), **bulwark,** *rempart,* etc.

6. y (Attention : prononcé /waɪ/ dans l'alphabet)

C'est sans doute la lettre la moins traitre de la langue anglaise puisqu'à l'initiale elle se prononce toujours /j/, sauf lorsqu'elle est suivie d'une consonne, ce qui ne se produit que dans quelques rares mots, toujours d'origine étrangère comme **Yvonne** /ɪ'vɒn/, **Ypres** /'iːprə/ ou **yttrium** /'ɪtrɪəm/, le métal du même nom en français et quand **y** a sa valeur de lettre /waɪ/ comme dans **y-chromosome.**

On peut remarquer aussi la prononciation de **you** non accentué, lorsqu'il est précédé d'un **d** comme dans **did you** qui devient /'dɪdʒʊ/ ou d'un **t** comme dans **don't you ?** /'dəʊntʃʊ/. Nous y reviendrons à propos des contractions dans la partie IV.

A l'intérieur d'un mot **y** se comporte comme **i.**

En finale d'un mot, **y**, comme suffixe d'un nom, d'un adjectif ou d'un adverbe, se prononce /ɪ/.

Ex. :

friendly, completely, trendy, *dans le vent,* **topography, heredity, ceremony, delicacy, dingy** /'dɪndʒɪ/, *sale,* **greasy,** etc. Mais dans les monosyllabes des mots racines, les verbes en **-fy** et d'autres il se prononce /aɪ/. Ainsi : **ally,** *allié* /'ælaɪ/, **fly, by, spy, sky, amplify, apply, fry, my, cry, try,** etc.

Mais attention à **to atrophy** /'ætrəfɪ/. Notez aussi la différence entre **to prophesy** /'prɔfəsaɪ/ et **a prophecy** /'prɔfəsɪ/.

EXERCICES DE RÉVISION

SUR LES VOYELLES o, u, y

1) Dans :

Tom is notorious for borrowing money from everyone

classez les « o » soulignés selon leur prononciation : /ɒ/, /ɔː/, /əʊ/, /ʌ/, et traduisez.

2) Trouvez les homophones de : **Eton, Rome, bored, grown, rode, rose, wore, worn, colonel, corps, horde, horse, lesson, ore, poll, some, sun, toe, sore, throws,** et traduisez les 2 termes (quand ce ne sont pas des noms propres).

3)

Prononcez et traduisez :

a) **Wait a minute, Lucas. I'm busy burying some lettuce in the furrow.**

b) **There was a huge surge in suburban arson in July according to the news bulletin.**

c) **A more mature nature would surely have shunned such a dubious creature, don't you think ?**

CORRIGÉ

1)	/ɒ/	/ɔː/	/əʊ/	/ʌ/
	Tom	**notorious**	**borrowing**	**money**
	borrowing	**notorious**	**everyone**	
	from (ou /frəm/)		ou /nə'tɔːrjəs/)	

Tom a la fâcheuse réputation d'emprunter de l'argent à tout le monde.

2)

	Eton	**eaten**	*mangé*
	Rome	**roam**	*vagabonder*
bored	*ennuyé*	**board**	*planche*
grown	*poussé*	**groan**	*gémir*
rode	*a chevauché*	**road**	*route*
rose	*rose*	**rows**	*rangées*
wore (vêtement)	*a porté*	**war**	*la guerre*
worn (vêtement)	*porté*	**warn**	*avertir*
colonel	*colonel*	**kernel**	*amande* (de fruit à noyau)
corps	*corps* (d'armée)	**core**	*cœur* (d'un fruit)
horde	*horde*	**hoard**	*thésauriser*
horse	*cheval*	**hoarse**	*rauque*
lesson	*leçon*	**lessen**	*diminuer*
ore	*minerai*	**awe**	*terreur sacrée*
poll	*sondage*	**pole**	*pôle*
some	*une certaine quantité*	**sum**	*opération*
sun	*soleil*	**son**	*fils*
toe	*orteil*	**tow**	*remorquer*
sore	*douloureux*	**soar**	*monter en flèche*
throws	*(il) lance*	**throes** *a*	*ngoisse*

3)

a) *Attends une minute, Lucas, je suis occupé à enterrer de la laitue dans le sillon.*

b) *Il y a eu une énorme poussée d'incendies volontaires en banlieue, en juillet, selon le bulletin d'informations.*

c) *Une nature plus mûre aurait sûrement évité un être aussi louche, n'est-ce pas ?*

III.iii. LES VOYELLES COMPLEXES

Il s'agit ici d'essayer de mettre un peu d'ordre dans un sujet qui est plus simple que ne le laisse entendre le titre : celui des groupements de voyelles. Notons d'entrée que certaines sont de fausses voyelles complexes qui ne sont que la juxtaposition de préfixes terminés par une voyelle et du radical commençant également par une voyelle. La plupart du temps, chacune garde sa prononciation propre.

Exemples : **cooperative** /kəʊ'ɒprətɪv/,
preamble /priː'æmbl/, etc.

1. Commençons par ce qui semble le moins difficile : les groupes de voyelles redoublées

1. Le groupe **aa** :

Il a généralement le son du /ɑː/. Exemples : **baa,** *bêê,* **Afrikaans, Haarlem, Kaaba, Ma'am** (employé pour s'adresser aux membres féminins de la famille royale), **Salaam, Transvaal.** Mais on a aussi /eə/ : **Aaron** ; /eɪə/ : **Baal** ; /æ/ : **Ma'am** (dans le cas d'un vendeur s'adressant à une dame), **Naafi (Navy, Army & Air Force Institutes),** *cantine* (pour militaires des 3 armes en G.B.).

2. Le groupe **ee** :

Il a généralement le son /iː/. Exemples : **Aberdeen, absentee, beseech, drawee, feet, peel, see, tree, agree** et les composés **agreeable, agreeing, seeing,** etc., où l'accent tombe sur la syllabe contenant le groupe **ee.** Signalons en particulier la variation **payer,** *payeur* ; **payee,** *bénéficiaire* ; **sender,** *expéditeur* ; **sendee,** *destinataire* ; **employer,** *employeur* ; **employee,** *employé,* etc.

Mais attention à **breeches,** *culotte(s)*, qui lui a le son /ɪ/, alors que **breech, breeches,** *culasse(s)*, a le son /iː/. Le son /ɪ/ est aussi celui de **levee** /'levɪ/, *digue de protection* ou **puttee** /'pʌtɪ/, *bande molletière*.

Suivi de **r,** final ou non, il se prononce /ɪə/ ou /iːə/.

Ainsi **beer** /bɪə*/, **beery** /bɪərɪ/, *sous l'influence de la bière*, **auctioneer** /-ɪə/, **seer** /-iːə/, *voyant, prophète*. La contraction **ne'er** comme dans **ne'er-do-well,** *bon à rien, vaurien*, se prononce /eə/. Notons l'exception **threepence**[1] /'θrepəns/et **Greenwich** /'grenɪtʃ/.

Dans des mots directement passés de français en anglais comme **née** ou **toupée,** *perruque*, on a /eɪ/. Enfin rappelons ce que nous disions pour les préfixes, exemple : **re-elect** /riːɪ'lekt/.

3. Le groupe **ii** :

Il n'est pas très productif. On a : **genii** /'dʒiːnɪaɪ/, pluriel de **genie** /'dʒiːnɪ/, *génie* (des contes arabes), ou de **genius** /'dʒiːnjəs/ au sens de *bon ou mauvais génie*. Aussi le mot composé **anti-icer** /æntɪ'aɪsə*/, *dégivreur*.

4. Le groupe **oo** :

Sans doute le plus varié, il compte sept prononciations différentes. Les plus fréquentes sont /uː/ et /ʊ/. Ainsi, avec /uː/ : **boot, food, roof, root, noon, goose** /guːs/ (mais **gooseberry** /'gʊzbrɪ/, *groseille à maquereaux*), **cool, aloof, kangaroo, woo,** *faire la cour à*, **fool, boom, loom,** *métier à tisser*, **moon, loose,** *ample*, etc.

Avec /ʊ/ souvent mal prononcé, on a : **good, stood, wood, book, brook,** *ruisseau*, **nook,** *recoin*, **rook,** *corneille*, **wool, foot, soot,** *la suie*.

Suivi de **r,** final ou non, il prend le son /ɔː/ ou /ʊə/, ex. : **moor,** *la lande*, **poor,** à l'exception de **door** /dɔː*/ et **floor** /flɔː*/ et de leurs dérivés.

Mentionnons **blood** et **flood** qui ont le son /ʌ/ ; **brooch,** *broche*, qui traitreusement fait /brəʊtʃ/ et pour mémoire tous les mots à préfixe en **o** comme **cooperate, co-ownership,** etc. déjà vus au début de ce chapitre.

1. Mais, au sens de **'3p'**, on écrit généralement **three pence**, prononcé /θrɪː'pens/.

5. Le groupe **uu** :

Il est toujours dans des mots d'origine latine : **vacuum** /'vækjʊəm/, *le vide*, **continuum** /-jʊəm/, *suite continue*, **perpetuum mobile** /pə'petjʊʊm'məʊbɪleɪ/, *le mouvement perpétuel*, etc.

6. Le groupe **yy** est inexistant.

EXERCICE DE RÉVISION

SUR LES VOYELLES DOUBLES

Prononcez et traduisez :

Yes ma'am, while I was vacuum-cleaning the dining-room, yesterday afternoon, who did I see but Aaron, that ne'er-do-well, at the wheel of the auctioneer's Saab. I ran to the door, to see where he was going. Oh, it gave me the goose-flesh to see him drive to the levee because I knew he would end in the flooded brook. No wonder Mr Brooch lost his cool.

CORRIGÉ

Oui, Madame, pendant que je passais l'aspirateur dans la salle à manger, voilà-t-il pas que j'aperçois Aaron, ce propre à rien, au volant de la Saab du commissaire-priseur. J'ai couru à la porte pour voir où il allait. Oh, j'ai eu la chair de poule en le voyant aller vers la digue parce que je savais que ça allait se terminer dans le ruisseau en crue. Pas étonnant que M. Brooch se soit fâché.

Les voyelles complexes

2. Voyelles complexes proprement dites

I. a plus voyelle(s)

1. **ae** : a principalement le son /iː/ et ce surtout dans des mots d'origine grecque : **Aegean,** *Egeen* /iː'dʒiːən/, **anaemia, aesthetic,** mais aussi dans **Caesar** /'siːzə*/. Il est bref dans **anaesthesia** /ænɪs'θiːzjə/ et peut aussi se prononcer /e/. Ex. : **haemorrhage** /'hemərɪdʒ/, /eə/ comme dans **aerial,** *antenne*, **aerate,** /eɪ/ comme dans **phaeton,** ou même en syllabe non accentuée, /ə/ comme dans **curtain** ou ne pas se prononcer du tout comme dans **Michael** /'maɪkl/.

Quant à **aeo,** dans **aeolian,** on a /iː'əʊljən/ et dans **aeon,** *éternité* /'iːən/.

2. **ai** a le plus souvent le son /eɪ/. Ex. : **aid, jailed, remain, waif,** *enfant abandonné*, **train, upbraid,** *réprimander*, **Adelaide, acquaint, afraid, aim, chaise, lain, paid, stain,** etc. Mais on peut noter immédiatement que le groupe -**air** est généralement prononcé /eə/ : ainsi **chair, lair, pair, stair,** etc.

On a normalement **trait** /treɪ/ mais **portrait** /'pɔːtrət/, **naive** ou **naïve** /naɪ'ɪːv/, tous deux ayant le sens de *naïf*. **Laity,** *laïques* et **gaiety** ont le même son /eɪə/ ; **algebraic** et **archaic** le même son /eɪɪ/.

Venons-en maintenant aux difficultés : ont le son /aɪ/ **aisle** /aɪl/, **Isaiah** /aɪ'zaɪə/, *Isaïe*, **Cairo** /'kaɪərəʊ/ en Égypte, mais /'keərəʊ/ aux États-Unis, **Port-Said** /saɪd/ mais **said** /sed/, **again** /ə'gen/ et surtout **paillette** /pæl'jet/, **plaid** /plæd/ et **plait** /plæt/, *tresse*. Quant à **maieutic,** il se prononce /meɪ'juːtɪk/ et **Caius** /'kaɪəs/ mais /kiːz/ à Cambridge.

3. **ao : chaos** /'keɒs/. Autant de mots, heureusement peu nombreux, autant de sons. Le mot le plus remarquable est certainement **gaol,** *la prison*, déjà mentionné à propos du son /dʒ/ et qui se prononce /dʒeɪl/, de même que ses dérivés. Le plus simple est **extraordinary** /ɪk'strɔːdnrɪ/, puis viennent par ordre de fréquence **Laos** /'laʊs/, **Laotian** /'laʊʃən/, **pharaoh** /'feərəʊ/, **baobab** /'beɪəʊbæb/, **aorta** /eɪ'ɔːtə/, **cacao** /kə'kɑːəʊ/, **Aosta** /ɑː'ɒstə/ **karaoke** /, kærə'əʊkɪ/.

4. **au** : a principalement le son /ɔː/ en syllabe accentuée. Ex. : **applaud, assault, caucasus, caught, daughter, fraud, gauze, sauce, taut, vault.**

Le groupe peut aussi avoir le son /ɒ/ comme dans **Australia, Austin, Aussie** /'ɒzɪ/, familier pour *Australien*, **because, Laurel, Maurice, sausage, restaurateur,** etc. Dans le premier et le dernier de ces mots, ce n'est pas au qui est accentué /restɒrə'tɜː*/.

Maintenant, les particularités : **aunt, draught** et **laugh** ont le son /ɑː/ ainsi que leurs dérivés. Avec /əʊ/ on a **mauve** et **gauche,** d'origine française, mais **gaucho** /'gaʊtʃəʊ/ venu de l'espagnol.

En syllabe non accentuée il est parfois réduit à /ə/. Ex. : **Mauritius, restaurant** /'restərɔːŋ/.

Notons enfin le faux-ami pour un Français : **gauge** /geɪdʒ/, *jauge*.

5. **ay** : seul ou suivi d'autres voyelles ; il a la plupart du temps le son /eɪ/. Ex. : **bay, bayonet** /'beɪənet/, **Bayard** /'beɪɑːd/, **clay,** *l'argile*, **day, gay, gray, hay, jay,** *geai*, **lay** et **layer, laying, lay-out, ray** et **rayon, pay** et **payee** /peɪ'iː/, **May** et **Mayo** /'meɪəʊ/, mais **mayor** /meə*/, *le maire*, **pray** /preɪ/, mais **prayer** /'preə*/, *prière*, **say** et **saying** /'seɪɪŋ/ mais **says** /sez/, enfin **day** /deɪ/, mais dans les jours de la semaine, le son est généralement raccourci à /ɪ/ : **Sunday** /'sʌndɪ/.

Aye, forme ancienne ou navale de **yes** se prononce /aɪ/, comme **kayak** /'kaɪæk/ et **ayah** /aɪə/ (la servante indienne). **Santayana** se prononce /sæntə'jɑːnə/.

ay est très souvent finale de verbe. Aussi trouve-t-on de très nombreux participes présents en **aying** où **ay** conserve le son de l'infinitif. Ex. : **paying, saying, decaying, laying, slaying, playing, praying, staying, swaying,** etc.

EXERCICE DE RÉVISION

SUR LES VOYELLES COMPLEXES EN a

Prononcez et traduisez :

Michael, Caesar never died of a haemorrhage, did he ?

« Aunt Adelaide is naïve : she always thought Pharaohs lived in Cairo ». « Don't make me laugh ! »

He says the mayor may go to Mauritius on Sunday.

The bridesmaids had gauze in their plaited hair.

CORRIGÉ

Michel, César n'est pas du tout mort d'une hémorragie, n'est-ce pas ?

Tante Adelaïde est naïve : elle a toujours cru que les Pharaons vivaient au Caire. – Tu veux rire !

Il dit que le maire pourrait partir dimanche pour l'île Maurice.

Les demoiselles d'honneur avaient de la gaze dans leurs cheveux tressés.

2. e plus voyelle(s)

1) **ea** :

Un des groupes les plus courants en anglais. Il a le plus souvent le son /iː/. Ex. : **flea,** *puce*, **creature, plea,** *plaidoyer*, **eager, peace, beach,** *plage*, **peach,** *pêche*, **to reach, bead,** *perle*, **plead, league,** *ligue*, **peak, speak,**

III.III Les voyelles complexes

heat, meal, appeal, seal, *phoque*, **beam,** *rayon*, **cream, team,** *equipe*, **steam,** *vapeur*, **bean,** *haricot*, **jean, east, cheap, heap, reap,** *récolter*, **grease,** *graisse*, **leash,** *laisse*, **beat, cheat,** *tricher*, **defeat, seat, Keats, cleave,** *fendre*, **weave,** *tisser*, **please, tease,** *taquiner*, etc.

On a aussi assez souvent le son /e/ sans que l'on puisse donner de règle puisque le même groupe **lead** se prononce /liːd/ au sens de *conduire* et /led/ au sens de *plomb*. Plus étrange encore, **read** /riːd/, *lire*, fait **read** /red/ au prétérit et au participe passé. De même **deal, heat, heath,** *la lande*, **clean, heave, seam,** *couture*, **please, treason, peach, leave, weave, zeal, reach** se prononcent avec /iː/ alors que **dealt, head, heather,** *la bruyère*, **cleanse,** *purifier*, **heaven, seamstress,** *couturière*, **pleasure, treasure, treacherous,** *traître*, **leaven,** *levain*, **weather, zealous,** ont /e/ comme **breast, jealous, measure, dead, bread, dread, spread, tread, thread, weapon, deaf, death, sweat, sweater, realm,** *royaume, etc.*

Suivi de **r**, le groupe **ea** a de même tantôt le son /ɪə/ tantôt /eə/ : **near, appear** /ɪə/, mais **pear** /eə/, **tear** /tɪə*/, *larme*, mais /teə*/, *déchirer*, **weary** /'wɪərɪ/, *fatigué* mais **wear** /weə*/. Notez aussi **bear** /beə*/, *porter, ours.*

/ɪə/ est aussi la prononciation de **idea** /aɪ'dɪə/, **ideal, Korea, Medea, real(ly), cereal, theatre.**

Lorsque le **r** est lui même suivi d'une consonne, on a /ɜː/ : **dearth,** *pénurie*, **earl,** *comte*, **early, pearl, earn, learn, search,** etc. mais **beard** /bɪəd/.

Et maintenant quelques sons moins courants :

/ɑː/ dans **heart, hearth,** *foyer*, **hearken,** *écouter*
/eɪ/ dans **steak, break, great, Seamus** /'ʃeɪməs/, *prénom irlandais*
/iːæ/ dans **preamble,** dejà mentionné, **Seattle**
/iː'eɪ/ dans **create, creator, creation**
/ɪ'æ/ dans **oceanic, theatrical** et tous les mots formés sur **react**
/iːə/ dans **European**
/ɔː/ dans **Sean** /ʃɔːn/ *prénom irlandais*
/ɪə/ dans **area**

Les voyelles complexes

Notons enfin les mots composés comme **hereafter** /hɪər'ɑːftə*/, *désormais* ; **thereafter** /ðeər'ɑːftə*/, *ensuite*, **whereabouts** /weərə'baʊts/, ou **whereas** /weər'æz/, *tandis que*, **whereat** /weər'æt/ là-dessus, **wiseacre** /'waɪzeɪkə*/, *benêt*, etc. où chacun des deux composants du mot est prononcé séparément.

Enfin, en syllabe non accentuée, le groupe **ea** se réduit à /jə/ comme dans **Mediterranean**, à /ɪ/ comme dans **Hampstead,** le plus souvent à /ə/ ex. : **sergeant, pageant, manageable, knowledgeable, noticeable, serviceable,** et même à rien comme dans **ocean** /'əʊʃn/.

2) **ei**

N'a pas de prononciation prédominante. On a aussi bien :

/eɪ/ **beige, heinous,** *odieux*, **inveigh** /ɪn'veɪ/, *invectiver*, **inveigle** /ɪn'veɪgl/, *enjôler* (qui peut aussi se prononcer /ɪn'viːgl/), **rein, reign, deign, freight,** *le frêt*, **eight, weigh, weight, sleigh,** *traineau*, **skein,** *écheveau* ;

/iː/ **protein, seize, ceiling, Rheims** /riːmz/, *Reims*, **Sheila, Neil,** ou la prononciation américaine ou dialectale de **(n)either**/n /'iːðə*/ et la prononciation américaine de **leisure** /'liːʒər/ qui a en anglais britannique, le son /e/ comme **Leicester** /'lestə*/, **heifer** /'hefə*/, *génisse* ;

/aɪ/ dans (n)**either** en R.P., **height** /haɪt/, *hauteur*, **sleight,** *tour d'adresse*, et de nombreux mots d'origine étrangère, surtout germanique : **eiderdown,** *édredon*, **leitmotif, Eiffel, Geiger, Eisenhower, Reich, Reigate, Reilly, Transkei** /træns'kaɪ/, **kaleidoscope** /kə'laɪdəskəʊp/, **seismic** /'saɪzmɪk/ ;

/eə/ **heir** /eə*/, *héritier*, **heiress, Eire** /'eərə/, *la République d'Irlande* ;

/ɪə/ **weird,** *étrange*, **weir,** *barrage*, **Deidre** /'dɪədrɪ/, *prénom irlandais* ;

/iːɪ/ **deify,** et les composés avec le préfixe **re** comme **reinforce, reinsure, reinvest, reissue, reiterate,** etc. **deicide** mais **de-ice** /diː'aɪs/ *dégivrer* ;

/ɪɪ/ **atheistic** /eɪθɪ'ɪstɪk/.

/e/ **heifer,** /'hefə*/,

/eɪə/ **deity**

/eɪɪ/ **deism**

III.III Les voyelles complexes

En syllabe non accentuée il a le son /ɪ/ ex. : **forfeit** /'fɔːfɪt/, *être déchu d'un droit*, **sovereign, foreign.**

3) **eo**

Là, non plus, pas de prononciation type mais plutôt des variations sur les sons

/ɪə/ comme dans **theory** et tous ses dérivés, **alveolar** /æl'vɪələ*/, **Leopold** ;
/iːə/ **neo, pleonasm** /'pliːənæzm/
/iːəʊ/ **Cleo, Creole** /'kriːəʊl/, **Leo, Leonardo, leotard** /'liːəʊtɑːd/ *collant de danseur*, **geode** ;

Les syllabes non accentuées se réduisent généralement à /ɪə/ comme dans **Odeon, meteor, chameleon, Napoleon** etc. ou /ə/ **truncheon,** *bâton d'agent de police*, **bludgeon,** *gourdin*, **luncheon, surgeon, curmudgeon,** *ladre,* mais **pigeon** /'pɪdʒɪn/. Le préfixe **geo** qui généralement ne porte pas l'accent principal se prononce /dʒiːə/ comme dans **geocentric, geodesic, geographic, geometric, geophysical.**

/dʒɪ'ɒ/ dans **geography, geographer, geologist, geometer, geometry,** ou /dʒɪə/ dans **geographical, geological, geometric.**

Pour le préfixe **theo** on a le même genre de variations de **Theo** /'θiːəʊ/ à **theologian** /θiːə'ləʊdʒɪən/ en passant par **theocracy** /θɪ'ɒkrəsɪ/. Il en est de même pour **neo : neophyte** /'niːəfaɪt/, **neocolonialism** /nɪəʊ/, **neologism** /niː'ɒlədʒɪzm/.

Attention : **eo** a parfois aussi le son /e/ dans **Geoffrey** /'dʒefrɪ/, **Leonard** /'lenəd/, **leopard** /'lepəd/, **jeopardize,** *mettre en danger*, **jeopardy.**

Notons aussi la prononciation /iː/ dans **people,** et la prononciation de **George** et ses dérivés /dʒɔːdʒ/.

Mentionnons pour mémoire les préfixes **de-, pre, re-** suivis d'un **o** : les deux éléments du mot conservent leur prononciation propre : **deodorant** /diː'əʊdərənt/, **deoxidize** /diː'ɒksɪdaɪz/, **preoccupy** /priː'ɒkjʊpaɪ/, **reopen** /riː'əʊpən/, **reorganize** /riː'ɔːgənaɪz/.

Quant à **eou** à part **Seoul** /səʊl/, on ne le trouve guère que dans le suffixe **eous** où il est réduit à /ɪə/ **ligneous, vitreous, spontaneous, nauseous, gaseous,** ou /ə/, avec adoucissement de la consonne qui le précède si c'est une vélaire comme **g**, **advantageous** /ædvən'teɪdʒəs/ **courageous, gorgeous,** ou avec palatalisation dans le cas du **t** : **righteous** /'raɪtʃəs/.

4) **eu**

A principalement le son /juː/. Ex. : **deuce,** *diable* (euphémisme), **feud,** *querelle, dissension*, **pseudo, Odysseus** /ə'dɪsjuːs/, *Ulysse*.

Rheumatism se prononce (/'ruːmətɪzm/ comme **Reuben** /'ruːbɪn/ ; comme **Freudian. Reuter,** d'origine germanique /'rɔɪtə*/.

eur, final ou pas, a généralement le son /jʊə*/. Ex. : **Europe** /'jʊərəp/, **Eurovision, liqueur,** même dans les syllabes non accentuées comme dans **eureka** /jʊə'riːkə/ **Euripides, Eurasia, Eurasian, European** /jʊərə'pɪən/.

Mais on trouve aussi /ə/ dans **chauffeur** /'ʃəʊfə*/ (U.S. /ʃəʊ'fɜːr/, **amateur, amateurism** /'æmətərɪzm/, mais **restaurateur** /restɒrə'tɜː*/, **masseur** /mæ'sɜː*/, d'origine française.

Notons pour mémoire le préfixe **re,** avec **u** : **reunion** /riː'juːnjən/, **re-use** /riː'juːs/ etc.

5) **ey** a surtout le son **ei**. Ex. : **they, bey, grey, whey,** *petit lait*, **obey, heyday,** *beaux jours, apogée*, **Leyland, Seychelles,** etc.

Mais on a aussi /iː/ : **key, Seymour, geyser,** *chauffe eau, geyser* (U.S. /'gaɪzər/) ; /ɪə/ dans **eyrie** /'ɪərɪ/, *aire d'un aigle*. On trouve /e/ pour **Reynold(s),** /eə/ pour **Eyre** /eə*/, et en syllabe non accentuée.

/ɪ/ : **abbey** /'æbɪ/, **Ceylon** /sɪ'lɔn/, **Anglesey, Jersey, Guernsey** etc.

eya se prononce en général /eɪə/ comme dans **abeyance,** *(en) souffrance,* mais **eye** a le son /aɪ/ dans **eye** et ses composés ; /aɪæ/ dans **Cheyenne** /ʃaɪ'æn/ ; **greyer, greyest** et **greyish** se prononcent normalement /eɪə*/, /eɪɪst/, /eɪɪʃ/ ainsi que les comparatifs, superlatifs et dérivés de ce type.

Quant à **beyond,** il se prononce /bɪ'jɔnd/.

EXERCICE DE RÉVISION

SUR LES VOYELLES COMPLEXES EN e

A) Retrouvez les deux sons de **lead, read, tear** et traduisez ces mots.

B) Prononcez et traduisez :

1) **Sean Connery was a sergeant in that film shot in Seattle.**

2) **In the European theatre, there is a dearth of creators, which displeases people who are eager to hear plays from Euripides or from the heyday of amateur theatricals.**

CORRIGÉ

1) **lead**	/liːd/	*conduire*	/led/	*plomb*
read	/riːd/	*lire*	/red/	*lu*
tear	/tɪə*/	*larme*	/teə*/	*déchirure*

2) a) *Sean Connery était sergent dans ce film tourné à Seattle.*

b) *Dans le théâtre européen, il y a une pénurie de créateurs, ce qui déplaît aux gens qui brûlent d'entendre des pièces d'Euripide ou des beaux jours du théâtre amateur.*

3. i plus voyelle(s)

1. **ia** a deux prononciations principales : /aɪə/ et /aɪæ/.

• On a /aɪə/ dans **alliance** /ə'laɪəns/, **via** /'vaɪə/, **liable, liar, Messiah** /mə'saɪə/, **bias, phial,** *fiole*, **zodiacal**

/zəʊ'daɪəkl/, **dial** /'daɪəl/, **trial, briar,** *églantier*, une des prononciations de **Maria** (**black Maria** /mə'raɪə/, *fourgon cellulaire*) et de **pariah** /pə'raɪə/. C'est aussi la prononciation de tous les mots en **dia** accentués sur cette syllabe : **diadem, diagnose** et ses dérivés, **diagram, dialect, dialogue, diamond, diaper,** *couche de bébé*, **diaphragm** /'daɪəfræm/, **diary, diastase** /'daɪəsteɪs/, **diatribe,** etc.

• On a /aɪ'æ/ dans **Niagara, iamb, iambic, Miami**.

• Une autre possibilité est /ɪæ/ : **messianic** /mesɪ'ænɪk/, **Asiatic** /eiʃɪ'ætɪk/, **miasma.**

• On trouve /ɪːə/ dans l'autre prononciation de **Maria** /mə'riːə/, **Ian** /'iːən/, le constructeur **Fiat.**

Iago, Santiago et **tiara** ont tous /ɪ'ɑː/.

❑ En syllabe non accentuée, on a une plus grande variété encore.

• D'abord pour **dia** on a /aɪə/ dans **diabetes** /daɪə'biːtiːz/, **diabolic, diagnosis, dialectal, dialectic, diapason, diarrhoea, diatonic,** etc. et /aɪ'æ/ dans **diabolism** /daɪ'æbɒlɪzm/, **diagonal, dialysis, diameter, Diana, diaphanous, diastole** /daɪ'æstəlɪ/, etc.

• Les mots en **iate** font /ɪeɪ/, ainsi : **abbreviate, expiate, retaliate, satiate, radiate,** etc.

• D'autres prononciations du groupe **ia** non accentué sont :

/ɪæ/ **alias, zodiac,** etc.

/ɪɑː/ **caviar** /'kævɪɑː*/.

/ɪə/ **burial** /'berɪəl/, **sabbaterian** /-'eərɪən/, **utopian, media, anemia, myopia, Caledonia(n), India(n), anaesthesia, Aberdonian, peculiar, valiant, radiant, radial, Fenian,** etc.

/jə/ **Spaniard**.

/ə/ avec palatalisation de la consonne précédente, le cas échéant : **Parliament** /'pɑːləmənt/, **Russia(n)** /'rʌʃə(n)/, **Croatia(n), Prussia, Prussian, Scotia, Asia, Belgian, allegiance** /ə'liːdʒəns/.

/ɪ/ **carriage** /'kærɪdʒ/.

Ou même disparition complète toujours avec palatalisation : **commercial** /-ʃl/, **special, official, Asian** /ˈeɪʃn/, etc.

Mentionnons pour terminer le cas des préfixes **bi, di, tri** suivis de **a** : **biaxial** /baɪˈæksɪəl/, **diarchy** /ˈdaɪɑːkɪ/ et **triad** /ˈtraɪəd/ mais **triangle** et ses dérivés ont /aɪæ/ accentué ou non. **Medi** donne **media** /ˈmiːdɪə/, **mediate** /ˈmiːdɪeɪt/, mais **immediate** /ɪˈmiːdɪət/. Et n'oublions pas le cri du chat **miaow** /mɪːˈaʊ/.

2. **ie** :

• Soit /iː/ : **achieve, field, fiend,** *ennemi*, **grieve, lien, relief, Diesel, Piedmont** /ˈpiːdmɒnt/.

• Soit /aɪ/ : **lie, pie, tie, pied,** *bigarré*, **vie,** *rivaliser*, tous les pluriels en **-ies** des mots en **y** prononcés /aɪ/ (exemples : **sky, skies, cry, cries, ally, allies** /ˈælaɪ/, /ˈælaɪz/) et tous les prétérits et participes passés réguliers et la 3e personne du singulier du présent de l'indicatif de tous les verbes en **y** ou en **ie** ayant la prononciation /aɪ/ en syllabe accentuée ou pas : **lies, flies, supplies, supplied, tried, fried, cried, applied, died, he lied,** *il a menti*, **tied,** *attaché*, etc.

• On a aussi /aɪə/ comme dans **crier, diet, (im)piety, society, propriety, notoriety, satiety** /səˈtaɪətɪ/, **science** et **tier** au sens de celui qui attache (mais /tɪə*/ au sens de *rang*), etc.

/ɪə/ est aussi la prononciation de **pier,** *jetée*, **bier,** *cercueil*, **tierce** (en musique ou à l'escrime), alors qu'aux cartes on a /ˈtɜːs/.

• Maintenant quelques prononciations particulières souvent mal connues :

/ɪ/ **sieve** /sɪv/, *tamis*.

/juː/ **view**.

/e/ **friend** /frend/.

/ɪˈe/ **Vienna** /vɪˈenə/, **conscientious** /kɔnʃɪˈenʃəs/, **Trieste**.

/iːɪ/ **deism, being.**

/iːə/ **Viennese**.

/iː/ **skier** /ˈskiːə*/.

III.III Les voyelles complexes

• En syllabe non accentuée, la diversité est plus grande encore : /ɪ/ **genie** /'dʒɪnɪ/, **Lucie, mischief** /'mɪstʃɪf/, **handkerchief** /'hæŋkətʃɪf/, *mouchoir*, et tous les pluriels des noms en **y** ou **ie** dont la prononciation est /ɪ/ et tous les prétérits et participes passés réguliers et la 3e personne du singulier du présent de l'indicatif de tous les verbes en **y** ou en **ie** ayant la prononciation /ɪ/. Ex. : **rallies, bullies, worries, envies, parties, berries, able-bodied, carried, bullied, worried,** etc.

• Pour les comparatifs et superlatifs réguliers des adjectifs en -**y** /ɪ/ on a /ɪə*/, /ɪɪ/. Ex. : **happy** /ɪ/, **happier** /ɪə/, **happiest** /ɪɪ/, **rosy, rosier, rosiest, angry, angrier, angriest, naughty, naughtier, naughtiest, silly, sillier, silliest,** etc.

/ɪə/ **ambience** /'æmbɪəns/, **prescience** /'presɪəns/, **transient** /'trænzɪənt/, **barrier, carrier, croupier.**

/ɪ/, /iː/ ou /ɪiː/ **caries** /'keər(ɪ)iːz/, *carie*, **series** /'sɪəriːz/.

/ɪə/ **Daniel, alien,** etc.

/jə/ **Spaniel**.

/ə/ avec palatalisation de la consonne précédente : **osier** /'əʊʒə*/, **crozier,** *crosse d'évêque*, **ancient** /'eɪnʃənt/, **conscience** /'kɒnʃəns/.

• Voyons ensuite pour mémoire les préfixes **bi, di-, tri-** suivis de **e** : **biennial** /baɪ'enɪəl/, **dielectric** /daɪɪ'lektrɪk/, **triennal** /traɪ'enɪəl/.

• Enfin **ieu** dans des mots peu nombreux d'origine française offre cependant une belle variété : **Beaulieu** /'bjuːliː/, **adieu** /ə'djuː/, et un mot qui, à lui seul, a trois prononciations :

	/lef'tenənt/ dans l'armée de terre britannique.
lieutenant	/lə'tenənt/ dans la marine britannique
	/luː'tenənt/ dans les forces armées américaines.

3. **io** :

• A principalement la prononciation /aɪə/ : **pioneer, riot, Sion, lion, ion, violin, violet, violence, Lionel, Zionism, Orion, dandelion, scion,** *rejeton*, **prior, Calliope** /kə'laɪəpɪ/, etc., ou /aɪəʊ/ : **Io, iodine** /'aɪəʊdiːn/, *teinture d'iode*, **iota** /aɪ'əʊtə/, **Clio,** etc.

• C'est aussi cette dernière la prononciation du groupe **bio** lorsqu'il n'est pas accentué. Ainsi : **biochemistry, bioengineering, biogenetic, biographic, biological, biophysics,** alors que lorsque c'est le **o** qui est accentué il a le son /aɪ'ɒ/ : **biographer, biography, biologist, biology, bionic** et en syllabe accentuée on a tantôt /aɪəʊ/ : **biomass, biorhythm, biosphere**, etc. tantôt /əɪɒ/ **biopsy**.

• On trouve aussi /ɪ'əʊ/ : **cheerio** /tʃɪərɪ'əʊ/, **tapioca, carrioca, mediocre** /miːdɪ'əʊkə*/ et dans le groupe physio /ɪ'ɒ/ : **physiologist, physiology,** qui est aussi la prononciation de **religiosity, mediocrity, ratiocinate, periodic, periodical, curiosity, idiotic**, mais /ɪə/ dans **physiological, idiot, idiocy**.

/iːəʊ/ dans **trio, Rio,** alors que **kiosk** a /iːɒ/.

• En syllabe non accentuée, en dehors des cas déjà cités, on a principalement le groupe final **-ion** où -io.

— prend tantôt le son /jə/ : **battalion, billion, dominion**, etc.

— tantôt le son /ɪə/ : **Balliol** /'beɪlːəl/ **carrion,** *charogne*, **chariot, Hyperion, criterion, ganglion** /'gæŋglɪən/, **bastion,** etc.

— tantôt (le plus souvent) disparaît même entièrement (avec palatalisation de la consonne qui précède) : ainsi **action** /'ækʃn/, **ammunition, benediction, coercion,** *coercition*, **crucifixion, depletion, excision, fashion, generalisation, immersion, jurisdiction, lotion, mission, notion, passion, nation, ration, session, torsion, usurpation, version,** etc., et **allusion** /ʒ/, **abrasion** /ə'breɪʒn/, **cohesion** /kəʊ'hiːʒn/, **decision, elision, fusion, intrusion, lesion, occasion, revision, scission, vision, religion** /dʒ/, **legion, region,** etc.

• Lorsque **ion** n'est pas final (et pas accentué non plus) on a généralement /ə/. Ex. : **national, occasional, marchioness,** *marquise*, etc. Mais aussi l'élision complète : **nationalism, nationalize, rationalize, constitutional, fashionable**, etc.

• Dans d'autres cas on a une très grande variété :

/ɪəʊ/ **ratio** /'reɪʃɪəʊ/, **Horatio, adagio** /ə'dɑːdʒɪəʊ/, **folio, audio-visual, curio, patio, radio** et ses dérivés, **Scipio** /'skɪpɪəʊ/.

/ɪɒ/ **ratiocination** /ˌrætɪɒsɪ'neɪʃən/.

/ɪə/ **inferior, superior, posterior, anterior, Cypriot, cheviot, idiot, idiom** et ses dérivés, **oblivion, senior, junior, ameliorate,** etc.

• Voyons maintenant les préfixes **di** et **tri** :

— tantôt /aɪəʊ/ **diode, triode** ;

— tantôt /aɪ'ɒ/ **diocesan, Diogenes** /daɪ'ɒdʒeniːz/, **dioxide** /daɪ'ɒksaɪd/ ;

— ou encore /aɪə/ **diocese**.

• Quant au groupe **iou**, il est principalement représenté par l'ensemble **-ious** où, à côté de **pious** /'paɪəs/ on a **impious** /'ɪmpɪəs/ qui a le même son que **luxurious,** *luxueux*, **lugubrious, laborious, curious, serious, various, delirious, gregarious, oblivious, envious, abstemious, copious, harmonious, studious, euphonious,** etc.

• On a /jə/ dans des mots comme **rebellious**.

• On a /ə/ avec palatalisation dans des mots comme **prestigious** /dʒəs/, **egregious** /ɪ'griːdʒəs/, *fieffé, insigne*, **religious, vicious** /ʃ/, **precious, voracious, conscious, contentious, atrocious, ferocious, specious, gracious, noxious** /'nɒkʃəs/, etc.

• En dehors de ce groupe, on trouve le cas de **Sioux** /'suː/ et de **I.O.U.,** *reconnaissance de dette*, qui se lit comme les mots que ce sigle est censé représenter : **I owe you** /aɪəʊ'juː/.

4. **iu**, quelques mots seulement :

/aɪə/ **triumph** /'traɪəmf/.

/aɪ'ʌ/ **triumphal** /traɪ'ʌmfl/, **triumphant, triumvirate**.

/aɪ'ɜː/ **diurnal**.

• En syllabe non accentuée, on a **diuretic** /daɪjʊə'retɪk/ et les mots d'origine latine en **-ium** et **-ius** qui font.

— /ɪə/ : **aluminium, cranium, medium, stadium, radium, radius, compendium, Elysium, delirium**. (Notez aussi **Pontius Pilate** /'pɒntjəs/ ou /'pɒnʃəs 'paɪlət/).

— soit /ə/ : **Belgium, nasturtium,** *capucine*, **Mauritius** /mə'rɪʃəs/, *l'île Maurice*, etc. avec palatalisation des consonnes qui précèdent.

5) **iy**

Viyella /vaɪ'elə/, nom d'une marque déposée, semble le seul exemple de ce groupe.

III.iii Les voyelles complexes

EXERCICES DE RÉVISION

SUR LES VOYELLES COMPLEXES EN i

1) Retrouvez la prononciation de **science, conscience, prescience, conscientious**

2) Donnez les 3 prononciations de **lieutenant** et leur emploi

3) Prononcez et traduisez ;

a. **At the burial in Vienna of the valiant official, a field-marshal, his friends cried. What had he died of ?**

b. **Biogenetics is a new science, which, in my view, worries many senior pioneers of radiotherapy.**

c. **"There's precious little caviar left." said the Russian lieutenant.**

d. **You liar, you idiotic fiend, why have you tried to alienate me from Diana ?**

CORRIGÉ

1. *Relisez les pages 179, 180.*
2. *Relisez la page 180.*
3. a) *A l'enterrement, à Vienne, du courageux fonctionnaire, qui était Maréchal, ses amis pleuraient. De quoi était-il mort ?*
   b) *La biogénétique est une science nouvelle qui, à mon avis, trouble de nombreux pionniers chevronnés de la radiothérapie.*
   c) *Il ne reste pour ainsi dire plus de caviar, dit le lieutenant russe.*
   d) *Menteur, espèce d'idiot enragé, pourquoi as-tu tenté d'éloigner Diana de moi ?*

III.III Les voyelles complexes

4. o plus voyelle(s)

1) oa

a principalement le son /əʊ/ : **float, boat, moan, boast, broach, coast, coach, coal, coax, coat, soap, toad, roam, roan, road, load, goal, goat, foal, foam, poach, soak, toast** etc. mais aussi

/ɔː/ **board** mais, **cupboard** /'kʌbəd/, **croad, coarse, hoarse, hoary, oar, roar** ; et parfois :

/əʊæ/ **Croat, Noah, boa, Joanna** /dʒəʊ'ænə/ ;

/əʊ'ɑ/ **koala** ;

/əʊ'eɪ/ **oasis, Croatia(n)** ;

/əʊə/ **Minoan,** *de l'île de Minos, Minoen* ;

/ʊːə/ **doable,** *faisable*.

• Mentionnons aussi les préfixes **co** et **retro**. Le premier a toujours le son /kəʊ/ le **a** du mot suivant étant tantôt /æ/ en syllabe accentuée, tantôt /ə/ en syllabe non accentuée ; avec /æ/ : **coadjutor, co-axial** ; avec /ə/ : **coalesce** /kəʊə'les/, **coalescence, coalition ; retroact, retroaction, retroactive** font /retrəʊ'ækt/ etc.

2) oe

/əʊ/ ex. : **doe, floe, roe, toe, hoe, Joe, Poe, Boeing, woe,** quand le groupe est final, ou suivi d'un suffixe saxon, ex. : **toeless, woeful** etc. en syllabe accentuée ou non.

/iː/ dans des mots d'origine grecque : **amoeba, coelacanth, coenobite, foetus, Oedipus, oesophagus, oestrogen, Phoenix ; onomatopoeia** /ɒnəmætə'piːə/ avec ses quatre voyelles finales consécutives n'est qu'une application de plus de cette règle. Un cas particulier est celui de **homoeopath** /'həʊmɪəpæθ/, **homoeopathy** /həʊmɪ'ɒpəθɪ/, **homoeopathist, homoeopathic** /həʊmɪə'pæθɪk/.

• Quelques prononciations variées :

/əʊɪ/ **poem, poet**

III.III Les voyelles complexes

/ʊː/ **canoe, shoe**

/ʌ/ **does (** de **to do)**

/əʊə/ **o'er,** contraction de **over, Noel, loess, does,** *des biches.*

/ʊːə/ **doer**, *homme d'action*

/ɜː/ **Goethe**

• Notez le cas de **Boer,** qui a trois prononciations /bəʊə*/, /bʊə*/, /bɔː*/ (cette dernière la plus fréquente).

• En syllabe non accentuée, on a généralement /əʊ/ (sauf pour les mots d'origine grecque déjà cités) : **mistletoe** /'mɪsltəʊ/ *gui.*

• Les pluriels en **-oes** des noms en **o** se contentent d'ajouter le son /z/ à la prononciation du singulier. Ex. : **heroes, potatoes, tomatoes, noes** (pl. de **no**).

Attention aux verbes : **to go** fait **goes** /gəʊz/
mais **to do** fait **does** /dʌz/

• Les préfixes en **-o, co-** /kəʊ/, **macro** /'mækrəʊ/, **micro-** /'maɪkrəʊ/, sont sans effet sur la prononciation des mots qui suivent et qui gardent l'accent principal : **co-education, coefficient, coerce** /kəʊ'ɜːs/, **co-existence, macroeconomics, microelectronics,** etc.

• Le mot **œuvre** change de prononciation selon qu'il est considéré comme français : **hors-d'oeuvre** /ɔː'dɜːv/, **chef-d'oeuvre** /ʃeɪ'dɜːvrə/ ou non (assimilé) : **manoeuvre** /mə'nuːvə*/ et ses dérivés.

3) **oi**

a généralement le son /ɔɪ/ : ex. **adroit, boil, broil, coil, coin, choice, embroidery, exploit, foil, groin, join, loin, moist, noise, oil, paranoia, point, poise, poison, roil, soil, spoil, toil, toilet, troika, voice, void** etc.

• On trouve parfois /əʊɪ/ : **coitus, stoic, heroic, heroin, heroine, oboist** /'əʊbəʊɪst/

choir se prononce /'kwaɪə*/ mais **coir** /'kɔɪə*/ *coco* (pour tapis).

On a /wɑː/ avec des mots d'origine française : **boudoir, coiffure, abattoir, moire, noisette, chamois** (pour l'animal, mais /'ʃæmɪ/ pour la peau) ;

/ə/ **porpoise,** *marsouin,* **tortoise** ;

/ɔɪ/ **paranoid, adenoid, solenoid, asteroid**.

Avec le préfixe **co-**, on a la même règle que d'habitude.

Ex. : **coincidence, co-inventor** etc.

4) **ou**

groupe extrêmement productif et trompeur a principalement le son /aʊ/ (les mots souvent méconnus sont soulignés).

Ex. : **about, announce, <u>bough</u>, bound, cloud, <u>couch</u>,** *canapé,* **council, counter, county, crouch, debouch,** *déboucher sur,* **<u>doughty</u>,** *brave,* **found, fountain, <u>gouge</u>,** *gouge,* **hound, house, louse,** *pou,* **lounge, mountain, out, <u>plough</u>,** *charrue,* **pouch, proud, rout, shroud, slouch, <u>slough</u>,** *bourbier,* **South, <u>thou</u>,** *tu* (en poésie et dans les textes anciens), **trout, vouch, <u>wound</u>** (prétérit de **to wind**), etc.

• Avec **r** final on a /aʊə*/ **hour** /aʊə*/, **scour, lour.**

• **ou** a aussi fréquemment le son /ɔː/ surtout combiné avec **ght** ou suivi de **r**. Ex. : **Bournemouth, brought, course, court, four, mourn, nought, ought, sought, source, thought, wrought,** etc.

et le son /ʌ/ Ex. : **chough** /tʃʌf/, *(sorte de) corneille,* **clough,** *ravin,* **<u>country</u>** /'kʌntrɪ/, **couple, courage, cousin, Douglas, enough, flourish, housewife** /'hʌzɪf/ au sens de *nécessaire à couture,* **rough, <u>slough</u>** /slʌf/, *muer* (pour un serpent), **<u>Southern</u>** /'sʌðən/, **touch, <u>tough</u>,** *dur,* **trouble, <u>young</u>** /jʌŋ/, etc.

• Le son /uː/ est aussi bien représenté : **you, acoustic, boulevard, cougar, coupon, brougham** /'bruːəm/, **douche, louvre** /'luːvrə/, **route, toupee,** *perruque,* **through, <u>wound</u>,** *blessure,* **uncouth,** *grossier,* etc.

• Avec /ʊ/ on a **courier** et surtout **could, should, would** où le **l** ne se prononce pas.

On trouve aussi /əʊ/ ex. : **<u>dough</u>,** *pâte,* **<u>though</u>, although, soul, mould, boulder, poultry,** *volaille,* **poult(ice), shoulder, smoulder,** etc.

/ɒ/ **<u>cough</u>** /kɒf/, **hough** /hɒk/, *jarret* ;

/ɜː/ **journey, scourge,** *fléau,* **courteous, courtesy, bourbon,** etc.

Et enfin /ʊə/ dans des mots d'origine française : **amour, bourgeois, gourd, Lourdes, tour, tourist,** etc.

En syllabe non accentuée, la diversité est pour une fois beaucoup moins grande :

/uː/	**couchette**	/kuː'ʃet/	/ʊ/ **roulette**
/ɔː/	**courgette**	/kɔː'ʒet/	

et surtout /ə/ tant en début qu'en fin de mot : **courageous, moustache, honour, colour, valour, porous, ruinous, arbour, humour, Newfoundland** /'njuːfəndlənd/, *Terre-Neuve*, mais /njuː'faundlənd/ pour le chien, **thorough** /'θʌrə/, **borough** /'bʌrə/. A ce propos les mots terminés par **-borough** ont généralement la prononciation /bərə/ ou /brə/ comme **Farnborough, Loughborough, Peterborough** etc.

Remarques :

1) Notez le caractère imprévisible de la prononciation du groupe **ough**, surtout en position accentuée :

though	/ðəʊ/	mais	**tough**	/tʌf/
through	/θruː/	mais	**rough**	/rʌf/
bough	/bau/	mais	**dough**	/dəʊ/
et **cough**	/kɔf/			

2) Veillez à ne pas faire la faute traditionnelle des français qui introduisent à tort le son /au/ dans **country** /'kʌntrɪ/ et **Southern** /'sʌðən/ (mais bien sûr **south** /saʊθ/)

5) **oy**

donne la plupart du temps le son /ɔɪ/ même dans des mots passés directement du français en anglais, en syllabe accentuée ou non. Ex. : **alloy, ahoy,** *ho, ohé*, **boy, coy, destroy, doyen** /'dɔɪən/, **Doyle, foyer, gargoyle, hoyden,** *garçon manqué*, **joy, loyal, Moynihan** /'mɒɪnɪən/, **ploy, royal, soya, toy, voyage,** etc.

Soyuz /sɔɪ'ʊz/ et **voyeur** /vwɑɪ'ɜː*/ font exception.

En revanche **coyote** /kɔɪ'əʊt/ ou /'kɔɪəʊtɪ/, (U.S.) /'kaɪəʊt/ et **Toyota** /tɔɪ'əʊtə/ gardent le son /ɔɪ/ et c'est le cas des formes verbales /en **-ed** ou **-ing**) ou des degrés d'adjectifs (**-er, -est**) ou des suffixes saxons : **toyed, enjoying, coyest, destroyer, boyish** etc.

III.III Les voyelles complexes

EXERCICES

SUR LES VOYELLES COMPLEXES EN o

1) Classez les 20 mots suivants selon le son du groupe voyelle (il y en a 11)

Joe, foetid, doer, Joan, hoarse, noise, bough, through, rough, cough, gouge, Southern, coy, tour, country, plough, wounds, heroic, scourge, poet.

2) Prononcez et traduisez

a. **Near the oasis, a boa had left its slough.**

b. **To you, does Goethe sound more or less of a poet than Poe ?**

c. **The boy roared himself hoarse during the boat race.**

d. **Does he poach does ? He does.**

e. **It has been announced that a coach will take the tourists from Loughborough to Lourdes but I could not say which route they'll go.**

CORRIGÉ

1)

əʊ	iː	ʊə	ɔː	ɔɪ	aʊ
Joe	**foetid**	**doer**	**hoarse**	**noise**	**bough**
Joan		**tour**		**coy**	**gouge**
					plough

uː	ʌ	ɒ	əʊɪ	ɜː
through	**rough**	**cough**	**heroic**	**scourge**
wounds	**Southern**		**poet**	
	country			

2)

a. *Près de l'oasis, un boa avait laissé sa mue.*

b. *Pour toi, Goethe est-il un plus grand poète que Poe, ou pas ?*

c. *Le garçon s'est enroué à force de hurler pendant la course d'aviron.*

d. *« Braconne-t-il des chevreuils » ? « Oui. »*

e. *On a annoncé qu'un car transporterait les touristes de Loughborough à Lourdes mais je ne saurais dire quel itinéraire ils suivront.*

5) u plus voyelle(s)

Un cas particulier de **u** plus voyelle a déjà été traité à propos de l'emploi de **g** et de **q**. Nous n'y reviendrons que pour mémoire.

1. **ua**

Il a généralement le son /ʊ/ ou /uː/ plus le son de la voyelle qui suit en syllabe accentuée avec palatalisation de la consonne précédente le cas échéant. Ainsi **situation** /sɪtʃʊ'eɪʃn/ **equation, actuality** /æktʃʊ'ælətɪ/, **equality** /ɪ'kwɒlətɪ/ **actuarial** /æktʃuː'eərɪəl/, **evacuation** /ɪvækjʊ'eɪʃn/, **dual(ism)** /'djuːəl(ɪzm)/, **duality** /djʊ'ælɪtɪ/, **valuation, truant** /'truːənt/, **truancy** /'truːənsɪ/, **pursuance** /pə'sjuːəns/, **pursuant, suable** /'sjuːəbl/ etc.

• Mais **suave, suavity, persuade, dissuade, persuasion, dissuasion, persuasive, dissuasive** font /swɑːv/, /'swɑːvətɪ/, /pə'sweɪd/, /pə'sweɪʒn/, /pə'sweɪsɪv/ etc. ainsi que **Kuala Lumpur** /'kwɑːlə'lʊmpʊə*/

• En syllabe non accentuée on a moins de variété : **situate** /'sɪtʃʊeɪt/, **actuate, jaguar** /'dʒægjʊə*/, **actual** /'æktʃʊəl/, **annual, dualistic** /djuːə'lɪstɪk/, **valuable** /'væljʊbl/, **visual** /'vɪʒʊəl/, **ritual** /'rɪtʃʊəl/, **habituate** /hə'bɪtʃʊeɪt/ etc.

• Notez l'opposition verbe/substantif, déjà mentionnée, pour un mot comme **graduate :** v. /ʒueɪt/, n. /ʒuət/, cf. p. 81.

• Dans **gua,** le **u** ne se prononce que dans les mots d'origine étrangère déjà mentionnés à propos de **g** tels **Guadeloupe, Guatemala, Guadalquivir, guano, Guarani, guava,** *goyave*, ou **gua** se prononce /gwɑː/ alors que dans **Guayaquil** il se prononce /gwæ/. Notez **language** /'læŋgwɪdʒ/, **languid, languish,** mais **languor(ous)** /-gə*/, /-gərəs/.

Rappel : le **u** n'est pas prononcé dans **guard, guardian, guarantee.**

• Dans **qua, qu** se prononce toujours /kw/ en syllabe accentuée ou pas (sauf dans **quay** /kiː/, le **a** ayant les prononciations les plus diverses : /ɒ/ dans la plupart des composés de **quad,** de **quadrangle,** *quadrilatère,* à **quadruply** (exemple : **quads** /kwɒdz/, abréviation de **quadruplets** /'kwɒdrʊplets/, *quadruplés ;* de même pour les mots commençant par **quan** : **quandary** /'kwɒndərɪ/, *dilemme,* **quantity** /'kwɒntətɪ/, **to quantify, quantum.**

quart fait en revanche /kwɔːt-/ mais on a **quack** /kwæk/, *charlatan,* **quail** /eɪ/, **acquaint** /eɪ/, **quake** /eɪ/, **quaver** /eɪ/, **quality** et **equality** et leurs dérivés font /ɒ/, de même **quarantine, quash, quarrel, squander, squash,** mais **loquacious** fait /eɪ/, **loquacity** /æ/, **qualm** /ɑː/, *scrupule,* **squall** et **squaw** /ɔː/, **square** /eə/ etc.

2) **ue.**

• Ici encore on a généralement /ʊ/ ou /uː/ avec consonne palatalisée ou non. En finale **ue** se prononce /uː/ en syllabe accentuée ou pas. Ex. : **accrue, blue, clue, due, glue, hue** /hjuː/, **rue, sue** /sjuː/, U.S. /suː/, **due** /djuː/, U.S. /duː/, **pursue** /pə'sjuː/ U.S. /pər'suː/, **value.**

• **que** final se prononce /k/. Ex. : **unique, pique, plaque, oblique, technique, antique, critique, physique, Mozambique, Martinique, discotheque, baroque, cheque, barque, masque.** gue final se prononce /g/. Ex. : **plague** /eɪg/, **vague** /eɪg/, **Prague** /ɑːg/, **league** /iːg/, **colleague, intrigue, fatigue, rogue** /'rəʊg/, **demagogue** /ɒg/, **synagogue** et tous les mots en **ogue**. Mais on a **ague** /'eɪgjuː/, *fièvre intermittente.*

Devant une consonne on a différentes prononciations :

/jʊe/ **duet** /djʊ'et/, U.S. /dʊ'et/, **innuendo, muezzin** fait /mʊ'ezɪn/.

/we/ **pueblo** /'pwebləʊ/

/juːə/ **duel, fuel**

III.III Les voyelles complexes

/uːə/ **fluent, gruel, cruel**

/ʊə/ **congruent, congruence** /'kɒŋgrʊəns/, *conformité*

/jʊə/ **puerile**

/uːɪ/ **Suez, suet,** *graisse*, **cruet,** *huilier*

/jʊ'ɜː/ **puerperal** /pjʊ'ɜːpərl/

/juː/ **Tuesday** /'tjuːzdɪ/

• Avec un suffixe saxon, le **-e** ne se prononce pas : **gruesome, rueful, sueing, chequer,** le **e** final peut même disparaître au profit du suffixe. Ainsi **bluer, bluest** /'bluːɪst/. Il faut noter aussi la prononciation de **suede** /'sweɪd/ *daim (cuir)* et de **Puerto Rico** /pwɜːtəʊ'rɪːkəʊ/.

• Lorsqu'il n'est pas final **gue** a le son /gə/ ex. : **guerilla** /'gə'rɪlə/, ou /ge/ en syllabe accentuée : **guess, guest.** Mais **Guelph** fait /gwelf/.

• Quant à **que** non final il se prononce généralement /kw/ pour **qu** et le **e** prend des sonorités variables :

/e/ **quell, quench, Quentin, querulous, squelch, sequestrate, quest, question** /'kwestʃən/ et leurs dérivés **request, conquest.** Mais on a **conquer** /'kɒnkə*/ et ses dérivés, **chequer** /'tʃekə*/, **liqueur** /lɪ'kjʊə*/ (U.S. /lɪ'kɜːr/)

/ɪə/ **query**

/ɪ/ **Quebec** /kwɪ'bek/, **marquess** /'mɑːkwɪs/, *marquis*, /ə/ **quenelle** /kə'nel/, **sequel** /'siːkwəl/, **sequestrate** /siːkwə'streit/.

• Pour les groupements de plusieurs voyelles commençant par **ue** notons :

marquee /mɑː'kɪː/, *chapiteau*, **queasy** /'kwiːzɪ/, **queen** /kwiːn/, **queer** /kwɪə*/, **aqueous** /'eɪkwɪəs/, **evacuee** /ɪvækjʊ'iː/, **queue** /kjuː/, **squeak** /skwiːk/, **squeal** /skwiːl/, **squeamish** /iː/, **squeeze** /iː/, etc.

3) **ui**

• La lettre **u** y a généralement le son /ʊ/ ou /uː/, avec consonne palatalisée ou non. Le **i** prend différentes valeurs : **ex. : acuity** /ə'kjuːətɪ/, **continuity, congruity, Muir** /mjʊə*/, **Buick** /bjuːɪk/, **tuition** /tjʊ'ɪʃn/, **suicide** /'suːɪsaɪd/, **fluid** /'fluːɪd/, **bluish** /uːɪ/, **truism** /uːɪ/, **altruism** /ʊɪ/, **druid** /uːɪ/, **ruin** /uː/, **pursuit** /-'sjuːt/, **nuisance** /'njuːsns/.

• Et le son /uː/ dans : **bruise,** *meurtrir*, **bruit,** *ébruiter*,

cruise, fruit, juice, sluice, *écluse*, **suit** (aujourd'hui plus courant que /sjuːt/), etc.

⇒ Mais attention à **build** /bɪld/, **Ruislip** /ˈraɪslɪp/ et **suite** /swiːt/.

• Le **qu** du groupe **qui** se prononce toujours avec **kw** en syllabe accentuée ou pas sauf dans **Quito** /ˈkiːtəʊ/.

• La lettre **i** prend différentes valeurs :

/ɪ/ **quick, quiver, quill, quilt, Quincey, quince, Quintin, quip, squirrel, squib, quit, quiz, equip, equilibrist, equivalence, equivocate, acquisition, ubiquity, equity, quinine** /kwɪˈniːn/ (U.S. /ˈkwaɪnaɪn/)

/aɪ/ **acquire, require, quire, squire**

/ɜː/ **quirk, squirt, squirm,** etc.

• En syllabe non accentuée la variété est grande aussi. Attention à **biscuit** /ˈbɪskɪt/ et **cuisine** /kwiːˈziːn/.

• Avec le groupement **ui** plus voyelle(s) on trouve le son /uː/. Ex. : **alleluia** /æləˈluːjə/. Mais surtout des mots en **qui**. Ex. : **quiet** /ˈkwaɪət/ (à bien distinguer de **quite** /kwaɪt/) et ses dérivés, **acquiesce** /ækwɪˈes/, etc.

4. **uo** :

• Une fois de plus, différence entre ce groupe où le **u** est généralement prononcé /uː/ ou /ʊ/ et celui précédé par **q (quo)** ou **u** se prononce en général /w/.

• Ainsi **duo** /ˈdjuːəʊ/, seul ou comme préfixe non accentué, **fluor** /ˈfluːɔː*/, **fluoric** /fluːˈɒrɪk/, **fluoride** /ˈflʊəraɪd/, **fluorescence** /flɔːˈresns/, **fluorinated** /ˈflɔːrɪneɪtɪd/, **sinuosity** /jʊˈɒ/, etc.

• Avec **quo** on trouve : **quota** /ˈkwəʊtə/, **quorum** /ˈkwɔːrəm/, **quotient** /ˈkwəʊʃnt/, **quotable** /ˈkwəʊtəbl/, **sequoia** /sɪˈkwɔɪə/ ; mais **quoit,** *palet*, fait /kɔɪt/, et attention à **buoy,** *bouée* /bɔɪ/ et ses dérivés.

• Quant au suffixe **-uous** il a le son /ʊəs/ : **congruous, mellifluous,** etc., ou /jʊəs/ : **sinuous, continuous, ambiguous,** etc.

5. **uy** :

Il a généralement le son /aɪ/ : ex. : **buy, buyer, buyable** et un certain nombre de noms propres d'origine néerlandaise : **Huygens** /'haɪgənz/, **Ruysdael** /'raɪzdɑːl/, **Stuyvesant** /'staɪvəsənt/.

Mais **gruyère** garde sa prononciation anglicisée /'gruːjeə*/ ; quy fait /kwɪ/ : **obloquy,** *reproche*, **colloquy**.

EXERCICES DE RÉVISION

SUR LES VOYELLES COMPLEXES EN u

Prononcez et traduisez :

a) **Quentin went on a cruise from Quebec to Puerto Rico.**

b) **What a nuisance ! we can't go to Guatemala because of the situation and the guerillas there.**

c) **"Your liqueur is rather aqueous !" "That takes the biscuit ! You're always making innuendoes."**

d) **I'm in a quandary, I'm afraid there won't be a quorum to vote the quotas.**

CORRIGÉ

a) *Quentin a fait une croisière de Québec à Puerto Rico.*

b) *Quelle barbe ! Nous ne pouvons pas aller au Guatemala à cause de la situation et des guérilleros là-bas.*

c) « *Votre liqueur est plutôt baptisée !* » « *C'est un comble ! vous passez votre temps à faire des insinuations.* »

d) *Je suis bien embarrassé(e). Je crains qu'il n'y ait pas de quorum pour voter les quotas.*

Les voyelles complexes

6. y plus voyelle(s)

En syllabe accentuée ou pas, **y** est toujours prononcé : soit /j/, sa prononciation la plus courante, soit /ɪ/, soit /aɪ/.

1. **ya** :

/jæ/ **yak, Yankee, Yalta, yank,** etc.

/jɑː/ **yard, Yardley, Yarmouth, yarn,** etc.

/jɒ/ **yacht,** etc.

/jɔː/ **yaw, yawl, yawn,** etc.

/jeɪ/ **Yale**

/aɪæ/ **dryad**

/aɪə/ **hyacinth, Bryan(t),** etc.

En syllabe non accentuée on a surtout /jə/, ex. : **Rudyard** /'rʌdjəd/, **Bunyan** /'bʌnjən/.

Mais on a aussi **Magyar** /'mægjɑː*/ **Yahoo** /jɑːhuː/ ou **Aryan** /'eərɪən/, etc.

2. **ye** :

/je/ **yellow, yes, yet, yeti, Yemen, yelk, yelp, yen,** etc.

/juː/ **yew**

/jiː/ **ye** (**you,** archaïque)

/aɪ/ **rye, hyena** /haɪ'iːnə/, **bye, dye** et les comparatifs et superlatifs d'adjectifs en **y** comme **sly (slyer, slyest** ou **slier, sliest), shy (shyer, shyest** ou **shier, shiest)** ou les substantifs dérivés de verbes en **y** : **flyer,** etc.

Lorsque le groupe **ye** est suivi d'autres voyelles, on **a** différentes possibilités :

/aɪ/ **dyeing**

/jɜː/ **yearn,**

/jiː/ **yeast,** *levure*

/jeɪ/ **yeah, Yeats**

/jeʊ/ **yeoman, Yeovil**

/jɪə/ **year, yearling**

3. **yi** :

Est un groupe surtout représenté par les participes présents des verbes en **y** et en **ie**. Il a donc le son /aɪɪ/. Ex. : **flying, crying, applying, dying, lying, drying, plying, spying, frying, crying, prying, trying, tying, vying,** etc.

Mais aussi /ɪɪ/ dans **copying, tallying, studying, rallying,** etc. en syllabe non accentuée.

Autrement on trouve aussi le son /iː/ dans **yield.**

4. **yo** :

/jɒ/ **yobo** /ˈjɒbəʊ/, **yogh(o)urt** ou **yogurt** /ˈjɒgət/, **yonder, Yorick**

/jəʊ/ **yodel, yoga, yoke, yokel, yolk** /jəʊk/

/jɔː/ **yore, York**

/aɪˈəʊ/ **myopia**

/aɪˈɒ/ **myopic**

et en syllabe non accentuée /jə/ **canyon.**

Mention doit être faite du préfixe **cryo** /ˈkraɪəʊ/ qui conserve ce son en composition : **cryogenic, cryosurgery,** etc. Suivi d'autres voyelles **yo** se prononce :

/juː/ dans **you, youth**

/jʌ/ dans **young**

/jɔː/ dans **your, yours**

/jəʊ/ dans **yo-yo**

/aɪɒ/ dans **hyoid**

5. **yu** a le son :

/juː/ **Yugoslav, Yule**

Mais aussi :

/jʌ/ **yuppie, yum-yum,** *miam-miam*, **yummy**

III.III Les voyelles complexes

EXERCICES DE RÉVISION

SUR LES VOYELLES COMPLEXES EN y

1) Dans quel groupe commençant par **y** n'a-t-on jamais la sonorité /aɪ/ ?

2)

Prononcez et traduisez :

a) **Young Rudyard has not yet sailed from Yarmouth in his yacht.**

b) **Yeats yearns for rye. Bryan yens for it too.**

c) **A flyer must not be myopic.**

d) **In the canyon they found a dying hyena.**

e) **Did you dye the hyacinth yellow ?**

f) **For years, Yanks have been using Yiddish words, even if they think they are pure Aryans.**

g) **Don't try to yoke those yaks !**

h) **"Part of Yugoslavia belonged to the Magyar empire" "No, the Austro-Hungarian Empire, to be precise".**

i) **Why put the yolk in your yogurt ?**

CORRIGÉ

1) **yu**

2)

a) *Le jeune Rudyard n'a pas encore quitté Yarmouth dans son yacht.*

b) *Yeats a une folle envie de whisky. Bryan également.*

c) *Un aviateur ne doit pas être myope.*

d) *On a trouvé une hyène à l'agonie dans le canyon.*

e) *C'est toi qui a teint la jacinthe en jaune ?*

f) *Il y a des années que les Américains utilisent des mots yiddish, même s'ils pensent être de purs aryens.*

g) *N'essayez pas de mettre le joug à ces yacks.*

h) *Une partie de la Yougoslavie appartenait à l'empire magyar — Non, à l'empire austro-hongrois pour être précis.*

i) *Pourquoi mettre le jaune (d'œuf) dans votre yaourt ?*

IV. QUATRIÈME PARTIE : CONTRACTION ET SUPPRESSIONS, RÉDUCTIONS ET DÉFORMATIONS

IV. — CONTRACTIONS ET SUPPRESSIONS, RÉDUCTIONS ET DÉFORMATIONS

Nous avons déjà abordé le problème de l'accentuation qui fait que dans une phrase certains mots sont prononcés plus fort que d'autres lorsqu'ils portent l'accent de phrase. Mais à l'inverse, de nombreux mots qui, pris séparément, ont une certaine prononciation, changent de sonorité lorsqu'ils ne sont pas accentués. Certaines lettres disparaissent et l'on a alors des contractions ; certains mots se télescopent, dans une langue familière, pour en former d'autres, dont la graphie, dans un texte écrit, révèle le bas niveau de langue, mais qu'il est indispensable de connaître pour bien comprendre.

Les formes réduites sont : les articles, les auxiliaires, les mots grammaticaux et quelques mots en général dont nous donnerons une liste aussi complète que possible.

⇒ Attention : le signe ° indique un niveau de langue très familier.

Forme pleine	*Forme réduite*	*Exemples*
a /eɪ/	/ə/	**a car**
am not **is not** **are not** **has not**	ain't /eɪnt/ *(vulgaire)*	**She ain't no beauty** *Elle est pas très gâtée*
am /æm/	**'m** /əm/ /m/	**I'm late**
am I not ?	**aren't I ?** /'ɑːntaɪ/	**I'm late, aren't I ?** *J'suis en retard, n'est-ce pas ?*
an /æn/	/ən/, /n/	**an animal**

IV.1 Contractions et suppressions, Réductions et déformations

Forme pleine	*Forme réduite*	*Exemples*
and /ænd/	/ənd/, /ən/, /nd/, /n/ parfois orthographié **'n**° /m/ devant /p/ ou /b/ /ŋ/ devant /k/ ou /g/	**Tea and sympathy** **rock'n roll** **Bed and breakfast** *Chambre et petit déjeuner* **Boys and girls**
any /'enɪ/	/ənɪ/, /nɪ/ (après /t/ ou /d/)	**Did you find any clue ?** *As-tu trouvé des indices ?*
are /ɑː*/	**'re** /ə/, /r/ devant voyelle /ɑː/	**You're in a fine mess, you are !** *T'es dans de beaux draps !*
are not /ə'nɒt/	**aren't** /ɑːnt/ U.S. /'ɑːrnt/	**We aren't aware of that** *Nous ne sommes pas au courant de cela* **aren't I tired !** *Qu'est-ce que je suis fatigué*
as /æz/	/əz/, /z/	**You coming as well ?** *Vous v'nez aussi*
at /æt/	/ət/	**At night** *Le soir*
be /biː/	/bɪ/	**He'll be having dinner** *Il doit être en train de déjeuner*
bet that /betðæt/ **bet you(r)** /betjʊ/ ou /betjɔː*/	**betcha** /'betʃə/°	**You betcha I'm going to land the first time** *Tu parles si je vais atterrir du premier coup !*
between /bɪt'wiːn/	**'tween** /twiːn/	**'Tween decks** *(dans) l'entrepont*
because /bɪ'kɒz/	**'cause, cos**° /kɒz/, /kəz/	**We aren't going, 'cause you're late** *Nous n'y allons pas, comme t'es en retard*
boatswain[1] /bəʊtsweɪn/	généralement réduit à /bəʊsn/ qui s'écrit aussi **bo's'n, bo'sum, bosum**	*Maître d'équipage*

1. Terme nautique.

IV.1 Contractions et suppressions, Réductions et déformations

Forme pleine	*Forme réduite*	*Exemples*
by /baɪ/	/bɪ/, /bə/	**Can I sit by the window ?** **Do, by all means !** *Puis-je m'asseoir près de la fenêtre ?* *Je vous en prie !*
can /kæn/	/kən/, /kn/ /kŋ/ (devant /k/ ou /g/)	**D'you think we can go tomorrow ?** *Penses-tu qu'on puisse y aller demain ?*
cannot /'kænɒt/	**can't** /kɑːnt/	**I can, can't I ?** *Je peux, n'est-ce pas ?*
could /kʊd/	/kəd/	**Could you tell me where to go ?** *Pourriez-vous me dire où je dois aller ?*
directly /də'rektlɪ/	/'dreklɪ/ au sens de *dès que* (fam.)	**I went directly I knew** *J'y suis allé dès que je l'ai su*
do /duː/	/dʊ/ (devant voyelle et w) /də/ (devant consonne) /d/ (devant you)	**do you like it ?** *vous aimez ?*
does /dʌz/ **does not** /dʌznɒt/	/dəz/, /dz/ **doesn't** /dʌznt/, /dʌzn/ lorsqu'il n'est pas final	**Does she speak French ?** *Parle-t-elle français ?* **She sings, doesn't she ?** *Elle chante, n'est-ce pas ?*
do not /'duːnɒt/	**don't** /dəʊnt/ /dəʊn/ quand il n'est pas final /deʊm/ devant /p/, /b/, /m/ /dəʊŋ/ devant /k/ et /g/ /dən/, /dn/, /dəm/	**I don't know** *Je ne sais pas* **I don't mind** *Ça m'est égal* **Don't go !** *N'y allez pas !*
don't you /'dəʊntjuː/	**doncha** /'dəntʃə/ °	**Doncha know him ?** *Tu l'connais pas ?*
don't know /'dəʊnt'nəʊ/	**dunno** /'dʌnə/ °	**I dunno if I do** *J'sais pas*

IV.1 Contractions et suppressions, Réductions et déformations

Forme pleine	*Forme réduite*	*Exemples*
even /'iːvn/	**e'en** /iːn/ (poétique)	*Même*
ever /'evə*/	**e'er** /eə*/ (poétique)	*toujours*
for /fɔː*/	/fə*/, /f/ (devant consonne) /fr/ (devant voyelle)	**He's been away for a week** *Il est parti depuis une semaine* **For how long ?** *Depuis combien de temps ?*
forecastle /'fəʊksl/	fo'c's'le	*Gaillard d'avant*[1]
from /frɒm/	/frəm/, /frm/	**From here to there** *D'ici à là*
give me /'gɪvmɪ/	**gimme** /'gɪmɪ/ °	**Gimme that book** *Donne-moi ce livre*
going to /'gəʊɪŋtʊ/	**gonna** /'gɒnə/ (vulg.)	**I ain't gonna give nobody none** *J'vais donner d'ça à personne*
got to /'gɒttʊ/	**gotta** /gɒtə/ °	**I gotta go** *Faut qu'j'y aille*
got you /'gɒtjʊ/	**gotcha** /gɒtʃə/ °	**I gotcha** *J'ai pigé*
gunwale /'gʌnəl/	aussi orthographié **gunnel**	*Plat bord*[1]
had[2] /hæd/	/həd/, /əd/, /d/ aussi orthographié **'d**	**John had come and he'd left a message** *John était venu et il avait laissé un message*
had not /hæd nɔt/	**hadn't** /hædnt/ /hædn/ (s'il n'est pas final)	**Hadn't he ?** *N'est-ce pas ?*
half past /'hɑːfpɑːst/	/'hɑːpəs/ (devant /t/) /'hɑːpəst/	**Half past ten** *Dix heures et demie* **Half past eleven** *Onze heures et demie*

1. Terme nautique.
2. Ne se réduit que s'il est auxiliaire et n'a pas le sens de *posséder* ou n'est pas final.

IV.1 Contractions et suppressions, Réductions et déformations

Forme pleine	*Forme réduite*	*Exemples*
has /hæz/	aussi orthographié **'s** /hæz/, /əz/, /z/ (après voyelle ou consonne sonore autre que /z/ ou /ʒ/ ; **s** (après /p/, /t/, /k/, /f/ ou /ɛ/	**There's been a storm** *Il y a eu un orage* **This book's had a great success** *Ce livre a eu un grand succès*
have /hæv/	aussi orthographié **'ve** /həv/, /əv/, /v/	**We've had a lot of fun** *Nous nous sommes bien amusés*
he /hiː/	/iː/, /hɪ/, /ɪ/	**Did he tell you ?** *Il vous l'a dit ?*
her /hɜː*/	/ɜː*/, /hə*/, /ə*/	**I met her yesterday** *Je l'ai rencontré hier*
him /hɪm/	/ɪm/	**Look at him !** *Regardez-le !*
himself /hɪm'self/	/ɪm'self/ (quand il n'est pas à l'initiale)	**He cut himself with a blade of grass** *Il s'est coupé avec un brin d'herbe*
his /hɪz/	/ɪz/	**He shined his shoes** *Il a ciré ses chaussures*
I expect /aɪ ɪk'spekt/	**I'xpect** /aɪk'spekt/ **'spect** /'spekt/	**Will he come ?** **'Spect so** *Viendra-t-il ?* *J'pense que oui*
into /'ɪntʊ/	/'ɪntə/ (devant consonne)	**Translate into German** *Traduisez en allemand*
it was /ɪt'wɒz/	souvent orthographié **'twas** /twɒz/, /twəz/	**I think it was during the war** *Je pense que c'était pendant la guerre*
it were /ɪt'wɜː*/	souvent orthographié **'twere** /twɜː*/, twə*/	**If it were not for him...** *Sans lui...*
it will /ɪt'wɪl/	souvent orthographié **'twill** /twʷɪl/, /twəl/, /twl/	**I'm sure it will be a success** *Je suis sûr que ce sera réussi*

IV.1 Contractions et suppressions, Réductions et déformations

Forme pleine	*Forme réduite*	*Exemples*
is /ɪz/	souvent orthographié **'s** /z/ (après voyelle ou consonne sonore autre que /z/ ou /ʒ/) /s/ (après /p/, /t/, /k/, /f/ ou /θ/)	**He's away for a month** *Il est absent pour un mois* **What's his name again ?** *Comment s'appelle-t-il déja ?*
isn't it /'ɪzntɪt/	/ɪznɪt/ **innit** /'ɪnɪt/ (vulg.)	**Lousy, innit ?** *Débile, hein !*
is not /ɪz'nɒt/	**'s not** /snɒt/ **isn't** /ɪznt/	**That's not fair** *C'est pas juste !*
kind of /kaɪndəv/	**kinda** /'kaɪndə/ °	**I felt kinda sorry for him** *J'étais plutôt ennuyé pour lui*
let me /'letmɪ/	**lemme** /'lemɪ/ °	**Lemme do it** *Laisse-moi le faire*
madam /'mædəm/	**ma'am** /mæm/, /mɑːm/ **'m** /məm/, /m/	**What can I do for you, madam ?** *Vous désirez, madame ?* **Yes, madam** *Oui, madame*
mainmast /'meɪnmɑːst/	/'meɪnməst/	*Grand mât*[1]
mainsail /'meɪnseɪl/	/'meɪnsl/	*Grand-voile*[1]
may /meɪ/	/me/	**You may enter** *Vous pouvez entrer*
me /miː/	/mɪ/	**Let me see !** *Voyons*
mizzenmast /'mɪzənmɑːst/	/'mɪznməst/	*Mât d'artimon*[1]
must /mʌst/	/məst/, /məs/, /mst/, /ms/ (quand il n'est pas final ou substantif)	**I must buy this book** *Il faut que j'achète ce livre*

1. Terme nautique.

IV.I Contractions et suppressions, Réductions et déformations

Forme pleine	*Forme réduite*	*Exemples*
must not /'mʌstnɒt/	souvent orthographié **mustn't** /'mʌsnt/ /mʌsn/ (quand il n'est pas final)	**You mustn't cry** *Il ne faut pas pleurer*
my /mai/	/mɪ/	**Yes, my lord** *Oui, monsieur le marquis* *Oui, monsieur l'archevêque* *Oui, monsieur le lord maire* **Yes, my lord** (certains avocats parlant au juge) **Never in my life** *Jamais de la vie*
next /nekst/	/neks/ (devant consonne)	**He said next to nothing** *Il n'a presque rien dit*
no /nəʊ/	/nə/ dans **no more do I** (**we,** etc.)	**You did not come, no more did he** *Vous n'êtes pas venu et lui non plus*
north-east /nɔːθ'iːst/	/nɔː'riːst/[1]	*Nord-est*
north-north east /nɔːθnɔːθ'iːst/	/nɔːnɔː'riːst/[1]	*Nord-nord-est*
north-west /nɔːθ'west/	/nɔː'west/[1]	*Nord-ouest*
north-north west /nɔːθnɔːθ'west/	/nɔːnɔː'west/[1]	*Nord-nord-ouest*
not /nɔt/	souvent orthographié **n't** /nt/, /n/ (seulement après auxiliaire)	**Couldn't, didn't, hasn't, haven't, mayn't,** etc.
of /ɔv/	/əv/, /v/, /f/ (seulement devant des consonnes sourdes) Parfois familièrement réduit à /ə/ °	**Of course** *Bien sûr* **A cuppa coffee** *Une tasse de café*

1. Prononciation nautique.

IV.1 Contractions et suppressions, Réductions et déformations

Forme pleine	*Forme réduite*	*Exemples*
of course /əf'kɔːs/	**'course** /kɔːs/ °	**D'you like chocolate ?** **'course I do !** *Tu aimes le chocolat ?* *Bien sûr !*
on /ɔn/	/ən/, /n/	**He's bang on time** *Il est pile à l'heure*
only /'əʊnlɪ/	parfois **on'y** /'ɒnɪ/	**He's on'y just arrived** *Il vient tout juste d'arriver*
onto /'ɒntʊ/	/'ɒntə/ (seulement devant consonne)	**He jumped onto the train** *Il a sauté dans le train*
or /ɔː*/	/ə*/ surtout dans des expressions comme :	**Two or three days** *Deux ou trois jours*
over /'əʊvə*/	**o'er** (poét.) /əʊə*/, /ɔː*/	**au-dessus**
penny /'penɪ/ **pence** /pens/	**p** /piː/ depuis la décimalisation	**4 p** *Quatre pence*
per /pɜ*/	/pə*/	**Ten per cent** *Dix pour cent*
perhaps /pə'hæps/	/præps/ surtout à l'initiale	**Perhaps it is a mistake** *C'est peut-être une erreur*
probably /'prɒbəblɪ/	/'prɒblɪ/ °	**You're probably right** *Tu as sans doute raison*
saint /seint/	/sen(t)/, /sɪn(t)/, /snt/	**He was a student at St Andrews** *Il était étudiant à St Andrews*
says /sez/	/səz/	**It says here that he was killed** *D'après ceci il aurait été tué*
said /sed/	/səd/	**She said he was not very clever** *Elle a dit qu'il n'était pas très malin*

IV.I Contractions et suppressions, Réductions et déformations

Forme pleine	Forme réduite	Exemples
shall /ʃæl/	/ʃəl/, /ʃl/, /ʃə/, /ʃ/ (devant **we** et **be**) **'ll,** /ɪ/	**Shall we go ? Otherwise we shall be late** *On y va ? Sinon on va être en retard* **We'll do it** *Nous le ferons*
shall not /ʃælnɒt/	**shan't** /ʃɑːnt/	**We shan't stay long** *Nous ne resterons pas longtemps*
she /ʃiː/	/ʃɪ/	**I don't think she'll succeed** *Je ne pense pas qu'elle réussira*
shire /'ʃaɪə*/	en suffixe /ʃə*/, /ʃɪə/	**Leicestershire**
should /ʃʊd/	/ʃəd/, /ʃd/, /ʃt/ (devant consonnes sourdes)	**We should see them tomorrow** *Nous devrions les voir demain*
sir /sɜ*/	/sə*/	**Sir Winston Churchill**
so /səʊ/	/sə/	**It's not so difficult as I thought** *Je croyais que c'était plus difficile*
some /sʌm/	/səm/, /sm/	**It's some sort of a war** *C'est une sorte de guerre*
somehow /'sʌmhaʊ/	/'sʌməʊ/	**He somehow dropped behind** *Il s'est laissé distancer d'une certaine manière*
sort of /'sɔːtəv/	**sorta** /'sɔːtə/ °	**I sorta knew it** *Je m'en doutais*
south-west	/saʊ'west/[1]	*Sud-ouest*
south-southeast	/saʊ'saʊ'iːst/[1]	*Sud-sud-est*
south-southwest	/saʊ'saʊ'west/[1]	*Sud-sud-ouest*
southwester /saʊθ'westə*/	/saʊ'westə*/[1] aussi orthographié **'sou'wester**	1. *(vent de) suroit...* 2. *suroit (vêtement) toujours* **sou'wester**

1. Prononciation nautique.

Contractions et suppressions, Réductions et déformations

Forme pleine	*Forme réduite*	*Exemples*
such /sʌtʃ/	/səʃ/	**I haven't got such a book** *Je n'ai pas un tel livre*
(I) suppose /sə'pəʊz/	**(I)'spose** /spəʊz/ °	**Battery flat ? Spose so** *La batterie est à plat ? J'imagine*
taken /'teɪkn/	**ta'en** /teɪn/ (poét.)	
than /ðæn/	/ðən/, /ðn/	**He's always a holier-than-thou attitude** *Il a toujours une attitude hypocritement pieuse*
thank you /'θæŋkjʊ/	/'hæŋkjʊ/, /'ŋkjʊ/, /'kkjʊ/ **ta** /tɑː/ (fam.)	**'Atishoo !' 'Bless you !' 'Thank you (ta !)'** *Atchoum ! A tes souhaits ! Merci*
that (relatif) /ðæt/	/ðət/, /ðt/ (américain /æt/ dans	**attaboy** *Vas-y !* *Bravo !*
that (conjonction)	/ðət/	**There's no doubt that he meant it** *Il l'a fait exprès, sans aucun doute*
the /ðiː/	´/ðɪ/ devant voyelle /ðə/, /ð/ devant consonnes	**It was the time when…** *C'était le moment où…*
their /ðeə*/	/ðər/ devant voyelle	**We're waiting for their answer** *Nous attendons leur réponse*
them /ðem/	/ðəm/, /ðm/, souvent orthographié **´m,** /əm/, /m/	**Who will tell them** *Qui le leur dira*
there /ðeə*/	/ðə*/ /ðr/ seulement dans le cas de :	**there is, there are, there was, there won't,** etc.
there is /'ðeərɪz/	**there's** /ðeəz/, /ðəz/	**There's a man** *Il y a un homme*
there has /ðeəhæz/		**There's been an earthquake** *Il y a eu un tremblement de terre*

IV.1 Contractions et suppressions, Réductions et déformations

Forme pleine	*Forme réduite*	*Exemples*
they /ðeɪ/	/ðe/ devant voyelle	**They are very happy** *Ils sont très heureux*
this /ðɪs/	/ðəs/ dans des expressions comme :	**This morning** *Ce matin* **This evening** *Ce soir*
to (préposition) /tuː/	/tʊ/, /tə/, /t/ devant consonne seulement :	**He went to London** *Il est allé à Londres*
tobacco /tə'bækəʊ/	**baccy** /'bækɪ/	*Tabac*
tomorrow /tə'mɒrəʊ/	/'tə'mɒrə/, /tə'mɒrʊ/	Dans : **Tomorrow morning** *Demain matin* **Tomorrow night** *Demain soir*
	/tə'mɒrʊ/	Dans : **Tomorrow afternoon** *Demain après-midi* **Tomorrow evening** *Demain soir*
unto /'ʌntʊ/	/'ʌntə/	Seulement devant consonnes : **He's a law unto himself** *Il fait ce qu'il veut*
upon /ə'pɒn/	/əpən/	**Once upon a time, there was...** *Il était une fois…*
us /ʌs/	/əs/, /s/ (souvent orthographié **´s**)	**Let's go !** *Allons-y !*
vacation /və'keɪʃn/	**vac** /væk/	*Vacances*
veterinary /'vetərɪnərɪ/	**vet** /vet/	*Vétérinaire*
want to **a** }	**wanna** /'wɒnə/ (vulgaire)	**I wanna hold your hand** *je veux te tenir la main*
		Wanna cigarette ? *Tu veux une cigarette ?*

IV.1 Contractions et suppressions, Réductions et déformations

Forme pleine	*Forme réduite*	*Exemples*
was /wɒz/	/wəz/, /wz/	**He was very ill, wasn't he ?** *Il était très malade, n'est-ce pas ?*
was not /wɒznɒt/	**wasn't** /'wɒznt/ U.S. /'wʌznt/ /wɒzn/ *quand il n'est pas en position finale*	**Wasn't that a good film ?** *Quel bon film, hein !*
wasn't it /'wɒzntɪt/	**wannit** /'wɒnɪt/ *(vulgaire)*	**'twas true, wannit ?** *c'était vrai, pas ?*
we /wiː/	/wɪ/	**If we can go** *Si nous pouvons y aller*
we are /wiːɑː*/	**we're** /wɪə*/	**We're young** *Nous sommes jeunes*
were /wɜː*/	/weə*/, /wə*/	**There were no other solutions** *Il n'y avait pas d'autre solution*
were not /wɜːnɒt/	**weren't** /wɜːnt/, /weənt/	**No, there weren't** *Non, il n'y en avait pas*
whatever /wɒt'evə*/	/wət'evə*/	**Whatever you say** *Comme tu veux*
whereas /weər'æz/	/wər'æz/	**She sings, whereas he plays the piano** *Elle chante alors que lui joue du piano*
whereat /weər'æt/	/wər'æt/	**A tea party, whereat the girl was present** *Un thé, où la jeune fille était présente*
wherever /weər'evə*/	/wər'evə*/ **where'er** /wər'eə*/ (poét.)	**Help is given, wherever needed** *Des secours sont accordés en cas de nécessité*
who (relatif) /huː/	/hʊ/, /ʊ/	**I can't remember who said that** *Je ne sais plus qui a dit ça*

IV.1 Contractions et suppressions, Réductions et déformations

Forme pleine	*Forme réduite*	*Exemples*
whoever /huːˈevə*/	/ʊˈevə*/ **whoe'er** /ʊˈeə*/ (poét.)	**He sells to whoever wants to buy** *Il vend à quiconque veut acheter*
whom /huːm/	/hʊm/, /ʊm/	**Give it to whom it may concern** *Donne-le à qui de droit*
whose (relatif) /huːz/	/hʊz/, /uz/	**The man whose daughter...** *L'homme dont la fille…*
will /wɪl/	/wəl/, /əl/ **'ll** /l/	**They will sing it** **They'll sing it** *Ils le chanteront*
will not /wɪlnɒt/	**won't** /wəʊnt/ /wəʊn/ quand il n'est pas final /wəʊm/ devant /p/, /b/, /m/ /wəʊŋ/ devant /k/, /g/	**Won't they ?** *N'est-ce pas ?* **They won't go** *Ils n'iront pas*
with /wɪð/	/wɪθ/, devant consonnes sourdes ou dans le nord de l'Angleterre quelle que soit la position	**He answered with calm** *Il répondit avec calme*
would /wʊd/	/wəd/, /əd/, **'d,** /d/	**She would say nothing for hours** **She'd say...** *Elle se taisait pendant des heures*
would not /wʊdnɒt/	**wouldn't** /wʊdnt/	**I wouldn't do that if I were you** *Si j'étais toi, je ne ferais pas ça*
you /juː/	/jʊ/, /jə/ S'il est peu accentué et précédé d'un mot en **-d,** on a souvent formation d'un mot unique avec /dʒ/ entre deux.	Ainsi : **Did you see the man behind you ?** *Tu as vu l'homme derrière toi ?*

Contractions et suppressions, Réductions et déformations

Forme pleine	*Forme réduite*	*Exemples*
	De même après **t**, on a /tʃ/	**You may hurt yourself, don't you know ?** *Tu peux te faire mal, sais-tu ?*
you are /juːɑː*/	**you're** /jʊə*/, jɒə*/, /jɔː*/	**You're right** *Tu as raison*
you have /juːhæv/	**you've** /jʊv/, /jəv/	**You've no reason to say that** *Tu n'as pas de raison de dire ça*
your /jɔː*/	/jʊə*/, /jə*/	**Give me your coat** *Donnez-moi votre manteau*

EXERCICE DE RÉVISION

SUR LES CONTRACTIONS

Répétez :

I'm late, aren't I ?
D'you think we can go tomorrow ?
He's been away for a week.
We've had a lot of fun !
You mustn't cry.
We shan't stay long.
I don't think she'll succeed.
I haven't got such a book.
We are waiting for their answer.
He was very ill, wasn't he ?
I can't remember who said that.
They'll sing it, won't they ?
You're right.

V. CINQUIÈME PARTIE :

PRINCIPALES DIFFICULTÉS DE PRONONCIATION POUR LES FRANCOPHONES

V. — PRINCIPALES DIFFICULTÉS DE PRONONCIATION POUR LES FRANCOPHONES

Elles sont en général faciles à éviter une fois que l'on en est conscient. Cette prise de conscience permet également de reconnaître à l'écoute des mots qu'on n'aurait pas su identifier autrement.

Ces difficultés peuvent être divisées en cinq catégories :

I. Déplacements d'accents qui peuvent rendre les mots peu intelligibles, voire incompréhensibles.

II. Confusion sur la prononciation des homographes non homophones (mots ayant la même orthographe sans avoir la même prononciation).

III. Plus généralement, **modification de la valeur d'un son** (consonne, voyelle ou diphtongue) **pour des graphies identiques ou voisines.**

IV. Sons (voyelles, diphtongues et consonnes) **mal perçus et/ou mal prononcés.**

V. Consonnes ou voyelles qui ne sont pas prononcées.

Ces difficultés, malheureusement, ne sont pas exclusives les unes des autres.

V.1 Déplacements d'accent

Mots accentués sur la 1re syllabe (et que le français a tendance, improprement, à accentuer sur la seconde) :

Africa	/'æfrɪkə/	*l'Afrique*
Austria	/'ɒstrɪə/	*l'Autriche*
barrier	/'bærɪə*/	*barrière*
Britain	/'brɪtn/	*la Grande-Bretagne*
capable	/'keɪpəbl/	*capable*
carrier	/'kærɪə*/	*transporteur*
character	/'kærəktə*/	*personnalité ; caractère*
differ	/'dɪfə*/	*être différent, d'un autre avis*
different	/'dɪfrnt/	*différent*
difficult(y)	/'dɪfɪklt(ɪ)/	*difficile (difficulté)*
dollar	/'dɒlə*/	*dollar*
effort	/'efət/	*effort*
govern et ses dérivés	/'gʌvn/	*gouverner*, etc.
interest(ing)	/'ɪntrəst(ɪŋ)/	*intérêt (intéressant)*
Lebanon	/'lebənən/	*le Liban*
manage	/'mænɪdʒ/	*gérer, diriger*
management	/'mænɪdʒmənt/	*gestion*
manager	/'mænɪdʒə*/	*directeur, dirigeant*

Mots accentués sur la seconde syllabe (et que le français a tendance, improprement, à accentuer sur la 1re ou la 3e) :

Australia	/ɒs'treɪlɪə/	*l'Australie*
banane	/bə'nɑːnə/	*banane*
begin, etc.	/bɪ'gɪn/	*commencer*, etc.
career	/kə'rɪə*/	*carrière*

V.1 Déplacement d'accent

defer	/dɪ'fɜː*/	*ajourner*
depend	/dɪ'pend/	*se fier*
et ses dérivés		
develop	/dɪ'veləp/	*développer*, etc.
et ses dérivés		
event	/ɪ'vent/	*événement*
exaggerate	/ɪg'zædʒəreɪt/	*exagérer*
importance	/ɪm'pɔːtns/	*importance*
important	/ɪm'pɔːtnt/	*important*
invest	/ɪn'vest/	*investir*
et ses dérivés		
occur	/ə'kɜː*/	*survenir*
occurrence	/ə'kʌrəns/	*événement*
particular	/pə'tɪkjʊlə*/	*particulier*
Peru	/pə'ruː/	*le Pérou*

Mots accentués sur la 3e syllabe :

independence	/ɪndɪ'pendəns/	*indépendance*
independent	/ɪndɪ'pendənt/	*indépendant*

EXERCICES

Prononcez : l'accent tonique est indiqué par une apostrophe précédant la syllabe accentuée.

'Austria has to make great 'efforts to re'main 'neutral.

L'Autriche doit faire de gros efforts pour rester neutre.

The 'Commonwealth of Au'stralia is a 'member of the 'Commonwealth like 'Britain.

L'Australie est membre du Commonwealth comme la Grande-Bretagne.

The im'portance of 'aircraft-'carriers has been ex'aggerated by the 'government.

L'importance des porte-avions a été exagérée par le gouvernement.

In this par'ticular o'ccurrence you can de'pend on him. He is 'very 'capable.

Dans ce cas précis, vous pouvez vous fier à lui. Il est très qualifié.

V.1 Déplacement d'accent

In 'any e'vent, it is for'bidden to break the sound-'barrier over 'built-up 'areas.

De toute façon, il est interdit de franchir le mur du son au-dessus des agglomérations.

The re'lationship be'tween in'vestments and de'velopment is most 'interesting.

Le rapport entre investissements et développement est des plus intéressants.

Un'til 'recently many 'countries of 'Central and South A'merica were but ba'nana re'publics.

Jusqu'à une période récente, beaucoup de pays d'Amérique Centrale ou du Sud n'étaient que des républiques bananières.

Plus déconcertante est la liste des mots de même racine dans lesquels l'accent se déplace suivant le sens ou la fonction. Nous n'y reviendrons que pour mémoire, les ayant déjà traités en **II.**I, pp. 71-72.

- Commençons par les **homographes** :

Accent sur la 1re syllabe		Accent sur la 2e syllabe	
the accent *l'accent*	/'æksənt/	**to accent** *accentuer*	/æk'sent/
(a) compound *un composé ; composé* (adj.)	/'kɒmpaʊnd/	**to compound** *combiner*	/kəm'paʊnd/
a conflict *un conflit*	/'kɒnflɪkt/	**to conflict** *être en désaccord*	/kən'flɪkt/
(a) desert *un désert ; désert* (adj.)	/'dezət/	**to desert** *abandonner*	/dɪ'zɜːt/
		desert *mérite*	/dɪ'zɜːt/
an exploit *un exploit*	/'eksplɔɪt/	**to exploit** *exploiter*	/ɪk'splɔɪt/
an export *une exportation*	/'ekspɔːt/	**to export** *exporter*	/ɪk'spɔːt/
an import *une importation*	/'ɪmpɔːt/	**to import** *importer*	/ɪm'pɔːt/

V.1 Déplacement d'accent

an insult	/ˈɪnsʌlt/	**to insult**	/ɪnˈsʌlt/
une insulte		*insulter*	
invalid	/ˈɪnvəlɪd/	**invalid**	/ɪnˈvælɪd/
invalide (subst. et adj.)		*non valable*	
a minute	/ˈmɪnɪt/	**minute**	/maɪˈnjuːt/
une minute		*minuscule, minutieux*	
present	/ˈpreznt/	**to present**	/prɪˈzent/
présent (subst. et adj.)		*offrir*	
proceeds	/ˈprəʊsiːdz/	**to proceed**	/prəˈsiːd/
produit d'une vente		*avancer, continuer*	
produce	/ˈprɒdjuːs/	**to produce**	/prəˈdjuːs/
produit(s) agricole(s)		*produire*	
a protest	/ˈprəutest/	**to protest**	/prəˈtest/
une protestation			
a rebel	/ˈrebl/	**to rebel**	/rɪˈbel/
un rebelle		*se rebeller*	
a record	/ˈrekɔːd/	**to record**	/rɪˈkɔːd/
un disque		*enregistrer*	
(a) suspect	/ˈsʌspekt/	**to suspect**	/səˈspekt/
(un) suspect		*soupçonner*	
a transfer	/ˈtrænsfɜː*/	**to transfer**	/trænsˈfɜː*/
un virement ; une mutation		*virer ; déplacer*	
a transport	/ˈtrænspɔːt/	**to transport**	/trænˈspɔː*t/
un transport		*transporter*	

V.1 Déplacement d'accent

EXERCICES

Prononcez : l'accent tonique est indiqué par une apostrophe précédant la syllabe accentuée.

He is sus'pected of trans'ferring a'broad the 'proceeds of his 'imports 'during the 'present 'conflict.

On le soupçonne de profiter du conflit actuel pour transférer à l'étranger le produit de ses importations.

Al'though he spoke with the 'accents of truth, his 'testimony con'flicted with the 'minutes of the a'ssembly and was thus con'sidered in'valid.

Bien qu'il donnât l'impression de dire la vérité, son témoignage contredisait le procès-verbal de l'assemblée. Aussi fut-il jugé sans valeur.

The 'invalid's 'transfer to the e'mergency 'unit pro'ceeded as 'planned.

Le transfert de l'invalide au service des urgences s'est déroulé comme prévu.

I sus'pected him of not knowing how to 'calculate 'compound 'interests, that's why I pre'sented him with a 'pocket 'calculator.

Comme je le soupçonnais de ne pas savoir calculer les intérêts composés, je lui ai offert une calculette.

'Suspects of re'bellion used to be trans'ported to 'desert 'islands, es'pecially if the 'rebels com'pounded their crimes with 'even mi'nute misde'meanours.

Les personnes suspectées de rébellion étaient déportées sur des îles désertes surtout si les rebelles ajoutaient à leurs crimes des délits même mineurs.

'After ex'ploiting his wife for so long, he has 'only got his de'serts : she has de'serted him.

Après avoir exploité sa femme pendant si longtemps, il n'a eu que ce qu'il méritait : elle l'a abandonné.

V.1 Déplacement d'accent

- Voyons à présent la liste des principaux mots de même racine **non homographes**.

1re syllabe	2e syllabe	3e syllabe	4e syllabe	5e syllabe
	to accuse *accuser*	**accusation** *accusation*		
agency /ˈeɪdʒənsɪ/ *agence*	**agenda** /əˈdʒendə/ *ordre du jour*			
to analyse /ˈænəlaɪz/ *analyser*	**analysis** /əˈnæləsɪs/ *analyse*			
Arab /ˈærəb/ *arabe* subs. et adj.)	**Arabia** /əˈreɪbɪə/ *Arabie*			
Arabic /ˈærəbɪk/ *arabe* (langue)	**Arabian** /əˈreɪbɪən/ *d'Arabie*			
Asia /ˈeɪʃə/ *l'Asie*		**Asiatic** /eɪʃɪˈætɪk/ *asiatique* (lieu)		
Asian /ˈeɪʃən/ *asiatique* (personne)				
Canada /ˈkænədə/ *le Canada*	**Canadian** /kəˈneɪdɪən/ *canadien*			
to canalize /ˈkænəlaɪz/ *canaliser*	**canal** /kəˈnæl/ *canal*			
creature /ˈkriːtʃə*/ *créature*	**to create** /kriːˈeɪt/ *créer*			

V.I Déplacement d'accent

1re syllabe	2e syllabe	3e syllabe	4e syllabe	5e syllabe
a democrat /ˈdeməkræt/ *un démocrate*	**democracy** /dɪˈmɒkrəsɪ/ *démocratie*	**democratic** /deməˈkrætɪk/ *démocratique*		**democratization** /demɒkrətaɪˈzeɪʃn/ *démocratisation*
	economist /ɪˈkɒnəmɪst/ *économiste*	**economic** /iːkəˈnɒmɪk/ idem pour		
	les dérivés **to economize** /ɪˈkɒnəmaɪz/	**economics** **economical**		
	economy /ɪˈkɒnəmɪ/ *économie*	**economically**		
empire /ˈempaɪə*/ *empire*	**imperial** /ɪmˈpɪərɪəl/ *impérial*			
energy /ˈenədʒɪ/ *énergie*		**energetic** /enəˈdʒetɪk/ *énergique*		
Europe /ˈjʊərəp/ *l'Europe*		**European** /jʊərəˈpiːən/ *européen* (subst. et adj.)		
gene /dʒiːn/ *gène*	**genetic** /dʒəˈnetik/ *génétique*			
(–) genesis /ˈdʒenəsɪs/ *(–) genèse*				
Hungary /ˈhʌŋgərɪ/ *la Hongrie*	**Hungarian** /hʌŋˈgəarɪən/ *hongrois* (subst. et adj.)			
image /ˈɪmɪdʒ/ *image*	**to imagine** /ɪˈmædʒɪn/ *imaginer*		**imagination** /ɪmædʒɪˈneɪʃn/ *imagination*	
imaginable /ɪˈmædʒɪnəbl/ *imaginable*				

V.I Déplacement d'accent

1re syllabe	2e syllabe	3e syllabe	4e syllabe	5e syllabe
	imaginary /ɪ'mædʒɪnərɪ/ *imaginaire*			
industry /'ɪndəstrɪ/ *industrie*	**industrial** /ɪn'dʌstrɪəl/ *industriel* (de même pour les dérivés **to industrialize** et **industrialism**)			**industrialization** /ɪndʌstrɪəlaɪ'zeɪʃn/ *industrialisation*
	Japan /dʒə'pæn/ *le Japon*	**Japanese** /dʒæpə'niːz/ *japonais*		
listeria /lɪs'tɪərɪə/ *listéria*	**listeriosis** /listɪərɪ'əʊsɪs/ *listériose*			
luxury /'lʌkʃrɪ/ *luxe*	**luxurious** /lʌg'zjʊrɪəs/ *luxueux*			
moral /'mɒrl/ *morale, moralité, moral* (adj.)	**morale** /mə'rɑːl/ *le moral*			
moralist /'mɒrəlɪst/ *moraliste*				
to moralize /'mɒrəlaɪz/ *moraliser*	**morality** /mə'rælətɪ/ *moralité*			
necessary /'nesəsrɪ/ *nécessaire*	**necessity** /nə'sesətɪ/ *nécessité*			
necessarily /'nesəsrəlɪ/ *nécessairement*				
negligence /'neglɪdʒəns/	**neglect** /nɪ'glekt/			

V.1 Déplacement d'accent

1re syllabe	2e syllabe	3e syllabe	4e syllabe	5e syllabe
négligence	*négliger ;* *abandon*			
to occupy /'ɒkjʊpaɪ/ *occuper*		**occupation** /ɒkjʊ'peɪʃn/ *occupation*		
ocean /'əʊʃn/ *océan*		**oceanic** /əʊʃɪ'ænɪk/ *océanique*		
peace /piːs/ *paix*	**pacific** /pə'sɪfɪk/			
policy /'pɒləsɪ/ *politique* (suivie)	**police** /pə'liːs/ *police*			
politics /'pɒlətɪks/ *la politique*	**political(ly)** /pə'lɪtɪkl(ɪ)/ *politique(ment)*			
a product /'prɒdʌkt/ *un produit* **produce** /'prɒdjuːs/ *produit(s)* *agricole(s)*	**to produce** /prə'djuːs/ *produire ;*	**productivity** /prɒdʌk'tɪvɪtɪ/		
	production /prə'dʌkʃn/			
	responsible /rɪs'pɒnsəbl/ *responsable* (adj.)		**responsibility** /rɪspɒnsə'bɪlətɪ/ *responsabilité*	
to signify /'sɪgnɪfaɪ/ *signifier*	**significance** /sɪg'nɪfɪkəns/ *signification* (idem pour **significant,** *révélateur* et		**signification** /sɪgnɪfɪ'keɪʃn/ *signification*	

V.I Déplacement d'accent

1re syllabe	2e syllabe	3e syllabe	4e syllabe	5e syllabe
	significantly) **significative** /sɪɡ'nɪfɪkətɪv/ *significatif*			
social(ly) /'səʊʃl(ɪ)/ *social*	**society** /sə'saɪətɪ/ *société*	**sociability** /səʊʃə'bɪlətɪ/ *sociabilité*	**socialization** /səʊʃəlaɪ'zeɪʃn/ *socialisation*	
sociable /'səʊʃəbl/ *sociable*				
socialism, socialist /'səʊʃəlɪzm/ /'səʊʃəlɪst/ *socialisme, socialiste*				
to socialize /'səʊʃəlaɪz/ *se faire des amis*				
socialite /'səʊʃəlaɪt/ *personnalité mondaine*				
	to suppose /sə'pəʊz/ *supposer*	**supposition** /sʌpə'zɪʃn/ *supposition*		
thirty /'θɜːtɪ/ *trente*	**thirteen** /θɜː'tiːn/ *treize*			
(cette distinction est valable pour tous les nombres cardinaux et ordinaux de 30 à 90 et de 13 à 19)				
forty etc.	**fourteen**			

V.I Déplacement d'accent

1re syllabe	2e syllabe	3e syllabe	4e syllabe	5e syllabe
	to vary /'veərɪ/ *varier*	**variety** /və'raɪətɪ/ *variété*		
	various /'veərɪəs/ *divers*			

V.1 Déplacement d'accent

EXERCICES

Prononcez :

'Eighty Japa'nese in'dustrialists flew from 'Asia 'over the Pa'cific 'Ocean to 'visit 'Canada and 'study its po'litical 'system, then left for 'Europe where they 'analysed the in'dustrial de'velopment of 'various 'socialist 'countries such as 'Hungary.

Quatre-vingts industriels japonais ont quitté l'Asie et survolé le Pacifique pour visiter le Canada et étudier son système politique. Puis ils sont partis pour l'Europe où ils ont analysé le développement industriel de différents pays socialistes tels que la Hongrie.

An a'nalysis of the eco'nomic 'policies of Ja'pan and Euro'pean 'countries is 'necessary.

Il est nécessaire de procéder à une analyse de la politique économique du Japon et des pays d'Europe.

Does most of the oil 'coming from 'Saudi A'rabia go through the 'Suez Ca'nal ?

La plus grande partie du pétrole provenant d'Arabie Saoudite passe-t-elle par le canal de Suez ?

That firm has 'asked its employ'ees to 'study 'Arabic.

Cette entreprise a demandé à ses employés d'apprendre l'arabe.

The po'lice have a'rrested seven'teen youths res'ponsible for cre'ating breaches of the peace. The latter claim the charges are i'maginary and a'ccuse the 'former, of sig'nificant a'ttacks on de'mocracy.

La police a arrêté dix-sept jeunes responsables d'atteinte à l'ordre public. Ces derniers affirment que les accusations sont fantaisistes et reprochent à la police d'attenter de façon révélatrice à la démocratie.

V.II. HOMOGRAPHES NON HOMOPHONES (même orthographe, son différent)

• Les variations peuvent être en rapport avec la fonction grammaticale :

close /kləʊs/ pour l'adjectif *proche*

mais **to close** /kləʊz/ pour le verbe (notez aussi que le substantif **a close** change de prononciation selon son sens :

a close	/kləʊs/	au sens d'*enclos*
a close	/kləʊz/	au sens de *fin, clôture*

• Autres alternances selon fonctions grammaticales :

a house	/haʊs/	*une maison*
to house	/haʊz/	*loger*

live	/laɪv/	*vivant(e)* (adj.)
to live	/lɪv/	*vivre*

he lives /lɪvz/, *il vit*, mais **lives** /aɪ/ (pluriel de **life**), *vies*

use	/juːs/	*usage, emploi, utilité*
to use	/juːz/	*utiliser*

• De même :

abuse	/ə'bjuːs/	*abus ; injure*
to abuse	/ə'bjuːz/	*abuser ; injurier*

• Mais la plupart du temps, ces changements de prononciation correspondent à un complet changement de sens.

/iː/		/e/	
to lead	*mener*	**lead**	*le plomb*

V.II Homographes non homophones

	/ɪ/		/aɪ/
wind	*le vent*	**to wind**	*serpenter*
	/ʌ/		/ʊ/
buffet	/'bʌfɪt/, *coup*	**buffet**	/'bʊfeɪ/, *buffet froid* *buffet de gare*
	/ɪə/		/eə/
a tear,	*une larme*	**to tear,**	*déchirer*
		a tear,	*un accroc*
	/əʊ/		/aʊ/
a bow	*un arc, un ruban*	**to bow,**	*saluer*
		a bow,	*une révérence*
to lower,	*baisser*	**to lower,**	*menacer*
a row,	*une rangée*	**a row,**	*une dispute*
to sow,	*semer*	**a sow,**	*une truie*
	/uː/		/aʊ/
a wound,	*une blessure*	**wound** (prétérit de **to wind,** *serpenter*)	
	/ɒ/		/əʊ/
Poll, poll	*nom de perroquet ; étudiant ordinaire à Cambridge*	**poll,**	*sondage*

Homographes non homophones

EXERCICES

Prononcez :

We've just seen a live programme about the use of lead-free petrol.

Nous venons de voir une émission en direct sur l'utilisation de l'essence sans plomb.

It's no use shedding tears because your bow has got a tear.

Ce n'est pas la peine de pleurer parce que ton ruban est déchiré.

I've just read about the lives of many members of the lower classes who refused to bow to the inevitable.

Je viens de lire la vie de plusieurs membres du prolétariat qui ont refusé de se soumettre à l'inéluctable.

They will sow rows of roses close to the house.

Ils vont semer des rangées de roses tout près de la maison.

V.III. MODIFICATION DE LA VALEUR D'UNE CONSONNE OU VOYELLE (OU DIPHTONGUE)

C'est évidemment la rubrique la plus riche. Essayons d'y mettre un peu d'ordre.

Commençons par des groupes proches orthographiquement (sans nécessairement avoir la même racine) et qui présentent des variations paraissant peu justifiées.

1. Consonnes

1. **ch** :

/k/	/tʃ/	/ʃ/
architect	**archbishop**	**chaise** /ʃeɪz/ *chaise de poste*
archeology	**chair**	**champagne** /ʃæm'peɪn/
archiepiscopal	**champion**	**chivalry** *chevalerie*
chameleon /kə'miːljən/	**choice**	**chef** *chef* (cuisine)
chaos /'keɒs/	**chore** *corvée*	
chemotherapy /kiːməʊ'θerəpɪ/ *chimiothérapie*	**chief** *chef*	
climera /kaɪ'mɪərə/ *chimère*	**Chechen** *tchétchène*	
choir /'kwaɪə*/ *chœur*	**chime** *carillon*	
chorus		

2. **g** :

/g/	/dʒ/
goal /gəʊl/ *(but)*	**gaol** /dzeɪl/ *prison*

3. **gn** :

/n/	/gn/
sign /saɪn/ *signe, panneau*	**signal** /'sɪgnəl/
	signature /'sɪgnətʃə*/

V.III Modification de la valeur d'une consonne ou voyelle (ou diphongue)

	/k/	/kw/	
4. **qu** :	**to conquer** /'kɒnkə*/	**conquest** /'kɒnkwest/	

	/ /	/r/	
5. **r** :	**iron** /'aɪən/ (U.S.) /'aɪərn/ *le fer*	**irony** /'aɪrənɪ/	

	/s/	/z/	/ʒ/
6. **s** :	**research** /rɪ'sɜːtʃ/	**resemblance** /rɪ'zembləns/	
	resource /rɪ'sɔːs/	**to resent** /rɪ'zent/ *s'indigner de*	
	to cease /siːs/ *cesser*	**caesura** /sɪ'zjʊərə/ *césure*	
	lease /liːs/ *bail*	**please** /pliːz/	**pleasure** /'pleʒə*/
	loose /luːs/ *ample, relâché*	**to lose** /luːz/	
	crisis /'kraɪsɪs/ *crise*	**crises** /'kraɪsiːz/ *crises*	
	to serve /sɜːv/ *servir*	**to observe** /əb'zɜːv/	

	/s/	/ʃ/	/sk/
7. **sc** :	**science** /'saɪəns/	**conscience** /'kɒnʃəns/	**scepticism** /'skeptɪsɪzm/

	/sk/	/ʃ/	
8. **sch** :	(U.S.) **schedule** /'skedʒuːl/	(G.B.) **schedule** /'ʃedjuːl/	
	scheme /skiːm/ *plan, projet*	*programme*	

9. **ss** : notez le cas particulier

to possess /pə'zes/ *posséder*

V.III Modification de la valeur d'une consonne ou voyelle (ou diphongue)

10. **th** :

/θ/	/ð/	t
south /saʊθ/ *le sud*	**southern** /'sʌðən/ *méridional*	**the Thames** /temz/ *La Tamise*
Luther /'luːθə*/	**Wuthering Heights** /'wʌðərɪŋ/ *les Hauts de Hurlevent*	**Thailand** /'taɪlænd/
cloth /klɒθ/ *tissu ; chiffon*	**clothes** /kləʊðz/ *vêtements*	
tooth /tuːθ/ *dent*	**booth** /buːð/ *cabine*	

• Rappelons aussi l'alternance /θ/ /ð/ lors du passage du singulier au pluriel de :

youth **youths**
path **paths** etc.

11. **x** :

/eks/	/ks/	/gz/
x-ray /eks'reɪ/ *rayon X*	**quixotic** /kwɪk'sɒtɪk/ *donquichottesque ; extravagant*	**example** /ɪg'zɑːmpl/
exercise /'eksəsaɪz/		
exhibition /eksɪ'bɪʃən/		
/z/		
xenophobia /zenə'fəʊbjə/		

• Ne pas oublier par ailleurs la prononciation conforme à l'orthographe du mot **second** /'sekənd/ et la prononciation /l/ dans **guerilla** /gə'rɪlə/, *guerilla ou guerillero* et **gorilla** /gə'rɪlə/, *gorille,* au lieu du «ll» mouillé français.

V.III Modification de la valeur d'une consonne ou voyelle (ou diphongue)

■ EXERCICES

Prononcez :

In guerilla warfare, the guerillas' goal is to bring chaos to the country they want to conquer.

Dans la guerilla, le but des guerilleros est de désorganiser le pays qu'ils veulent prendre.

Thanks to research and the recent conquests of science, he has taken a new lease of life.

Grâce à la recherche et aux récents progrès de la science, il a retrouvé une nouvelle vigueur.

Lady Thatcher, the Iron Lady, resented the irony the Observer used towards that champion of liberalism.

Madame Thatcher, la Dame de Fer, s'indignait de l'ironie dont usait l'Observer[1] *à l'égard de ce champion du libéralisme.*

When the oil resources are exhausted, which will signal the beginning of a series of new crises, there will be no choice but to develop other sources of energy.

Quand les réserves pétrolières seront épuisées, ce qui annoncera le début d'une série de nouvelles crises, il n'y aura pas d'autre solution que d'exploiter de nouvelles sources d'énergie.

1. Hebdomadaire dominical britannique.

V.III Modification de la valeur d'une consonne ou voyelle (ou diphongue)

What do they teach you at school ? How come you should think the Thames waters southern Thailand ?

Qu'est-ce qu'on t'apprend à l'école ? Comment se fait-il que tu penses que la Tamise arrose le sud de la Thaïlande ?

He escaped from gaol in clothes he had stolen while doing some chore outside.

Il s'est évadé avec des vêtements qu'il avait volés au cours d'une corvée hors de la prison.

You must have your tooth x-rayed.

Il faut vous faire radiographier la dent.

In all conscience, I do not believe chemotherapy can cure the wounded Chechen.

Je ne peux raisonnablement croire que l'on pourra guérir le blessé tchétchène grâce à la chimiothérapie.

2) **Voyelles ou diphtongues**

1. **a** :

/æ/	/eɪ/
cam /kæm/ *came*	**Cambridge** /'keɪmbrɪdʒ/
latter /'lætə*/ *dernier de deux*	**later** /'leɪtə*/ *plus tard*
to patronize /'pætrənaɪz/ *être client de*	**patron** /'peɪtrən/ *mécène ; client*
rabid /'ræbɪd/ *enragé*	**rabies** /'reɪbiːz/ *la rage*
satin /'sætɪn/ *le satin*	**Satan** /'seɪtən/ *Satan*
satanic /sə'tænik/ *satanique*	
anger /'æŋgə*/ *colère*	**angel** /'eɪndʒəl/ *ange*
ragged /'rægɪd/ *en haillons*	**rage** /reɪdʒ/
quack *charlatan*	**to quake** *trembler*

V.III Modification de la valeur d'une consonne ou voyelle (ou diphongue)

a (suite) /æ/	/eɪ/
ravenous /ˈrævənəs/ *affamé*	**raven** /ˈreɪvn/ *corbeau*
/ɑː/	/eɪ/
Iran /ɪˈrɑːn/ *l'Iran*	**Iranian** /ɪˈreɪnjən/ *Iranien*
lather /ˈlɑːðə*/ *mousse de savon* (U.S.) /ˈlæðəʳ/	**lathe** /leɪð/ *tour (du tourneur)*
2. e : /e/	/ɪ/
begging /ˈbegɪŋ/ participe présent de **to beg** *mendier*	**to begin** /bɪˈgɪn/ *commencer*
desert /ˈdezət/ *désert*	**dessert** /dɪˈzɜːt/ *dessert*
to sever /ˈsevə*/ *séparer*	**severe** /sɪˈvɪə*/ *grave*
/e/	/iː/
level /ˈlevl/ *niveau*	**lever** /ˈliːvə*/ *levier* (U.S. /ˈlevər/)
devil /ˈdevl/ *diable*	**evil** /ˈiːvl/ *mal*
friend /frend/ *ami*	**fiend** /fiːnd/ *démon*
precious /ˈpreʃəs/ *précieux*	**previous** /ˈpriːvɪəs/ *précédent*
/ɪə/	/ə/
serial /ˈsɪərɪəl/ *en série*	**serene** /səˈriːn/ *serein*
/e/	/ə/
millennium /mɪˈlenɪəm/ *millénaire*	**millenarian** /mɪləˈneərɪən/ *millénariste*
3. i : /ɪ/	/aɪ/
to determine /dɪˈtɜːmɪn/ *déterminer*	**mine** /maɪn/ *mine ; le mien*
to examine /ɪgˈzæmɪn/ *examiner*	**to undermine** *saper*
to imagine /ɪmædʒɪn/ *imaginer*	
engine /ˈendʒɪn/ *moteur*	**angina** /ænˈdʒaɪnə/ *angine de poitrine*
to promise /ˈprɒmɪs/ *promettre*	**to compromise** /ˈkɒmprəmaɪz/ *compromettre*
prison /ˈprɪzn/	**price** /praɪs/ *prix*

V.III Modification de la valeur d'une consonne ou voyelle (ou diphongue)

	/ɪ/	/aɪ/
i (suite)		**prize** /praɪz/ *récompense*
		to prise ou prize /praɪz/ *soulever avec un levier*
	slick *lisse*	**slice** *tranche*
	unit /'juːnɪt/ *unité*	**to unite** /jʊ'naɪt/ *unir*
	Venice /'venɪs/ *Venise*	**nice** /naɪs/ *agréable*
	written /'rɪtn/ (p.p. de **to write,** *écrire*)	**to write** /raɪt/ *écrire*

attention aussi à **shire** /ʃaɪə*/, *comté*, qui devient /ʃə*/ en finale (*Lancashire, Yorkshire*, etc.)

	/ɪ/	/aɪ/
4. **y** :	**bicycle** /'baɪsɪkl/ *bicyclette*	**cycle** /saɪkl/ *cycle*
	syndrome /'sɪndrəʊm/ *syndrome*	**synovia** /saɪ'nəʊvɪə/ *synovie*

Notez aussi la différence entre :

satyr /'sætə*/ *un satyre* et **satire** /'sætaɪə*/ *une satire*

	/ɜː/	/ɔː/
5. **o** :	**word** /wɜːd/ *mot*	**sword** /sɔːd/ *épée*
	work /wɜːk/ *travail*	**worn** /wɔːn/ *usé*
		fork /fɔːk/ *fourchette*
	/əʊ/	/ɒ/
	to roll /rəʊl/ *rouler*	**doll** /dɒl/ *poupée*
	/ʊ/	/ɪ/
	woman /'wʊmən/ *femme*	**women** /'wɪmɪn/ *femmes*

V.III Modification de la valeur d'une consonne ou voyelle (ou diphongue)

6. **u** :

/ʌ/	/ʊ/	/juː/
brush /brʌʃ/ *brosse*	**bush** /bʊʃ/ *buisson*	
but /bʌt/	**butcher** /'bʊtʃə*/ *boucher*	
to study /'stʌdɪ/ *étudier*		**student** /'stjuːdənt/ (U.S.) /'stuːdənt/

On a /ʌ/ dans **pulp,** *pulpe* et **culprit,** *coupable, mais* /ʊ/ *dans* **pulpit,** *chaire ;* /ʌ/ *dans* **plush,** *peluche,* mais /ʊ/ dans **cushion,** *coussin.*

• Remarquez que dans **biscuit** /'bɪskɪt/ et **circuit** /'sɜːkɪt/ le **u** n'est pas prononcé.

Dans **to bury** /'berɪ/, *enterrer,* le **u** se prononce /e/.

Dans **guard, guardian, guarantee,** le **u** n'est pas prononcé (/gɑːd/, /'gɑːdɪən/, /gærən'tiː/).

• Notez que **u** à l'initiale a le son /ʌ/ ou /ɜː/ devant plusieurs consonnes : /ʌ/ **upper,** *supérieur,* /ɜː/ **urban,** *urbain,* **urchin,** *marmot,* mais /jʊ/ ou /juː/ devant une seule consonne plus voyelle : **unique, uniform, unit, united, utensil.** (Mais bien entendu /ʌ/ dans **unarmed** où **un** est préfixe.)

7. **ea** :

/e/	/iː/
meadow /'medəʊ/ *prairie*	**mead** /miːd/ *hydromel*
heather /'heðə*/ *bruyère*	{ **heath** /hiːθ/ *lande*; **heathen** /'hiːðn/ *païen* }
health /helθ/ *santé*	**to heal** /hiːl/ *guérir*
{ **heaven** /'hevn/ *ciel*; **heavy** /'hevi/ *lourd* }	**to heave** /hiːv/ *soulever*

V.III Modification de la valeur d'une consonne ou voyelle (ou diphongue)

ea (suite)	/e/	/iː/
	to cleanse /klenz/ *assainir*	**clean** /kliːn/ *propre*
	cleanliness /'klenlɪnɪs/ *propreté*	
	leaven /'levn/ *levain*	**to leave** /liːv/ *laisser*
	pleasure /'pleʒə*/ *plaisir*	**to please** /pliːz/ *plaire*
	zealous /'zeləs/ *zélé*	**zeal** /ziːl/ *zèle*
	/eɪ/	/iː/
	to break /breɪk/ *briser*	**breach** /briːtʃ/ *rupture*
		beak /biːk/ *bec*
	steak /steɪk/ *bifteck*	**teak** /tiːk/ *teck*
		streak /'striːk/ *raie, bande*
	/ɜː/	/ɑː/
	heard /hɜːd/ (prétérite de **to hear,** *entendu)*	**to hearken** /'hɑːkən/ *écouter*
		heart /'hɑːt/ *cœur*
	hearse /hɜːs/ *corbillard*	
	earth /ɜːθ/ *terre*	**hearth** /hɑːθ/ *foyer*
	/ɪə/	/eə/
	ear /ɪə*/ *oreille*	**bear** /beə*/ *ours*
	near /nɪə*/ *proche*	**to bear** *porter*
		pear /peə*/ *poire*

V.III Modification de la valeur d'une consonne ou voyelle (ou diphongue)

8. **eo** :

/e/	/iːə/
leopard /'lepəd/ *léopard*	**leotard** /'liːətɑːd/ *collant de danseuse*
Leonard /'lenəd/ *Léonard*	**Leonardo** /liːə'nɑːdəʊ/ *Léonard*
	Leopold /'liːəpəʊld/

/e/	/iɒ/	/iːəʊ/	/iə/	/ɔː/
Geoffrey /'dʒefrɪ/ *Geoffroy*	**geometry** /dʒɪ'ɒmətrɪ/ *géométrie*	**geode** *géode*	**geologic**	**George** et tous les dérivés
to jeopardize /'dʒepədaɪz/ *mettre en danger*	**geography** /dʒɪ'ɒgrəfɪ/ *géographie*			

9. **io** :

/iːɒ/	/əɪə/
prion *prion*	**prior** *précédent*

10. **oa** :

/əʊ/	/ɔː/
road /rəʊd/ *route*	**broad** /brɔːd/ *large*
	abroad /ə'brɔːd/ *à l'étranger*

11. **oo** :

/ʊ/	/uː/	/ʌ/	/ɔː/	/əʊ/
brook *ruisseau*	**boot** *chaussure*	**blood** *sang*	**door** *porte*	**brooch** *broche*
good *bon*	**goose** *oie*	**flood** *inondation*	**floor** *plancher*	

12. **ou** :

/aʊ/	/ʌ/
to count /kaʊnt/ *compter*	**country** /'kʌntrɪ/ *campagne, pays*
{ **county** /'kaʊntɪ/ *comté*	
{ **south** /saʊθ/ *sud*	**southern** /'sʌðən/ *du sud*

• Attention aussi à **mouth** /maʊθ/ *bouche, embouchure,* qui devient /məθ/ en finale : **Portsmouth, Plymouth** /'plɪməθ/ etc.

V.III Modification de la valeur d'une consonne ou voyelle (ou diphongue)

13. **ough** :voir p. 113-114

14. **ow** :

/ɒ/	/əʊ/
knowledge	**to know** /nəʊ/
connaissance	*savoir*
/aʊ/	/əʊ/
crowd /kraʊd/	**to crow** /krəʊ/
foule	*chanter comme un coq*

15. **ui** :

/uː/	/juː/	/wiː/
suit /suːt/	**pursuit** /pə'sjuːt/	**suite** /swiːt/
complet	(U.S.) /pər'suːt/	*appartement*
	poursuite,	*dans un hôtel*
	recherche	

• Notez aussi la différence entre :

quite /kwaɪt/ et **quiet** /kwaɪət/
tout à fait *tranquille*

❑ Rappelons enfin le cas — exceptionnel — de **to say** /seɪ/, *dire* qui donne **he says** /sez/ et **said** /sed/.

V.III Modification de la valeur d'une consonne ou voyelle (ou diphongue)

EXERCICES

Prononcez :

Leonardo da Vinci's works reveal a wealth of knowledge in all fields, from art to anatomy through geometry or physics that nobody, previously or afterwards, ever mastered.

Les œuvres de Léonard de Vinci révèlent une profusion de connaissances en tous domaines, de l'art à l'anatomie en passant par la géométrie ou la physique, que personne, avant ou après lui, n'a jamais possédé.

« A hungry man, an angry man » means that when one is ravenous one is unlikely to fall for words.

« Ventre affamé n'a point d'oreille » veut dire que quand on a faim on est peu susceptible de se laisser convaincre par de belles paroles.

The acrobat's leotard got caught in a nail above the leopard's cage, which jeopardized his life.

Le collant de l'acrobate s'est pris dans un clou au-dessus de la cage du léopard, ce qui a mis sa vie en danger.

When operating the lathe, Geoffrey got his hand severed from his arm. Fortunately, Leonard put it in ice and took both the hand and the wounded man to King Leopold's Hospital where they managed to sew it back.

En faisant marcher le tour, Geoffrey a eu la main tranchée. Heureusement, Léonard l'a mise dans la glace et l'a transportée, ainsi que le blessé, à l'hôpital du Roi Léopold où on a réussi à la recoudre.

Will you have dessert after the steak ?

Prendrez-vous du dessert après le bifteck ?

In the eighties, Iran considered the United States, « The great Satan », as the arch fiend.

V.III Modification de la valeur d'une consonne ou voyelle (ou diphongue)

Dans les années 80, l'Iran considérait les États-Unis, « le grand Satan », comme le diable en personne (l'ennemi suprême).

Many, in Britain, wonder whether the Chunnel will not eventually allow rabies into that country.

Beaucoup se demandent en Grande-Bretagne si le tunnel sous la Manche ne permettra pas à la rage d'entrer dans ce pays.

We must examine the engine of this second-hand car to determine whether the price is justified.

Il nous faut examiner le moteur de cette voiture d'occasion pour décider si le prix est justifié.

$ 75,000 for a bachelor's degree ? Students have to be quite wealthy in the States to acquire knowledge !

75 000 dollars pour une licence ! Il faut que les étudiants soient pas mal riches pour acquérir des connaissances aux États-Unis !

« Car park for patrons only »

« Parking réservé à notre aimable clientèle ».

The first prize is a week in Venice for two, the second a racing bicycle.

Le premier prix est une semaine à Venise pour deux, le deuxième un vélo de course.

He is always patronizing ! Heaven knows he has precious little to boast of, though !

Il prend toujours un air condescendant. Dieu sait pourtant qu'il n'a pas de quoi être fier !

John, your manners ! Don't hold your fork as if it were a sword !

John, tiens-toi correctement ! ne tiens pas ta fourchette comme si c'était une épée.

V.III Modification de la valeur d'une consonne ou voyelle (ou diphongue)

Her new boy-friend is very different from the previous one. He is so quiet that I have never heard him utter a word.

Son nouvel ami est très différent du précédent. Il est si tranquille que je ne l'ai jamais entendu prononcer un mot.

What with floods, earthquakes, prions, pit-bulls, the economy class syndrome, serial killers, ram-raids, road-rage, genetically modified crops or oil slicks there is little pleasure for men and women throughout the world at the beginning of the third millennium.

Entre les inondations, les tremblements de terre, les prions, les pit-bulls, le syndrome de la classe économique, les tueurs en série, les casses par voiture bélier, l'agressivité au volant, les récoltes génétiquement modifiées ou les marées noires, il n'y a guère de motifs de satisfaction pour les hommes et les femmes de par le monde en ce début de troisième millénaire.

V.iv. SONS PARTICULIÈREMENT MAL PRONONCÉS OU MAL PERÇUS PAR DES BOUCHES OU DES OREILLES FRANÇAISES

a) Voyelles et diphtongues

1. Commençons par le son le plus riche de ce point de vue : /ʌ/ et d'entrée rappelons que le son du « u » français (/y/ en phonétique) n'existe pas en anglais.

Ainsi :

combustion	/kəm'bʌstʃn/	*combustion*
consultant	/kən'sʌltnt/	*expert-conseil*
to discuss	/dɪs'kʌs/	*discuter*
introduction	/ɪntrə'dʌkʃn/	*introduction*
judge	/dʒʌdʒ/	*juge*
luck	/lʌk/	*chance*
multimedia	/mʌltɪ'miːdɪə/	*multimedia*
occurrence	/ə'kʌrəns/	*occurrence*
production	/prə'dʌkʃn/	*production*
public	/'pʌblɪk/	*public*
result	/rɪ'zʌlt/	*résultat*
Russian	/'rʌʃn/	*russe*
upper	/'ʌpə*/	*supérieur*
yuppy	/'jʌpɪ/	**(young urban professional),** *jeune cadre dynamique*

• Notez que ce son /ʌ/ correspond souvent à la graphie « **o** ».

done	/dʌn/	p.p. de **to do**
none	/nʌn/	*aucun*
London	/'lʌndən/	*Londres*
money	/'mʌnɪ/	*argent*
brother	/'brʌðə*/	*frère*
mother	/'mʌðə*/	*mère*
to cover	/'kʌvə*/	*couvrir*

Sons particulièrement mal prononcés ou mal perçus par des bouches ou des oreilles françaises

government	/'gʌvnmənt/	*gouvernement*
thorough	/'θʌrə/	*complet, consciencieux*

• Remarquez aussi les cas particuliers de :

blood	/blʌd/	*sang*
flood	/flʌd/	*inondation*
et de		
Douglas	/'dʌgləs/	
country	/'kʌntrɪ/	
southern	/'sʌðən/	
young	/jʌŋ/	

2. **son** /iː/, trop souvent raccourci par les Français :

a series	/'sɪəriːz/	*une série*
a species	/'spiːʃiːz/	*une espèce*
speech	/spiːtʃ/	*discours*
Caesar	/'siːzə*/	*César*
elite	/ɪ'liːt/	*élite*
thesis	/'θiːsɪs/	*thèse*
quay	/kiː/	*quai*
Egypt	/'iːdʒɪpt/	*l'Égypte*
receipt	/rɪ'siːt/	*reçu*
oblique	/ə'bliːk/	*oblique*
technique	/tek'niːk/	*technique*, etc.

3. **son** /ɪ/

England	/'ɪŋglənd/	*l'Angleterre*
English	/'ɪŋglɪʃ/	*anglais*
Chile	/'tʃɪlɪ/	*le Chili*
carriage	/'kærɪdʒ/	*voiture, transport*
marriage	/'mærɪdʒ/	*mariage*
busy	/'bɪzɪ/	*occupé*
business	/'bɪznɪs/	*affaires*
catastrophe	/kə'tæstrəfɪ/	*catastrophe*
apostrophe	/ə'pɒstrəfɪ/	*apostrophe*
recipe	/'resəpɪ/	*recette (de cuisine)*

4. **son** /e/

leisure	/'leʒə*/ (U.S. /'liːʒər/)	*loisirs*
Leicester	/'lestə*/	

V.IV Sons particulièrement mal prononcés ou mal perçus par des bouches ou des oreilles françaises

pleasure	/'pleʒə*/	*plaisir*
Reading	/'rediŋ/	
Reagan	/'regən/	
sweat	/swet/	*sueur*
to sell	/sel/	*vendre*

5. son /ɔː/

Malta	/'mɔːltə/	*Malte*
halt	/hɔːlt/	*halte*
altar	/'ɔːltə*/	*autel*
to alter	/'ɔːltə*/	*changer*
war	/'wɔː*/	*guerre*
thought	/θɔːt/	*pensée*
broad	/brɔːd/	*large*
source	/sɔːs/	*source*

6. son /ɒ/

wallet	/'wɒlɪt/	*portefeuille*
Ceylon	/sɪ'lɒn/	*Ceylan*
gone	/gɒn/	p.p. de **to go**
dollar	/'dɒlə*/	*dollar*
to prolong	/prə'lɒŋ/	*prolonger*
Lockheed	/'lɒkhiːd/	*Lockheed (société)*
icon	/'aɪkon/	*icone*

7. son /ɑː/

heart	/hɑːt/	*cœur*
hearth	/hɑːθ/	*foyer*
sparse	/spɑːs/	*épars, clairsemé*
chance	/tʃɑːns/ (U.S. /tʃæns/)	*chance*

8. son /æ/

brand	/brænd/	*marque*
Spanish	/'spænɪʃ/	*espagnol*
plaid	/plæd/	*couverture*
plait	/plæt/	*natte, tresse*

9. son /ɜː/

firm	/fɜːm/	*entreprise*
worse	/wɜːs/	*pire*
earth	/ɜːθ/	*terre*
hearse	/hɜːs/	*corbillard*
curtain	/'kɜːtn/	*rideau*
occur	/ə'kɜː*/	*se produire*
urban	/'ɜːbən/	*urbain*
virtual	/'vɜːtʃʊəl/	*virtuel*
worm	/wɜːm/	*ver*

V.IV Sons particulièrement mal prononcés ou mal perçus par des bouches ou des oreilles françaises

10. **son** /uː/

canoe	/kə'nuː/	*canoë*
Luke	/luːk/	*Luc*
issue	/'ɪʃuː/	*problème*
brutal	/'bruːtl/	*brutal*
to bruise	/bruːz/	*contusionner*
brusque	/bruːsk/ U.S. /brʌsk/	*rude,* *bourru*

11. **son** /ʊ/

cushion		*coussin*
buffet	/'bʊfeɪ/	*buffet (de gare)*

12. **son** /juː/

ewe	/juː/	*brebis*
cute	/kjuːt/	*astucieux*
to argue	/'ɑːgjuː/	*discuter*
huge	/hjuːdʒ/	*énorme*
fusion	/'fjuːʒn/	*fusion*
union	/'juːnjən/	*union*
usual	/'juːʒʊəl/	*habituel*

13. **son** /eɪ/, que les Français ont tendance à confondre avec le /e/ de **pen, red.**

the USA /juːes'eɪ/, *les États-Unis.*

agent	/'eɪdʒənt/	*agent*
nature	/'neɪtʃə*/	*nature*
change	/tʃeɪndʒ/	*le changement*
range	/reɪndʒ/	*portée, gamme*
angel	/'eɪndʒəl/	*ange*
danger	/'deɪndʒə*/	*danger*
sale	/seɪl/	*vente*
haven	/'heɪvn/	*havre*
Spain	/speɪn/	*l'Espagne*
et **great**	/greɪt/	*important* qui ne se prononce pas comme **to greet** /griːt/ *accueillir*

14. **son** /aɪ/

China	/'tʃaɪnə/	*la Chine*
china	/'tʃaɪnə/	*porcelaine*

V.IV Sons particulièrement mal prononcés ou mal perçus par des bouches ou des oreilles françaises

cyber	/'saɪbə*/	*cyber*
Iceland	/'aɪslənd/	*l'Islande*
island	/'aɪlənd/	*île*
awry	/ə'raɪ/	*de travers*
juvenile	/'dʒuːvənaɪl/	*juvénile*
hygiene	/'haɪdʒiːn/	*hygiène*
to indict	/ɪn'daɪt/	*inculper*
title	/'taɪtl/	*titre*
satellite	/'sætələɪt/	*satellite*

15. son /aʊ/

cowboy	/'kaʊbɔɪ/	*cowboy*
flour	/flaʊə*/	*farine*
ourselves	/aʊə'selvz/	*nous-mêmes*
paramount	/'pærəmaʊnt/	*de la plus grande importance*
outrage	/'aʊtreɪdʒ/	*atrocité, scandale*
plough	/plaʊ/	*charrue*
drought	/draʊt/	*sécheresse*
thou	/ðaʊ/	*toi, tu*

16. son /əʊ/

Euro (–)	/'jʊərəʊ/	*Euro (–)*
though	/ðəʊ/	*bien que*
toe	/təʊ/	*orteil*
those	/ðəʊz/	*ceux-là*
brooch	/brəʊtʃ/	*broche*
to sew	/səʊ/	*coudre*
only	/'əʊnlɪ/	*seulement*
don't	/dəʊnt/	
won't	/wəʊnt/	La tendance française à raccourcir le son est particulièrement nette pour ces trois derniers mots.

17. son /ɪə/

era	/'ɪərə/	*époque*
idea	/aɪ'dɪə/	*idée*
real	/rɪəl/	*réel*
beard	/bɪəd/	*barbe*
series	/'sɪəriːz/	*série*
Liberia	/laɪ'bɪərɪə/	*le Libéria*

V.IV Sons particulièrement mal prononcés ou mal perçus par des bouches ou des oreilles françaises

18. son /eə/

Bulgaria	/bʌl'geərɪə/	*la Bulgarie*
area	/'eərɪə/	*surface*

19. son /aɪə/

fire	/faɪə*/	*feu*
Ireland	/'aɪələnd/	*l'Irlande*
iron	/'aɪən/, U.S. /'aɪərn/	*fer*
diet	/'daɪət/	*régime*
bias	/'baɪəs/	*préjugé, penchant*
liable	/'laɪəbl/	*sujet (à)*

Notons par ailleurs deux mots qui déroutent souvent :

albeit	/ɔːl'biːɪt/	*quoique*
hitherto	/hɪðə'tuː/	*jusqu'ici (temps)*

Rappelons enfin que les voyelles **a**, **o**, **u**, en position non accentuée, prendront souvent le son /ə/ :

dollar	/'dɒlə*/	*dollar*
effort	/'efət/	*effort*
popular	/'pɒpjʊlə*/	*populaire*
potato	/pə'teɪtəʊ/	*pomme de terre*
to suggest	/sə'dʒest/	*suggérer*
to suppose	/sə'pəʊz/	*supposer*

b) **Consonnes**

Dans le domaine des consonnes, les difficultés sont moins nombreuses. Rappelons cependant quelques difficultés traditionnelles, rencontrées par les Français :

❑ consonnes insuffisamment attaquées à l'initiale en syllabe accentuée (**but, car, government** etc.).

❑ prononciation des triconsonnants :
costs, *coûts*
world, *monde*, improprement prononcé comme **word,** *mot.*

V.IV Sons particulièrement mal prononcés ou mal perçus par des bouches ou des oreilles françaises

❑ /θ + *s*/ ou /ð + *z*/

Exemples : **months** /mʌnθs/, pluriel de **month,** *mois* et **clothes** /kləʊðz/, *vêtements*, dans lesquels le français a tendance, à tort, à introduire un son /ɪ/ après le **th**.

❑ la tendance à donner — de façon fautive — le son /z/ à la lettre **s** dans des mots comme **crisis** /'kraɪsɪs/, **case** /keɪs/, **base** /beɪs/, **basis** /'beɪsɪs/, **basic** /'beɪsɪk/ et dans le privatif **dis** : **to disappear** /dɪsə'pɪə*/, **to disappoint** /dɪsə'pɔɪnt/, etc.

❑ la prononciation du **x** en /gz/ au lieu de /ks/ dans des mots comme **exercise** /'eksəsaɪz/, **exhibition** /eksɪ'bɪʃn/ (mais **exhibit** /ɪg'zɪbɪt/, *pièce à conviction*, **to exert** /ɪg'zɜːt/, *exercer*).

❑ La confusion de la prononciation de **of** avec celle de **off.** Rappelons la prononciation correcte :

of /əv/ ou /ɒv/, *de* ;

off /ɒf/ ou /ɔːf/, *au loin, hors de, au large de*, etc.

EXERCICES

Répétez

The fire that started because of spontaneous combustion gutted out the silo where the flour was stored.

L'incendie causé par combustion spontanée a détruit le silo où la farine était entreposée.

Her thesis about marriage in Bulgaria before the Christian era is very thorough, although somewhat biassed.

Sa thèse sur le mariage en Bulgarie avant l'ère chrétienne est très complète, quoique un peu de parti-pris.

Oscar Wilde's ***Ballad from Reading Gaol*** is an indictment of the death penalty.

Le Ballade de la prison de Reading, *écrite par Oscar Wilde, est une mise en accusation de la peine de mort.*

During Reagan's second term of office, « yuppies » tended to turn into « dinks » (double income, no kids).

Au cours du second mandat de Reagan, les jeunes cadres dynamiques ont eu tendance à se transformer en « double salaire sans enfant ».

Last month the Egyptian President visited Russia.

Le mois dernier le Président égyptien s'est rendu en Russie.

Business is picking up with the fall in the value of the dollar.

Les affaires reprennent avec la chute du cours du dollar.

Which English firm sells the best brand of cigarettes ? For me, none. I don't smoke.

Quelle compagnie anglaise vend la meilleure marque de cigarettes ? A mon avis aucune. Je ne fume pas.

Sri Lanka used to be called Ceylon.

L'ancien nom du Sri-Lanka est Ceylan.

Enough bloodshed. We must bring the war to a halt.

Assez de sang. Il nous faut mettre un terme à la guerre.

The unions are accusing the board of directors of sweating the workers.

Les syndicats accusent le conseil d'administration d'exploiter les ouvriers.

After the prolonged drought, floods have brought catastrophe to a part of the country that hitherto had been spared. Luckily, it is sparsely populated.

Après la sécheresse prolongée, des inondations ont été catastrophiques pour une partie du pays jusqu'ici épargnée. Par bonheur, elle est peu peuplée.

What have you done with the money I gave you this morning ?

Qu'as-tu fait de l'argent que je t'ai donné ce matin ?

Iceland, Malta and Ireland are islands.

L'Islande, Malte et l'Irlande sont des îles.

Considering his age and his diet, he is liable to heart-attacks, or worse.

Vu son âge et son alimentation, il s'expose à une crise cardiaque, ou pire.

There are more cow-boys in South America than in the U.S.A. Indeed, the word ranch is of Spanish origin.

Il y a plus de cow-boys en Amérique du Sud qu'aux États-Unis. En fait, le mot ranch est d'origine espagnole.

The consultant said, albeit in an oblique way, that he should have his big toe amputated.

Le spécialiste a dit, d'une façon détournée cependant, qu'il devrait être amputé du gros orteil.

Mark Anthony's famous speech in *Julius Caesar* was a huge success with the public in Leicester.

A Leicester, le célèbre discours de Marc Antoine dans Jules César *a eu un énorme succès auprès du public.*

Hygiene in that hotel is an outrage.

L'hygiène dans cet hôtel est un scandale.

Some judge that with the new techniques in genetics that can alter many things in Nature, a whole range of new species will be created for the benefit of an elite.

Certains jugent qu'avec les nouvelles techniques en génétique, qui permettent de changer bien des choses dans la nature, toute une gamme de nouvelles espèces verra le jour, au profit d'une élite.

They say that the upper classes behind the Iron Curtain are just as selfish as those in the West.

Les classes dirigeantes derrière le rideau de fer sont, dit-on, aussi égoïstes qu'en Occident.

Our plans have gone awry.

Nos plans ont avorté.

The production of leisure activities is a money-spinner.

La production d'activités de loisirs est une mine d'or.

How can one go to Burma for pleasure, under the present circumstances !

Comment peut-on aller en Birmanie par plaisir en l'état actuel des choses !

The usual name for a fission bomb is the atomic bomb and for a fusion one the hydrogen bomb.

V.IV Sons particulièrement mal prononcés ou mal perçus par des bouches ou des oreilles françaises

Le nom habituel d'une bombe à fission est la bombe atomique et celui de la bombe à fusion, la bombe à hydrogène.

« Thou art blessed amongst all women » said the angel to Mary.

« Tu es bénie entre toutes les femmes », dit l'ange à Marie.

Quay, apostrophe, hearth and haven are words I can never pronounce correctly.

Quai, apostrophe, foyer et hâvre sont des mots que je ne parviens jamais à prononcer.

When we argue, I wouldn't say he is brutal, at most a little brusque.

Quand nous discutons, je ne le trouve pas brutal, tout au plus un peu brusque.

Put the plaid and the cushions on the settee.

Mettez la couverture écossaise et les coussins sur le canapé.

The ewe has just had two cute little lambs.

La brebis vient d'avoir deux charmants petits agneaux.

What with drugs and the permissive society juvenile delinquency is now an issue of paramount importance.

Avec la drogue et la société de tolérance, la délinquance juvénile est maintenant un problème d'une importance capitale.

They took the coffin from the hearse and put it in front of the altar.

Ils ont pris le cercueil dans le corbillard et l'ont placé devant l'autel.

When the canoe capsized on the canal, after being buffeted by the waves, she was knocked unconscious. Fortunately they managed to pull her out by her plaits and laid her, all bruised, on the bank.

Quand le canoë s'est retourné sur le canal, après avoir été ballottée par les vagues, elle a été assommée. Heureusement, ils ont réussi à la repêcher par ses nattes et ils l'ont étendue sur la berge, toute contusionnée.

Give us a sewing-machine and we'll make our clothes ourselves.

Donnez-nous une machine à coudre et nous ferons nos vêtements nous-mêmes.

When ploughing the black earth the Russian chanced upon a gold brooch representing a bearded man.

En labourant la terre noire, le Russe a trouvé par hasard une broche en or représentant un barbu.

V.v. LETTRES NON PRONONCÉES.

b	**bomb**	/bɒm/	*bombe*
	to climb	/klaɪm/	*grimper*
	comb	/kəʊm/	*peigne*
	numb	/nʌm/	*engourdi*
	plumber	/'plʌmə*/	*plombier*
	subtle	/'sʌtl/	*subtil*
	thumb	/θʌm/	*pouce*
	tomb	/tuːm/	*tombe*
	womb	/wuːm/	*matrice, entrailles*
	to indict	/ɪn'daɪt/	*mettre en accusation*
	muscle	/'mʌsl/	*muscle*
	Connecticut	/kə'netɪkət/	*Connecticut*
ch	**drachm**	/dræm/	*drachme*
	schism	/'sɪzəm/	*schisme*
	yacht	/jɒt/	*yacht*
d	**sandwich**	/'sænwɪtʃ/	*sandwich*
	Wednesday	/'wenzdɪ/	*mercredi*
g	**gnat**	/næt/	*moucheron*
	to gnaw	/nɔː/	*ronger*
	gneiss	/naɪs/	*le gneiss*
	Magdalen	/'mɔːdlɪn/	*collège d'Oxford*
	Magdalene	/'mɔːdlɪn/	*collège de Cambridge*
	paradigm	/'pærədaɪm/	*paradigme*
gh	**naught**	/nɔːt/	*zéro, rien*
	nought		
	plough	/plaʊ/	*charrue*
	thorough	/'θʌrə/	*complet, conscientieux*
	though	/ðəʊ/	*bien que*
	through	/θruː/	*à travers*
	thigh	/θaɪ/	*cuisse*
	high	/haɪ/	*haut*
h	**heir**	/eə*/	*héritier*
	honour	/'ɒnə*/	*honneur*
	hour	/'aʊə/	*heure*

et leurs dérivés

et aussi généralement en américain

	herb	/ɜːrb/	
k	**knack**	/næk/	*tour de main, truc*
	knave	/neɪv/	*coquin*
	knee	/niː/	*genou*
	knife	/naɪf/	*couteau*
	knot	/nɒt/	*nœud*
	to know	/nəʊ/	*savoir*
	knowledge	/'nɒlɪdʒ/	*connaissance*

(mais **to acknowledge** /ək'nɒlɪdʒ/, *reconnaître* où la lettre **c** est prononcée).

l	**alms**	/ɑːmz/	*aumône*
	calf	/kɑːf/	*veau ; mollet*
	calm	/kɑːm/	*calme*
	colonel	/'kɜːnl/	*colonel*
	could	/kʊd/	*prétérit de* **can**
	half	/hɑːf/	*moitié*
	palm	/pɑːm/	*palme, paume*
	psalm	/sɑːm/	*psaume*
	should	/ʃʊd/	*prétérit de* **shall**
	would	/wʊd/	*prétérit de* **will**
	talk	/tɔːk/	*parler*
	walk	/wɔːk/	*marcher*
	yolk	/jəʊk/	*jaune d'œuf*
	folk	/fəʊk/	*gens*
	Norfolk	/'nɔːfək/	*Norfolk*
	salmon	/'sæmən/	*saumon*
m	**mnemonic**	/nɪ'mɒnɪk/	*mnémotechnique*
n	**column**	/'kɒləm/	*colonne*
	hymn	/hɪm/	*hymne*
	solemn	/'sɒləm/	*solennel*
p	**corps**	/kɔː*/	*corps d'armée*

attention : **one corps** /kɔː*/
two corps /kɔːz/

	coup	/kuː/	*coup d'état*
	pneumonia	/njuː'məʊnjə/	*pneumonie*
	psalm	/sɑːm/	*psaume*
	pseudonym	/'sjuːdənɪm/	*pseudonyme*
	psychology	/saɪ'kɒlədʒɪ/	*psychologie*

V.v Lettres non prononcées

	psychiatry	/saɪ'kaɪətrɪ/	*psychiatrie*
	receipt	/rɪ'siːt/	*reçu*
r	**iron**	/'aɪən/, U.S. /'aɪərn/	*fer*

et en R.P. devant consonne ou en finale de mot non suivi d'un mot commençant par un son voyelle.

s	**aisle**	/aɪl/	*couloir, bas-côté*
	debris	/'debriː/	*débris*
	precis	/'preɪsiː/	*résumé*
	Grosvenor	/'grəʊvnə*/	*Grosvenor*
	Illinois	/ɪlə'nɔɪ/	*Illinois*
	a corps	/kɔː*/	*un corps d'armée*
	island	/'aɪlənd/	*île*
	isle	/aɪl/	*île*
	viscount	/'vaɪkaʊnt/	*vicomte*
t	**ballet**	/'bæleɪ/	*ballet*
	buffet	/'bʊfeɪ/, U.S. /bə'feɪ/	*buffet*
	chalet	/'ʃæleɪ/	*chalet*
	crochet	/'krəʊʃeɪ/	*crochet (ouvrage de)*
	croquet	/'krəʊkeɪ/	*croquet*
	listen	/'lɪsn/	*écouter*
	thistle	/'θɪsl/	*chardon*
	mistletoe	/'mɪsltəʊ/	*gui*
	Christmas	/'krɪsməs/	*Noël*
	soften	/'sɒfən/	*adoucir*
u	**biscuit**	/'bɪskɪt/	*biscuit*
	to build	/bɪld/	*construire*
	buoy	/bɔɪ/	*bouée*
	circuit	/'sɜːkɪt/	*circuit*
	guarantee	/gærən'tiː/	*garantie*
	guard	/gɑːd/	*garde*
	guardian	/'gɑːdjən/	*tuteur*
	guild	/gɪld/	*guilde*
	guilt	/gɪlt/	*culpabilité*
	guilty	/gɪltɪ/	*coupable*
w	**answer**	/'ɑːnsə*/, U.S. /'ænsər/	*réponse*
	sword	/sɔːd/	*épée*
	who	/huː/	*qui*
	whole	/həʊl/	*tout, ensemble*
	whooping cough	/'huːpɪŋkɒf/	*coqueluche*
	to write	/raɪt/	*écrire*
	et en finale ou lorsqu'il est suivi d'une consonne.		
x	**prix**	/priː/,	*prix*

V.v Lettres non prononcées

EXERCICES

Prononcez :

Calm down, instead of gnawing your teeth.

Calm-toi au lieu de grincer des dents.

This is a knotty question, I don't know what to answer.

C'est une question épineuse, je ne sais que répondre.

The yacht has just rounded the buoy, off the Isle of Man.

Le yacht vient de doubler la bouée, au large de l'Ile de Man.

The Colonel, who had lived through so many bombings when he had resisted the coup, died yesterday of pneumonia. He leaves no heirs.

Le colonel, qui avait survécu à tant de bombardements lorsqu'il s'était opposé au coup d'Etat, est mort hier à la suite d'une pneumonie. Il ne laisse pas d'héritiers.

Viscount Douglas, after his studies at Charterhouse School and Magdalen College, Oxford, joined the Scots Guards and served in that corps his whole life.

Le Vicomte Douglas, après ses études à Charterhouse et à Magdalen College, Oxford, s'est engagé dans la Garde Écossaise et a servi dans ce régiment toute sa vie.

On Palm Sunday, they sang solemn hymns and read psalms.

Le Dimanche des Rameaux, ils chantèrent des hymnes solennelles et lurent des psaumes.

V.V Lettres non prononcées

« He's cut himself with the sword he was cleaning ! » « — He would ! His fingers are all thumbs ! Last time he wounded himself it was with a knife and the time before that he hurt his knee with the snowplough ! »

« Il s'est coupé avec l'épée qu'il nettoyait !—« Ça ne m'étonne pas de lui ! Quel maladroit. La dernière fois qu'il s'est blessé c'était avec un couteau et la fois d'avant il s'est fait mal au genou avec le chasse-neige ! »

Why didn't he write his last novel under a pseudonym ? *The drachm and the gneiss gnome*, despite its intriguing title is thoroughly lacking in psychology and is set at naught by most critics.

Pourquoi n'a-t-il pas écrit son dernier roman sous un pseudonyme ? La drachme et le nain de pierre, *malgré son titre mystérieux, manque complètement de psychologie et la plupart des critiques n'en font aucun cas*

« That takes the biscuit ! » he exclaimed when he heard Luke's answer.

« Ça c'est la meilleure ! » s'écria-t-il en entendant la réponse de Luc.

« ... and blessed is the fruit of thy womb, Jesus » is the end of the Angelic Salutation.

« ... et Jésus, le fruit de vos entrailles, est béni » est la fin de la Salutation Angélique.

At cards, the knave, or jack, is a count-card usually ranking below king and queen.

Aux cartes, le valet est un honneur d'une valeur généralement inférieure à celle du roi et de la reine.

There was a short-circuit in the geyser and we had to call the plumber, who came within the hour.

Il y a eu un court-circuit dans le chauffe-eau et il a fallu appeler le plombier, qui est venu dans l'heure.

The conjugation of « amo » and the declension of « rosa » are paradigms.

La conjugaison de « amo » et la déclinaison de « rosa » sont des paradigmes.

VI. SIXIÈME PARTIE : **VARIÉTÉS D'ACCENTS**

I. ÉTATS-UNIS

II. DIFFÉRENTS ACCENTS DES ÎLES BRITANNIQUES

III. COMMONWEALT ET MONDE

1. Australie
2. Canada
3. Nouvelle-Zélande
4. République Sud-Africaine
5. Sous-continent indien
6. Afrique
7. Caraïbe
8. Chine
9. Hong-Kong
10. Japon
11. Philippines
12. Singapour
13. Hispanophones

VI.1. ÉTATS-UNIS

A. Principales différences entre l'américain (General American, sans caractéristiques dialectales ou régionales marquées) et l'anglais (RP).

●● En américain :

1) Le **r** se prononce dans toutes les positions, aussi bien en position finale que devant consonne : ex. **far, term, barn,** etc.

Le mot **iron** /'aɪən/ en RP devient /'aɪərn/ en américain.

2) Le **l** est sombre en toutes positions.

Little Lil likes to sing lullabies, *la petite Lili aime chanter des berceuses.*

3) **(t)t** entre voyelles, sourd en anglais, prend le don /d/ voisé, lui-même ayant presque le son du **r** rétroflexe américain.

Ex. : **what's the matter with Henrietta ?,** *Qu'a Henriette ?*

t après /n/ a tendance à ne pas être prononcé. Ex. **twenty** /twenɪ/

4) La diphtongue anglaise /əʊ/ est remplacée par un son voyelle simple proche de /ɔː/ et /eɪ/ par /e/.

No, I dunno the program of those boat-trips, *Non, j'connais pas le programme de ces promenades en bateau.*

Dans **progress** *progrès*, **pro** se prononce /prəʊ/ en G.B., /prɑː/ en américain.

5) Les quatre sons /æ/, /ɑː/, /ɒ/ et /ɔː/ de l'anglais se réduisent à trois en américain, si bien que certains mots qui en anglais se prononcent différemment ont la même prononciation en américain.

Ex. Se prononcent /æ/

VI.1 Variétés d'accent : États-Unis

bat, flat, sat, cat etc. (comme en anglais)

mais aussi **dance, France, can't, calf, mask, after, example, rather,** etc. (/ɑː/ en anglais).

Se prononcent entre /ɑː/ et /ɜː/ :

father, clerk, Berkeley, derby (en anglais /ɑː/)

mais aussi **bother, not, copy, hot, novel, job** etc. (en anglais /ɒ/).

Se prononcent /ɒː/

long, dog, gone, cross, loft etc. (comme en anglais /o/ mais plus long).

mais aussi **law, jaw, draw, sword, caught, thought, thorn, raucous** etc. (/ɔː/ en anglais).

6) Le son /juː/ ou /jʊ/ anglais, quelle que soit la graphie, après **s, t, d, n, s** est prononcé /uː/ ou /ʊ/. Ex. **tune, duke, resume, due, Tuesday, reduce, tube, nude** etc.

7) Le son /ʌ/ de l'anglais a le son /ə/. Ex. **does, crumb, plunge, love, government, mother, brother,** etc.

8) Le **t** devant un son voyelle à l'intérieur d'un mot ou, en fin de mot précédé d'un son voyelle ou d'un **r**, tend souvent vers un son /d/ : **shutter** /'ʃʌdər/, **right away** /raɪdə'weɪ/.

9) Dans les mots de quatre syllabes ou plus, dans lesquelles l'accent tombe en anglais sur la 1re ou seconde syllabe, il y a souvent un deuxième accent sur l'avant-dernière syllabe dont la ou les voyelles sont prononcées au lieu d'être réduites. Ex. :

contemporary	G.B.	/kən'tempərərɪ/
	U.S.	/kən'tempə,rerɪ/
secretary	G.B.	/'sekrətrɪ/
	U.S.	/'sekrə,terɪ/
testimony	G.B.	/'testɪmənɪ/
	U.S.	/'testə,məʊnɪ/
quantitative	G.B.	/'kwɒntɪtətɪv/
	U.S.	/'kwɑːndə,teɪdɪv/
territory	G.B.	/'terɪtərɪ/
	U.S.	/'terə,tɔːrɪ/
derogatory	G.B.	/dɪ'rɒgətɒrɪ/
	U.S.	/dɪ'rɑːgə,tɔːrɪ/
inventory	G.B.	/'ɪnvəntrɪ/
	U.S.	/'ɪnvən,tɔːrɪ/

VI.1 Variétés d'accent : États-Unis

10) Les voyelles accentuées sont généralement plus longues en américain qu'en anglais. On parle de **« The American drawl »**, *le parler traînant américain*. Les Américains à l'inverse considèrent que les Anglais **« clip their words »** *mangent les mots.*

Exemple :

Some customers feel that a tip should be earned.

Certains clients pensent qu'un pourboire se mérite.

11) En américain, les voyelles sont souvent nasalisées surtout dans le sud.

12) Les polysyllabes en **-ile** se prononcent /-aɪl/ (spécialement **-tile** /taɪl/) en anglais et généralement /ə/ en américain.

Ex. : **docile, futile, reptile, fertile, servile, hostile, versatile, puerile, volatile,** etc.

13) **borough, thorough** se prononcent avec /əʊ/ en finale et non /ə/ comme en anglais.

14) Dans les mots de deux syllabes, on peut avoir en américain 2 accents à peu près égaux au lieu d'une seule syllabe accentuée.

Ex. : **adult** G.B. /'ædʌlt/, U.S. /'æ'dʌlt/
product G.B. /'prɒdʌkt/, U.S. /'prɑː'dʌkt/.

15) Dans le groupe **ower**, l'américain sonorise le **w** et le **r** : **flower, power** /'flawər/, /'pawər/, G.B. /'flaʊə*/, /'paʊə*/

❑ Quelques différences de prononciation sur des mots courants :

	G.B.	U.S.
anti	/ɪ/	/aɪ/
aristocrat	'----	-'---

Variétés d'accent : États-Unis

artisan	--'-	'---	
ate	et	eɪt	**he ate** *il a mangé*
booth	/buːð/	/buːθ/	*cabine (téléphonique)*
brochure	/'-- /'brəʊʃə*/	-'- /brəʊ'ʃʊər/	
clerk	/klɑːk/	/klɜːrk/	*vendeur, employé de bureau*
to combat	/'kɒmbæt/	/kəm'bæt/	
data	/eɪ/	/æ/	*données*
detour	/'diːtʊə*/	/dɪ'tʊər/	
garage	/'gærɑːʒ/	/gə'rɑːʒ/	
leisure	/'leʒə*/	/'liːʒər/	*loisirs*
lieutenant	/lef'tenənt/	/luː'tenənt/	
migraine	/'miːgreɪn/	/'maɪgreɪn/	
quinine	/kwɪ'niːn/	/'kwaɪnaɪn/	*quinine*
schedule	/'ʃedjuːl/	/'skedʒuːl/	*horaire*
vitamin	/'vɪtəmɪn/	/'vaɪdəmɪn/	*vitamine*
wrath	/rɒθ/	/ræθ/	*colère*

B. **Nous ne pouvons, dans le cadre de cet ouvrage, traiter des accents particuliers à chaque région des États-Unis, mais on peut distinguer quelques caractéristiques essentielles, en ce qu'ils diffèrent du « standard American » ou « general American ».**

4 variétés émergent :

1) Le Nord

2) Le Centre

3) Le Sud

4) La prononciation noire américaine.

VI.1 Variétés d'accent : États-Unis

1) Le **Nord** se divise en :

a) **Eastern New England,** *Nouvelle Angleterre Orientale* autour de Boston où la langue est la plus proche du "British English" dans la prononciation de /ɒ/ pour **hot** (alors qu'ailleurs il tend vers /æ/), de /ɑː/ et non /æ/ pour **father** et la non-prononciation du **r** devant consonne ou en finale. Ainsi **park** /pɑːk/, **car** /kɑː*/ etc.

b) **New York** : la variété est là beaucoup plus grande et reflète surtout le niveau social, plutôt que l'origine.

Ainsi /'tɒɪtɪ'tɒɪd/ pour **twenty third** est-il considéré comme révélateur d'un certain manque d'éducation, mais /θɔɪd/ pour **third** est tout de même assez courant. Le **r** est plus souvent prononcé en fin de mot ou devant consonne qu'à Boston et **car** devient /kɔːc/ ou /kɑːr/, **frog** /frɑːg/, **on** /ɑːn/ mais **dog** /dʊ'ɔːg/, **off** /ʊ'ɔːf/, **line** /lɔɪn/ et **bird** /bəɪd/.

c) **Inland Northern** (le nord continental, des Green Mountains du Vermont et du fleuve Connecticut jusqu'aux Dakotas et au Nebraska).

Le **r** post-vocalique est conservé.

Le **a** de **ask** est /æ/.

2. Le **Centre** est lui aussi divisé en :

a) **North Midland**

• Là aussi on a le **r** post-vocalique et /æ/ pour **ask.**

• De plus, on a une seule prononciation en /e/ pour **egg, care, Mary** ou **merry.**

• On trouve aussi des prononciations caractéristiques autour de Philadelphie (Pennsylvanie), que ses habitants prononcent /fəl'ʌfjə/.

• Ainsi **balance** devient /baʊns/, **always** /ɔɪz/, **street** /ʃtriːt/, **car** /kɒr/, **down** /deən/, **go** /geə/, **house** /heəs/, etc.

De même pour **Baltimore** (Maryland) que les gens du cru appellent /'bɔːləmər/. Là **down** devient /'deɒn/, **shore** /ʃuːr/, **fight** /fæt/, etc.

b) **South Midland** (Les Virginies presque en entier, la Caroline du Nord, presque tout le Kentucky et le Tennessee et à l'ouest jusqu'au Sud Missouri, Arkansas et Nord Texas), au ton chantant et nasillard où **you** devient /jɒl/. En fait, il se différencie très peu de l'accent du Sud.

3) Le **Sud** : les accents y sont très variés, vu l'étendue qu'il représente, mais seule une oreille exercée pourrait les localiser.

Les principales caractéristiques sont :

a) l'absence de **r** devant consonne et en fin de mot, souvent même devant un mot commençant par une voyelle : ainsi **far away** /fɒːə'we/.

b) l'accent traînant **(Southern drawl)** qui fait qu'un mot comme **yes** devient /'jeɪs/ ou même /jejəs/, **class** /klæɪs/ ou /klæjəs/.

c) l'accent de phrase portant généralement sur le dernier mot.

d) des déplacements d'accents dans certains mots : **'insurance, 'umbrella.**

e) le son /e/ et même le son /æ/ sont souvent prononcés /ɪ/ comme dans **red** /rɪd/ ou **can I help you ?** /'kɪnə'hepjʊ/.

f) Les consonnes finales sont souvent omises (et même le l suivi de consonne comme dans l'exemple précédent).

g) Dans certaines régions, le /j/ reparaît comme en **British English** dans des mots comme **Tuesday** /'tjʊsdɪ/ ou **duty** /'djʊtɪ/ et il se glisse même dans des mots où on ne l'attendrait pas comme **garden** /'gjɑːdn/ ou **card** /kjɑːd/ en Virginie, dans la Caroline du Sud ou l'est du Texas.

4) L'accent noir américain **(black English)** est principalement une question de niveau social. Il a été, certes, profondément influencé par la langue créole parlée par les esclaves noirs.

Variétés d'accent : États-Unis

Il y a deux tendances principales cependant :

a) l'insertion d'une voyelle entre deux consonnes. Ex. : /θə'rɪ/, **three.**

b) la suppression de certaines consonnes à l'intérieur ou à la fin des mots, ou leur transformation.

Ex. : /θʊ/ pour **through** ou /fæs/ pour **fast,** /'jesərdɪ/ pour **yesterday,** /wɪf/ pour **with,** /smuːv/ pour **smooth.**

On note aussi la diphtongaison de certaines voyelles : ex. **kid** /kɪəd/, **head** /heəd/, **as** /'æəz/

et à l'inverse la monophtongaison de /ʊə/ et /ɒə/ en /ɒ/. Ainsi **sure** et **shore** ont la même prononciation ; **side** /saɪd/ devient /sæd/.

c) la distinction /n/, /ŋ/ disparaît : **driving** /'draɪ'vɪn/.

EXERCICES

1. Essayez de retrouver l'origine géographique de ce texte.

He left his /heəs/ **in Northeast** /fəl'ʌfjə/ **and got into his** /kɔːr/ **to** /'geəʊ'deən/ **to** /'ʃprɪŋ'goːrdn'ʃtriːt/ **shtreet like he** /ɒɪz/ **does. But on the way he got into a** /fʊɪt/ **with another driver. It was** /bɪəd/.

Réponse : **Philadelphie.**

Corrigé : **He left his house in Northeast Philadelphia and got into his car to go down to Spring Garden Street like he always does. But on the way he got into a fight with another driver. It was bad.**

2. Voici quelques mots prononcés différemment en anglais britannique et en américain :
process
ask, can't, example, fast, France
job, hot
law, thought

due, tube, student
does, love, mother, government
secretary, territory, inventory, testimony
adult, product
power, flower
anti
data
leisure
lieutenant
schedule
vitamin
wrath

3. Quelques accents des États-Unis

New York, Brooklyn :

(D') You want to go to the movies tonight with me and my brother ?

Tu veux venir au ciné ce soir avec moi et mon frère ?

Californian middle-class :

Hi ! what're you doing ? Let's go swimming ! It's a gorgeous day !

Salut ! Qu'est-ce que tu fais ? Allons nager ! C'est une journée splendide !

Boston :

Jack Kennedy and his brothers were born in Boston.

Jack Kennedy et ses frères sont nés à Boston.

VI.II. LES DIFFÉRENTS ACCENTS DES ILES BRITANNIQUES

Nous avons choisi comme accent de référence la R.P., bien qu'elle ne soit utilisée que par peut-être 3 % des Anglais.

C'est cependant la prononciation des speakers de la BBC, à la radio comme à la télévision, et partant, l'accent le mieux compris de tous les Anglais. Il ne s'agit pas là d'un élitisme de mauvais aloi, mais d'une question de commodité. De plus, il vaut mieux partir d'un accent qui, comme nous l'avons vu, « avale des mots », tout au moins en partie et passer ensuite à l'étude des variantes qui intègrent plus de lettres, comme le **r.**

En compréhension, comme ailleurs, qui peut le plus, peut le moins.

Maintenant, il nous faut passer en revue les différentes sortes d'accent. Pour commencer, on peut distinguer les variétés dues au niveau social, depuis les classes supérieures **(upper middle class),** jusqu'aux classes laborieuses **(lower working class).**

Mais il n'y a pas 2 "classes", mais au moins 5 : **lower middle class, upper working class, middle working class,** et les limites en sont assez floues.

Un exemple est l'emploi ou le non-emploi de /h/ avec les mots commençant par **h** (en dehors des exceptions **hour, honour, heir** et leurs dérivés : peu de gens au sommet de l'échelle sociale prononcent /ed/ pour **head,** alors qu'à l'autre extrémité, peu nombreux seront ceux qui utiliseront /h/.

Puis intervient l'âge du locuteur. A niveau social égal, plus il sera jeune et plus il sera influencé par la tendance américaine à la monophtongaison : ainsi **sure, moor,** etc. /ʃʊə*/, /mʊə*/, devient chez les plus jeunes /ʃɔː*/ et /mɔː*/ et **our** /aʊə*/ → /ɑː*/.

VI.II Variétés d'accent des îles britanniques

Venons-en enfin aux accents régionaux, qui se combinent avec la différence mentionnée précédemment.

• Ainsi dans l'Est de l'Angleterre, la région du Norfolk, le sacro-saint **s** de 3e personne du présent de l'indicatif des verbes réguliers tend à être omis.

On trouve **he speak, he say,** là où la R.P. a **he speaks, he says.**

• A l'inverse, dans certaines régions du Nord de l'Angleterre, en Cornouailles et en Galles du Sud, on a l'emploi de **s** à toutes les personnes : **I wants it, we likes that, you knows him.**

• En Écosse et en Irlande du Nord, cet emploi du **s** aux première et deuxième personnes et à la troisième du pluriel est une sorte de présent de narration : **I goes round the house and I sees a dog squatting on its haunches.**

Je fais l'tour d'la maison et v'la t'y pas que j'trouve un chien assis sur son derrière.

Ces différences sont en fait grammaticales plus que phonétiques. Les véritables différences phonétiques entre les régions portent sur les modifications des sons voyelles et des sons consonnes.

A. PRINCIPALES MODIFICATIONS (voyelles/consonnes)

1. La voyelle /ʌ/ :

Elle ne se trouve pas dans le Nord et le Centre (Midlands) de l'Angleterre, où elle est remplacée par /ʊ/ : ex : **come on, me duck.** *Allons mon garçon/ma fille*, **Yes, me luv,** *Oui, ma belle, mademoiselle, madame.*

Ainsi **could** et **cud** ont-ils le même son que **blood** et **good.**

2. La voyelle /ʊ/ est souvent allongée en /uː/

Look at the book.

3. /æ/ et /ɑː/

	R.P. et Sud-est de l'Angl.	Nord de l'Angl. Midlands	Pays de Galles	Écosse et Irlande du Nord
cat, sad, mad	æ	æ	æ	æ
brass, laugh, path	ɑː	æ	ɑː	æ
France, plant, command	ɑː	æ	æ	æ
chart, far, tart	ɑː	ɑː	ɑː	æ
calf, calm, shan't, tomato	ɑː	ɑː	ɑː	æ

4. /ɪ/ et /iː/

	R.P. Cheshire, Lancashire, Yorkshire	Sud de l'Angleterre
Finales non accentuées **pity, honey, coffee**	/iː/	/ɪ/

5. /r/

	R.P.	Écosse, Irlande, S.O. de l'Angleterre, Liverpool
Far, dark	/fɑː*/ /dɑːk/	/faiːr/ /dɑːrk/

6. /h/

R.P., Nord-Est de l'Angl. Écosse, Irlande	La plupart des villes
/h/	Le **h** n'est pas prononcé

7. /ʔ/ the glottal stop, *coup de glotte*

• Sauf au Pays de Galles, cette plosive est souvent employée par les jeunes citadins d'origine ouvrière avec **t,** spécialement lorsque ce **t** est en finale devant un mot commençant par une consonne (ou même une voyelle), ou lorsqu'il est suivi d'une consonne (plus particulièrement **l**) ou d'un **r** final.

Ex. : **that man, mutton, that idiot, battle, buttered,** *beurré*.

• Dans le Nord-Est de l'Angleterre et en Irlande du Nord, le "coup de glotte" existe aussi avec d'autres sons consonnes, comme /p/ et /k/ surtout entre voyelles.

Ex. : **zipper,** *fermeture éclair*, **liquor,** etc.

8. /j/

• Comme en américain, le son /j/ disparaît dans de nombreuses régions (Londres et sa banlieue Nord) après /n/, /t/ ou /d/.

Ex. : **news, tune, duke.**

ou même après toutes les consonnes dans l'Est de l'Angleterre, au Nord de la Tamise.

B. QUELQUES ACCENTS PARTICULIERS :

1. A tout seigneur tout honneur, celui de Londres, le fameux Cockney.

Les caractéristiques en sont très nombreuses :

a) /h/ est presque toujours absent ou placé là où on ne l'attend pas. Ex. : **heart** /ɑːt/, **art** /hɑːt/

b) le coup de glotte est très fréquent

1. avec /p/ entre voyelles : **paper**
2. à la place de /t/ entre voyelles ou en fin de mot. Ex. : **butterfly, wet.**

c) /θ et /ð/ sont généralement remplacés par /f/ et /v/

Ex. : **thick** /fɪk/
both /bəʊf/
mother /'mʌvə*/

ou par /d/ ou rien à l'initiale

the /də/
they /deɪ/

d) /eɪ/ devient /aɪ/

Ex. : **paper** /'paɪpə*/

e) -ing devient /ɪn/ au lieu de /ɪŋ/

f) un /r/ excrescent là où il n'a rien à faire

Ex. : **now** /naʊr/
about /ə'bɑːrt/
ask /ɑːrsk/
off /ɔːrf/

g) le /ɪ/ final est allongé en

Ex. : **city** /'sɪtiː/

Depuis les années 1990, on note deux nouveaux types d'accent dérivés du Cockney.

1. **Estuary English** : qui s'étend principalement vers l'Est de Londres, dans la région de l'estuaire de la Tamise, d'où son nom. Il contient à la fois des éléments de R.P. et des accents régionaux, comme le Cockney. Il est particulièrement à la mode dans les spectacles de variété, chez les musiciens pop ou rock et les présentateurs d'émissions télévisées pour enfants.

2. **Mockney** : terme humoristique ou péjoratif qui s'applique tant au langage qu'à la personne qui l'emploie. Il s'agit d'une imitation affectée de l'accent et du vocabulaire cockney, délibérément utilisés par quelqu'un issu d'un milieu favorisé pour cacher cette origine.

2. Le Nord de l'Angleterre

Sans rentrer dans les particularités du "scouse" (autour de Liverpool) ou des "Geordies" (sur les bords de la Tyne), on peut noter :

a) /ɑː/ devient /æ/ : **Sam** et **psalm** ont la même prononciation.

b) le son /ʌ/ des mots en **u** devient /ʊ/

Ex. : **but**

c) les diphtongues sont généralement monophtonguées.

Ex. : **plate** /pleɪt/ où /e/ est allongé.

d) /r/ est roulé

e) /h/ est généralement absent ainsi que /ŋ/ dans les finales en -ing qui deviennent /ɪn/.

f) le son /ʊ/ de **book** ou **cook** devient /uː/

g) dans certaines régions, comme Newcastle, /ɜː/ devient /ɔː/.

Ex. : **first** /fɔːst/
shirt /ʃɔːt/

3. L'Écosse

• L'accent écossais a conservé le /r/ post-vocalique, si bien que nombre de diphtongues n'existent pas en écossais.

Ainsi, on a :

bee	/biː/	**beer**	/biːr/		
pet	/pet/	**fern**	/fern/	**there**	/ðer/
pit	/pɪt/	**bird**	/bɪrd/	**fit**	/fɪt/
hat	/hæt/	**hard**	/hærd/		
boot	/bʊt/	**poor**	/pʊr/	**pull** /pʊl/, **pool** /pʊl/	
down	/duːn/ parfois orthographié			**round** /ruːn/, **town** /tuːn/ parfois orthographié	
doon	**roon**				

boat /bɒt/ **board** (où /o/ est plus arrondi que /ɒ/)
pot /pɒt/ **paws** (comme *pose*)

et **own** devient /eɪn/ souvent orthographié **ain, home** /heɪm/ **(hame), stone** /steɪn/.

• De plus **wh** dans **which** se prononce /hwɪtʃ/ et non /wɪtʃ/ comme généralement en R.P. et un son consonne nouveau apparaît /x/ qui correspond à une graphie **ch,** comme dans **loch**.

• Des variations notables existent d'une région à l'autre de l'Écosse, ce qui rend toute généralisation supplémentaire hasardeuse.

4. Irlande

a) De par l'influence de nombreux colons écossais en Irlande du Nord, l'accent n'y est guère différent, en gros, des caractéristiques données pour l'Écosse.

Quelques particularités de l'irlandais sont :

• /æ/ pour /ɒ/ ex. : **not, got** (comme en américain)

• /ɪ/ pour /e/ devant nasale. Ex. : **tennis** /'tɪnɪs/, **temper** /'tɪmpər/

• /θ/ et /ð tendent vers /t/ et /d/ : ex. : **there** /der/

• à l'initiale /p/, /t/ et /k/ sont fortement expirés : **pin, tin, kin.**

• le **l** (clair) de **light** est préféré dans toutes les positions à celui de **full** (sombre).

• Et surtout l'intonation chantante, connue sous le nom d'**Irish lilt**.

5. Pays de Galles

• 500 000 Gallois sur 2 750 000 parlent l'anglais en seconde langue, ce qui ne laisse pas d'avoir une influence certaine sur la prononciation des Gallois parlant anglais.

VI.II Variétés d'accent des îles britanniques

- Les principales particularités du **Welsh English** sont :

a) les consonnes /t/, /d/, /n/, /l/, /s/, /z/, se prononcent plus en avant que leurs équivalents anglais.

b) les plosives /p/, /t/, /k/, sont fortement expirées comme les fricatives /f/ et /s/à l'initiale.

c) l'élision est fréquente, surtout pour **th**

— **that's wrong, then** → /'æts rɒŋ'en/
c'est faux, alors

d) les diphtongues sont moins fréquentes qu'en R.P. et :

/eɪ/		/e/
/əʊ/	deviennent souvent	/ɒ/
/jʊ/		/ʊ/

situation /sɪtʊ'eʃn/ au lieu de /sɪtʃʊ'eɪʃn/

e) le Gallois ayant tendance à élever la voix sur la seconde syllabe d'un disyllabe, cette influence donne au **Welsh English** un rythme chantant.

Gladys Owen went to Llangollen[1] with Gwen Price from Rhyl[2], look you, because there's friends now.

Gladys Owen est partie pour Llangollen avec Gwen Price de Rhyl, voyez-vous, parce qu'elles sont amies maintenant.

EXERCICES

Différents accents des îles britanniques :

Yorkshire : Oh no ! it's raining again this morning !

Ah non ! il pleut encore ce matin !

---

1 **Ll** ou **-ll-** est une graphie d'un son typiquement gallois, sans équivalent en anglais. Il se prononce approximativement /θ/ ou /h/.

2 **Rh** en tête de noms de lieux gallois se prononce /hr/.

VI.II Variétés d'accent des îles britanniques

<u>Glasgow</u> : The river Clyde runs through the city of Glasgow.

La rivière Clyde traverse la ville de Glasgow.

<u>Cockney</u> : I'm really angry. Let's go for a nice cup of tea.

Je suis vraiment en colère. Allons prendre une bonne tasse de thé.

<u>Northern Ireland</u> : The Reverend Paisley wants to make the Province ungovernable.

Le Révérend Paisley veut rendre le pays ingouvernable.

<u>Midlands</u> : It's terrible weather.

Il fait un temps abominable.

<u>Liverpool</u> : The Beatles were four cheeky musical lads from Liverpool.

Les Beatles étaient quatre jeunes musiciens effrontés de Liverpool.

<u>Newcastle</u> : In Newcastle, people are called Geordies and they like going to the horse races.

A Newcastle, les gens s'appellent les Geordies et ils aiment aller aux courses de chevaux.

<u>Oxford and Cambridge</u> : —"Terrible weather recently. Too wet for horse-riding". — "Awfully bad for the tennis". — "Yes. I suppose Wimbledon will be a washout".

— « *Temps abominable ces jours-ci. Trop humide pour faire du cheval* » — « *Désastreux pour le tennis* ». — « *Oui.Ça risque d'être une catastrophe pour Wimbledon* ».

VI.III. COMMONWEALTH ET MONDE

1. L'Australie

a) Le rythme de la phrase est plus lent qu'en Grande-Bretagne. Il y a des déplacements d'accents de mot, des assimilations, des élisions semblables à l'américain si bien que *parlons australien* devient **let stalk Strine.**

b) On trouve des vestiges de Cockney, provenant des premiers colons : /eɪ/ tend vers /aɪ/ et /aɪ/ vers /ɔɪ/.

Ex. /aɪ/ **wait, hay, basin**
/ɔɪ/ **tile, high**

c) Certaines voyelles longues tendent à être diphtonguées /iː/ devenant /əɪ/. Ainsi **beat** /bəɪt/, **feed** /fəɪd/

/uː/ devenant /ʊə/. Ainsi **goose** /gʊəs/.

En revanche, les diphtongues de **here, there, sure** tendent vers la monophtongaison.

d) Les syllabes non accentuées en /ɪ/ se prononcent généralement /ə/. Ainsi **artist** /'ɑːtəst/, **patted** /'pætəd/, **villages** /'vɪlɪdʒəz/, **become** /bə'kʌm/.

e) Le **l** sombre se transforme souvent en voyelle, ainsi **milk** devient /mɪʊk/, **silk** /sɪʊk/ etc.

f) Le /z/ final devient parfois /s/

Ex. : **letters** devient /'letəs/.

g) Les voyelles de mots comme **get** et **hat** sont très proches et tendent vers /e/.

Exercice

In the villages, they feed the beasts of burden with hay and milk.	

Dans les villages, ils nourrissent les bêtes de somme avec du foin et du lait.

The artist was wearing a silk hat.

L'artiste portait un haut-de-forme.

2. Canada

• L'anglais du Canada est bien entendu très fortement influencé par l'américain.

• Ainsi le /r/ post-vocalique est-il la règle, même si les classes les plus cultivées suivent plutôt la R.P. dans ce domaine. Notons cependant quelques différences :

a) Lorsque les diphtongues /aɪ/ et /aʊ/ de R.P. sont suivies de consonnes sourdes elles tendent le plus souvent respectivement vers /əɪ/ et /əʊ/.

Ex. : **type** /təɪp/ (mais **tie** /taɪ/)
rice /rəɪs/ (mais **rise** /raɪz/)
right /rəɪt/ (mais **ride** /raɪd/)
et **mouth** /məʊθ/ (mais **mouths** /maʊðz/)
clout /kləʊt/ (mais **cloud** /klaʊd/).

b) A l'inverse des Américains, les Canadiens anglais prononcent plus volontiers :

lever /'liːvə*/ que /'levə*/
anti /'æntɪ/ que /'æntaɪ/ etc.

Écoutez

The railway clerk,	**forty**
/klɜːk/	/fɔːdɪ/
from Toronto,	**took a new**
/tə'rɒnəʊ/	/nʊ/
mouthful of rice.	

L'employé de chemin de fer, 40 ans, de Toronto, prit une nouvelle bouchée de riz.

the twenty	**anti-ballistic**	**missiles**	
/'twenɪ/	/'æntɪ/	/'mɪslz/	
due	**to arrive**	**Tuesday**	**will give**
/dʊ/		/'tʊsdɪ/	
the country more clout.			

Les vingt fusées anti-balistiques, dont l'arrivée est prévue pour mardi donneront au pays plus de « persuasion ».

3. Nouvelle-Zélande

• Très proche de l'anglais d'Australie, celui de Nouvelle-Zélande s'en distingue parfois sous l'influence des différents colons qui s'y sont installés et, pour le vocabulaire, des aborigènes Maoris.

Ainsi, dans le sud du pays, une petite colonie d'origine écossaise continue de prononcer le /r/ post-vocalique.

a) Par ailleurs, le /l/ tend à être sombre en toute position. Ainsi **like, flight,** etc.

b) En finale, après consonne, /l/ tend, comme en Australie, à se transformer en voyelle. Ainsi **bottle** devient /'bɒtuː/.

c) Le /ɪ/ de **fit, is, tip,** etc. tend vers /ə/

Ex. :

This bit of string is thick

Ce bout de ficelle est gros.

d) les /æ/ et /e/ anglais deviennent souvent respectivement /e/ et /ɪ/. Ainsi :

The cat and the hen are on the bed.

Le chat et la poule sont sur le lit.

e) Certaines voyelles longues ont tendance à être diphtonguées.

Ex. : **beat** devient /'biːɪt/,
boot devient /bɪʊt/

f) Les sons /ɪə/ et /eə/ tendent à se confondre pour de nombreux Néo-zélandais.

Ex. : **beer** et **bear.**

De même pour /ʌ/ et /ɒ/ qui tendent vers /ɒ/

Ex. : **but** → /bɒt/

The bear drinks beer from the bottle like a man.

L'ours boit de la bière à la bouteille comme un homme.

4. République Sud-Africaine

Il ne s'agit pas ici d'étudier l'influence de l'afrikaans sur l'anglais parlé en Afrique du Sud mais de noter les caractéristiques du South African English.

Assez proche de la R.P., il s'en distingue cependant par :

a) une tendance à confondre /ɑː/ et /ɔː/

Ex. : **far** et **fore**
lard et **lord**
barred et **bored**

b) le fait que les diphtongues /aɪ/ et /eə/ de la R.P. sont souvent simplifiées en /ɑː/ et /e/

I'll drive you there to get the milk.

Je vous y conduirai (en voiture) pour aller chercher le lait.

We went to see a nice film last night.
Nous sommes allés voir un bon film hier soir.
Are you flying South-African Airways to America ?
Est-ce que vous volez sur South-African Airways pour aller aux Etats-Unis ?

c) comme en Australian English, les /ɪ/ non accentués prononcés généralement /ə/.

Ex. : **villages** /'vɪlədʒəz/, comme **villagers.**

d) le /e/ est souvent diphtongué en /ɪə/ : **yes** /jɪəs/

e) /ɪ/ accentué tendant vers /e/ et /æ/ accentué vers /e/.

Ex. : **sit** /set/
cat /ket/

f) /p/, /t/ et /k/ sont moins aspirés qu'en R.P. et des consonnes finales souvent réduite à une :

Ex. : **gist** /dʒɪs/

Lorsque le degré de culture est moindre, ces différences sont accentuées et le /r/ postvocalique apparaît.

5. L'anglais du sous-continent indien

• Dans un pays comme l'Inde, qui compte environ 850 langues et dialectes, l'anglais, même s'il n'est plus langue officielle, reste la langue véhiculaire par excellence à l'intérieur du pays, ainsi que dans les relations entre les populations de tout le continent : Pakistan, Bangladesh, Sri Lanka ou Népal.

• Il est bien évident que l'influence des diverses langues locales rend toute généralisation assez approximative, mais on peut cependant donner quelques caractéristiques valables pour la plupart des régions.

a) L'accent de mot est souvent déplacé ou absent, ce qui ne facilite pas la compréhension.

b) La prononciation de /t/, /d/, /s/, /z/, /l/, /r/ et /n/ est influencée par le fait que la langue, au lieu de s'appuyer contre les dents, est légèrement roulée contre le palais.

c) Le **th** /θ/ devient /t/

le **th** /ð/ devient /d/

chez de nombreux locuteurs

I think that /aɪ tɪnk dæt/

d) A l'initiale, la distinction entre /p/ et /b/, /t/ et /d/ et /k/ et /g/ tend à disparaître, du fait que l'expiration, phénomène qui distingue le premier groupe du second, ne se fait pas.

D'où de nombreuses confusions possibles :

Ex. : **petty / Betty**
tennis / Dennis
cut / gut

e) Beaucoup de régions ne distinguent pas /v/ et /w/, /n/ et /ŋ/

f) /ɪ/ précède souvent des groupes de consonnes commençant par /s/, ou s'y insère :

ainsi **scare devient** /ɪ'ske*/, **speed** /ɪ'spiːd/, **street** /ɪ'striːt/ ou /sɪ'triːt/ etc.

g) Les **r** finaux ou devant consonnes ne sont pas prononcés.

h) /ɑː/ et /ɔː/, /ɒ/ et /æ/ tendent à se confondre.

i) Comme les syllabes sont peu différenciées par l'accentuation, les voyelles qui en R.P. deviennent /ə/ tendent à reprendre leur valeur graphique.

Ainsi y-a-t-il peu de différence entre le son /æ/ de **fat** et celui de **affect** (/ə'fekt/ en R.P.).

j) La diphtongue /eɪ/

tend à devenir /e/, la diphtongue /əʊ/ tend à devenir /ɒ/.

6. L'anglais en Afrique

Nous avons déjà étudié l'anglais parlé en République Sud Africaine par la minorité blanche.

• Il s'agit à présent de l'anglais, langue véhiculaire d'une grande partie des pays d'Afrique, anciennement colonies britanniques. Il ne s'agit ni de créoles, ni de pidgins, trop nombreux à décrire, mais de la seconde langue de nombreux pays. On peut distinguer :

VI.III Commonwealth et monde

a) **Le West-African English** : L'anglais est la langue officielle (ou l'une des langues officielles) au Cameroun, en Gambie ; au Ghana, au Liberia, au Nigéria et en Sierra Leone et la plus enseignée des secondes langues au Bénin, en Côte-d'Ivoire, au Gabon, dans les trois Guinées, au Sénégal et au Togo.

Voici les caractéristiques communes :

1) la non-prononciation du **r** devant consonne ou en fin de mot, comme en R.P.

2) /ə/ se prononce /a/ qui est la représentation phonétique du français *patte*. Ex. : **sister** /'sɪsta/, **here** /hɪa/, **fare** /fea/ etc.

/əː/ et /ʌ/ deviennent /é/ comme dans le français « thé ».

Ex. : **bird** /béd/, **cut** /két/.

/iː/ et /ɪ/ ont la même valeur /iː/

Ex. : **seat** et **sit** /siːt/

/æ/ et /ɑː/ ont la même prononciation /a/ (du français « patte »).

Ex. : **cat** et **cart** /kat/.

3) les diphtongues /eɪ/ et /əʊ/ se raccourcissent pour aboutir aux sons de /é/ et /o/ qui est la graphie de la voyelle française de « dos ».

Ex. : **date** /dét/
note /not/, **to date** /dot/.

4) /θ/ et /ð/ sont le plus souvent remplacés par /t/ et /d/

Ex. : **thief** /tɪf/
father /fada/

5) les groupes de consonnes, surtout à l'initiale, intercalent la voyelle qui suit le groupe :

Ex. : **stop** /sotop/
straight /sétrét/
street /sɪtrɪt/
trouble /torobʊl/

6) les groupes de consonnes finales sont souvent réduits.

Ex. : **band** /ban/

VI.III Commonwealth et monde

Voici maintenant quelques particularités des différents pays d'Afrique de l'Ouest qui s'ajoutent à celles indiquées ci-dessus.

• Nous commencerons par le **Nigéria,** le plus peuplé des pays d'Afrique : l'anglais y subit l'influence des langues du sous-continent indien, eu égard au nombre de commerçants et de professeurs de cette origine, et surtout des accents des différentes ethnies qui l'utilisent.

/θ/ devient /t/ dans le Sud, /s/ dans le Nord

/ð/ devient /d/ dans le Sud, /z/ dans le Nord

Ex. : **thin** /tiːn/ ou /siːn/
then /dén/ ou /zén/

le /ʒ/ (ou /dʒ/) final devient /ʃ/ au Sud et est toujours /dʒ/ au Nord.

Ex. : **orange** /orɪnʃ/ ou /orɪndʒ/

/ʌ/ et /ɒ/ tendent à être remplacés par /ɔː/.

Ex. : **nut, not** et **nought** se prononcent de la même façon /nɔːt/

/ʊ/ est prononcé /uː/. Ainsi **pull** (bref) et **pool** (long) ont le même son /puːl/.

Certaines lettres non prononcées en R.P. reprennent leur valeur graphique. Ex. : **ago** /ago/.

• **Le Cameroun**

Avant l'indépendance, il y avait une partie britannique et depuis la réunion des territoires, l'anglais est langue officielle comme l'est le français, ce qui explique les particularités principales de l'anglais du Cameroun.

a) les mots communs aux deux langues dans lesquels des voyelles sont nasalisées en français, comme « patron » /patrõ/[1] conservent cette nasalisation.

patron, prononcé /'peɪtrn/ en R.P., devient /patrõn/.

b) les accents de mot tendent à disparaître, chaque syllabe étant prononcée avec la même intensité.

1. Le tilde /~/ placé sur une voyelle en indique la nasalisation.

De plus, /z/, /bz/, /dz/ et /gz/ se réduisent souvent, en position finale, à /s/, /ps/, /ts/ et /ks/.

Ex. : **these things** /diːs tiːnks/
ribs /riːps/
bags /baks/

b) **L'East African English**

• Tel qu'il est parlé dans les pays suivants : Burundi, Djibouti, Ethiopie, Kenya, Rwanda, Somalie, Soudan, Tanzanie.

• Ce qui était valable pour le West African English l'est aussi pour l'anglais de l'Afrique de l'Est, en ce qui concerne la prononciation du **r,** l'allongement du /ɪ/, la transformation du /θ/ et du /ð/ en /t/ et /d/, la monophtongaison de /eɪ/ en /a/.

• De plus, comme au Nigéria, /ʊ/ s'allonge en /uː/, /θ/ et /ð/ peuvent aussi prendre les valeurs /s/ et /z/.

Enfin /b/ et /v/ deviennent les consonnes sourdes correspondantes /p/ et /f/ :

Ex. : **cab** /kap/
have /haf/

et les groupes de consonnes finaux /nst/, /ns/ intercalent un son voyelle :

Ex. : **against** /égénést/
expense /ɪkspénɪs/

c) **L'anglais d'Afrique Australe**

(Angola, Botswana, Lesotho, Malawi, Mozambique, Namibie, Swaziland, Zambie, Zimbabwe) a bien des points communs avec les régions d'Afrique déjà citées. Principalement la prononciation du **r,** du /θ/ et du /ð/, l'intrusion de voyelles entre des groupes de consonnes en début et en fin de mots, l'allongement du /ɪ/ en /iː/ et du /ʊ/ en /uː/ et enfin l'alignement du /æ/ sur /e/ et du /ə/ sur /a/.

De plus, /ʌ/ prend le plus souvent le son /ɒ/ et /ɜ/ le son /é/.

Les consonnes voisées /b/, /d/ et /g/ sont le plus souvent réduites à leurs homologues sourdes /p/, /t/ et /k/.

d) **L'anglais d'Afrique septentrionale**

• (Algérie, Égypte, Libye, Mali, Maroc, Mauritanie, Niger, Tchad, Tunisie). C'est l'influence de l'arabe qui prédomine dans la prononciation de l'anglais mais la diversité des influences britannique, française, italienne, espagnole et surtout à l'heure actuelle américaine rend une généralisation trop détaillée quelque peu hasardeuse. On peut cependant noter une tendance :

1) à rouler les **r**

2) à faire entendre le **r** final et suivi de consonne sous l'influence de l'américain, même si le **r** de la R.P. est considéré comme plus raffiné.

/θ/ et /ð/ sont souvent remplacés par /t/ et /d/ et en finale par /s/ et /z/.

A l'initiale, /p/ et /b/ sont souvent confondus, dans la mesure où **p** n'est pas expiré comme en R.P.

/tʃ/ et /dʒ/ sont souvent remplacés par /ʃ/ et /ʒ/ si bien que **cheer** et **sheer** ont la même prononciation.

/l/ a le même son « clair » de **light** même s'il est en fin de mot ou après consonne.

Les groupes de consonnes intercalent souvent des voyelles.

Ex. : **months** /mʌntɪz/ (au lieu de /mʌnθs/ en R.P.)

/ŋ/ comme dans **thing** devient /ŋk/, /ŋg/ ou /n/.

• On constate souvent également :

1) un allongement des sons voyelles /ɪ/ en /iː/, /ɒ/ en /ɔː/, /ʊ/ en /uː/ ;

2) une transformation du /e/ en /ɪ/ ;

3) une monophtongaison de /eɪ/, /aɪ/ et /ɔɪ/ en /é/, /a/ et /ɔː/.

7. L'anglais des Caraïbes

• Il s'agit de l'anglais parlé des Bermudes au Surinam en passant par les Bahamas, la Jamaïque, Porto-Rico, les Petites Antilles et la multitude d'îles qui les compose et les régions côtières de pays d'Amérique Centrale et du Sud comme Bélize, le Nicaragua, le Costa Rica et la Guyane Britannique. Dans une zone s'étendant sur près de 30° de latitude, il ne peut guère y avoir d'unité. Ainsi à la Barbade ou dans les Iles Vierges le **r** postvocalique est la règle et souvent aussi en Guyane Britannique. Dans le reste de cette région, c'est le **r** de la R.P. qui prévaut.

Les caractéristiques générales dans ces régions sont :

1) /θ/ et /ð/ remplacés par /t/ et /d/

2) /ŋ/ remplacé par /n/

Ex. : **eating** /ɪtɪn/

3) Dans les groupes de consonnes placés en fin de mot et terminés par /t/ ou /d/, ces derniers ne sont généralement pas prononcés.

Ex. : **asked** /ask/, **build** /bɪl/, **hand** /han/, **most** /mos/.

4) /k/ et /g/, suivis du son /æ/ se transforment en /kja/ et /gja/.

Ex. : **cap** /kjap/
gap /gjap/

5) /ə/ en finale est souvent /a/

Ex. : **bitter** /bɪta/
sister /sɪsta/

6) Les diphtongues /eɪ/ et /əʊ/ sont le plus souvent rendues par /é/ et /o/

Ex. : **late** /lét/
boat /bot/

Par ailleurs, /ɪə*/ et /eə*/ se confondent souvent pour donner /éa/ (ou /er/ là où le **r** postvocalique est prononcé).

7) L'accent de mot est moins marqué qu'en anglais ou en américain si bien que /ə/, lorsqu'il n'est pas final, a le son de la voyelle qu'il représente,

Ex. : **continent** /kontɪnent/ (au lieu de /'kɒntɪnənt/ en R.P.), **painted** /pénted/ (au lieu de /'peɪntɪd/)

ou bien est prononcé /ɪ/

Ex. : **channel** /tʃanɪl/.

8. L'anglais de Chine

• A l'exception de Hong-Kong, jamais l'anglais n'a été langue officielle en quelque point de la Chine que ce soit. Les langues parlées en Chine sont nombreuses mais les quelque dix pour cent de la population qui parlent l'anglais (ce qui représente plus de cent millions de personnes…) ont quelques points communs de prononciation.

1) le **r** est celui de la R.P.

2) /b/, /d/, /g/ n'étant pas des sons de la langue chinoise courante, le mandarin, ils sont le plus souvent remplacés par /p/, /t/, /k/.

3) /n/ et /l/ sont souvent confondus, ainsi que /ŋ/ et /n/.

4) /θ/, /ð/ et /ʃ/ sont le plus souvent remplacés par /s/ et /tʃ/ par /ts/.

5) Les groupes consonnes sont très largement modifiés par l'introduction d'une voyelle entre deux consonnes ou à la fin d'un mot terminé par une consonne.

6) /e/ est souvent diphtongué en /aɪ/.

9. Hong-Kong

• Là l'anglais est langue officielle, comme le Cantonais qui est la langue maternelle de la quasi-totalité de la population. Il y a des similitudes avec l'anglais de Chine mais aussi des différences notables :

1) /p/, /t/ et /k/ n'étant pas expirés à l'initiale à Hong-Kong, ils sont rendus par /b/, /d/ et /g/ et en finale souvent remplacés par le **glottal stop** /ʔ/.

Ex. : **pen** /ben/
tin /diːn/
cut /gʌʔ/
up /ʌʔ/
bug /bʌʔ/

2) /r/ est souvent substitué à /l/

Ex. : **English** /iːŋgriːʃ/
filing /faɪriːŋ/

3) Les groupes de consonnes finaux, surtout lorsque la dernière consonne est un /t/ ou un /d/ perdent cette dernière :

Ex. : **fast** /fas/, **sand** /san/.

4) /iː/ est très largement utilisé à la place de /ɪ/, /uː/ à la place de /ʊ/, et /a/ pour /æ/ et /ɒ/.

5) Les diphtongues /əʊ/ et /eɪ/ sont souvent monodiphtonguées en /ɒ/ et /é/.

10. L'anglais du Japon

• Il est parlé par une minorité d'hommes d'affaires qui ont un contact permanent avec les États-Unis et l'Europe dans cette langue qu'ils possèdent parfaitement. Quant au reste de la population, son anglais est souvent difficile à comprendre pour des raisons d'accentuation, de débit et d'intonation.

On note une certaine confusion phonologique entre /l/ et /r/, /f/ et /v/, /t/ et /d/ ; /θ/ et /ð/ sont souvent remplacés par /s/ et /z/.

Les groupes consonantiques, en début ou en fin de mots, sont souvent séparés par une voyelle. Enfin le nombre de sons voyelles est plus limité qu'en anglais ou en américain, comme pour l'anglais de Chine.

11. L'anglais des Philippines

Occupés et gouvernés par les États-Unis de 1898 à 1946, les Philippines parlent anglais à 50 %, ou plutôt un américain fortement influencé par l'espagnol (les Espagnols colonisèrent les îles dès le XVIe siècle) et par la langue officielle, le ***filipino***, une des nombreuses langues locales.

Il y a donc des particularités de l'anglais des Philippines :

1) le **r** est américain, mais plus bref.

2) /p/, /t/ et /k/, à l'initiale, sont souvent rendus par /b/, /d/ et /g/.

3) En finale, en revanche, c'est /b/, /d/ et /g/ qui deviennent /p/, /t/ et /k/.

4) /f/ et /v/ sont généralement remplacés par /p/ et /b/.

Ex. : **five** /paɪb/.

5) /θ/ et /ð/ sont remplacés par /t/ et /d/.

6) /z/ et /ʒ/ sont remplacés par /s/ et /ʃ/.

7) A l'initiale, des sons voyelles sont généralement intercalés dans les groupes de consonnes, ou précèdent ces groupes.

• En position finale, ces mêmes groupes tendent à perdre la consonne finale surtout si c'est un /t/ ou un /d/.

Ex. : **street** /sɪtrɪ/
school /eskʊl/

8) Les sons /ɪ/ et /iː/ tendent à se confondre, rendant difficile la distinction entre **sit** et **seat ;** de même, confusion entre /ʊ/ et /uː/ :

foot et **food** (/fʊt/ et /fuːd/ en R.P. qui deviennent tous deux /puːt/ ou /pʊt/ aux Philippines) ; confusion aussi entre /ɒ/ et /əʊ/.

9) L'accent de mot tend à disparaître ou bien à être déplacé par rapport à la R.P.

12. L'anglais de Singapour

Il est l'une des quatre langues officielles, avec le chinois, le malais et le tamoul, ce qui n'est pas sans influencer la prononciation de locuteurs d'origines si diverses.

On peut cependant relever quelques traits communs :

1) le **r** est celui de la R.P.

2) /p/, /t/ et /k/ sont parfois remplacés, en finale, par le **glottal stop** /ʔ/.

3) En position finale, les autres sons consonnes sourds sont plus souvent employés que leurs équivalents voisés :

/f/ pour /v/ ex. : **twelve** /twelf/

/t/ pour /d/ ex. : **fridge** /friːtʃ/

/s/ pour /z/ ex. : **applause** /aplɔːs/

4) Dans les groupes de consonnes finaux, la dernière consonne, surtout s'il s'agit de /t/ ou de /d/, n'est pas prononcée. En revanche le /s/ du pluriel l'est.

Ex. : **tents** /tens/
effects /iːfeks/

5) /iː/, /ɔː/, /uː/ remplacent /ɪ/, /ɒ/ et /ʊ/

6) /əʊ/, /eɪ/, /ɔə/ et /eə/ deviennent /ɒ/, /é/, /ɔː/ et /e/

7) L'accent de mot n'est pas habituel et toutes les syllabes tendent à être également accentuées. Il en résulte que le /ə/, si courant en anglais, a le plus souvent le son de sa graphie.

Ex. : **ago** /ago/.

13. Les hispanophones

Leur influence est considérable dans les échanges commerciaux et le nombre d'hispanophones **(Hispanics)** aux États-Unis (25 millions en 1995) est toujours croissant, si bien que leur pourcentage est en train de dépasser celui des Noirs.

VI.III Commonwealth et monde

En dehors du *Spanglish* parlé par les *Latinos*, du style **hasta la bye bye** ou **lonche (lunch),** il est certain que l'anglais parlé tant par les ibériques que par les Latino-Américains présente des caractéristiques communes :

A. L'accent tonique

Il est très fort et net en espagnol. Malheureusement, il tombe souvent sur une syllabe différente de celle de l'anglais correspondant.

Si bien que l'hispanophone a souvent du mal à accentuer correctement.

Ex. : **I don't un'derstand :** *je ne comprends pas*
(au lieu de l'accentuation correcte, **under'stand)**

In which direc'tion is the Consulate ?
Dans quelle direction est le Consulat ?
(au lieu de **di'rection**).

I wish to te'lephone, *je voudrais téléphoner*
(au lieu de **'telephone**).

I beg your par'don : *je vous prie de m'excuser*
(au lieu de **'pardon**).

B. Les consonnes

Ce sont surtout elles qui causent des difficultés aux locuteurs de la langue espagnole.

Il faut distinguer :

1) La prononciation de certaines graphies.

• **b** : cette consonne ne se distingue pas nettement de la lettre **v**, et la prononciation est intermédiaire entre les deux.

Ex. : **the baby has become too big for this very beautiful bed.**

Le bébé est devenu trop grand pour ce très beau lit.

• **d** : le castillan a tendance à prononcer cette consonne comme /ð/ à l'intérieur comme à la fin d'un mot.

Les Hispano-Américains, eux, ne le prononcent généralement pas.

Ex. : **The don has died of a dreadful disease, AIDS.**

Ce maître de conférences est mort d'une maladie horrible, le SIDA.

• **g** : à l'intérieur d'un mot, le castillan a tendance à peu articuler cette consonne ou à lui donner un son voisin de celui de la « jota ».

Ex. : **After digging together for a good half-hour, we were haggard and beginning to feel hungry.**

Après avoir creusé ensemble pendant une bonne demi-heure, nous étions blêmes et commencions à avoir faim.

• **v** : comme nous l'avons vu à propos du **b**, cette consonne est souvent interprétée comme intermédiaire entre le **b** et le **v**.

"I vow vice shall never vanquish virtue" Bill said, "your evil endeavours will be vain".

« *Je jure que le vice ne triomphera jamais de la vertu* », *dit Bill*, « *vos tentatives mauvaises seront vaines* ».

• **s** : cette consonne n'offre guère de difficultés aux Latino-Américains, quand elle est à l'initiale. En revanche, en Espagne l'« s » initial est souvent traité comme /ʃ/.

De plus, comme en castillan jamais l'**s** initial n'est suivi d'une consonne sans être précédé de **e**, il y a une forte tendance à faire entendre cet **e** en anglais.

Ex. : **there was a Slav student at the station who was going to the same school as I.**

Il y avait un élève slave à la gare qui allait à la même école que moi.

En position finale, le **s** dans certaines régions d'Espagne (Andalousie, Estremadure), et la plus grande partie de l'Amérique Latine, se réduit à /h/.

Ex. : **the golden boys assess their losses after the slump.**

Les jeunes spéculateurs font le compte de leurs pertes après l'effondrement des cours.

Enfin en milieu et en fin de mot, lorsque la graphie **s** a le son /z/ en anglais, elle est cependant souvent rendue par /s/

Ex. : **the President observed that the distribution of land to the dispossesed was to resume presently.**

Le Président a fait remarquer que la distribution de terres aux déshérités devait bientôt reprendre.

• **h** : il n'est pas prononcé en espagnol alors qu'il l'est fortement en anglais. Certains hispanophones ont tendance à le remplacer par la 'jota'.

Ex. : **He heard the heavy-handed headmaster hitting the harmless Henry.**

Il entendit le sévère directeur d'école frapper l'inoffensif Henry.

• **ll** : Les Espagnols ibériques ont tendance à prononcer ce groupe /lj/ alors que les Latino-Américains le prononcent plutôt /ʒ/

Ex. : **The bell calling the city dwellers concerned brought a full house.**

La sonnerie appelant les citadins concernés a rempli la salle.

• **r** : Cette consonne est sans doute la plus difficile à prononcer pour un Castillan principalement, qui a l'habitude de rouler cette lettre.

Ex. : **Roger dreams of driving a train when he gets older.**

Roger rêve de conduire un train quand il sera grand.

2) Certains sons consonnes, rendus par des graphies diverses, posent des problèmes aux hispanophones.

• /θ/ et /ð/ existent en espagnol ibérique mais pas dans de nombreux autres pays hispanophones où ils deviennent /s/ ou /z/ et /t/ ou /d/.

Ex. : **The other day, I think I witnessed the death of the last theatre in Thistlethorn.**

L'autre jour, je crois que j'ai assisté à la mort du dernier théâtre de Thistlethorn.

• /ʒ/ Ce son existe chez les Latino-Américains, mais les ibériques ont tendance à le rendre par /j/.

Ex. : **The decision was that on that occasion the collision was due to faulty vision.**

Le verdict a été que cette fois la collision était due à une vue défectueuse.

• /ŋ/ Bien que ce son ait son équivalent en espagnol, les hispanophones ont tendance à lui donner, dans le cas de la graphie '-ng' surtout, le son /n/ seul ou /ng/.

Ex. : **The monks among the congregation were singing, while the bell went ting-a-ling.**

Les moines chantaient au milieu des fidèles, alors que la cloche faisait 'ding ding dong'.

• /j/ Le castillan a tendance à prononcer presque /dʒ/

Ex. : **Yesterday you told me a peculiar yarn about a youth who used a yellow yacht.**

Hier vous m'avez raconté une curieuse histoire d'un jeune qui utilisait un yacht jaune.

• /w/ On trouve en castillan une transformation de ce son en /gw/.

Ex. : **What will you wear, a white waistcoat or a woolen sweater ?**

Que voulez-vous mettre ? Un gilet blanc ou un pull-over de laine ?

C. Les voyelles

Elles sont moins sujettes à erreur, sinon qu'elles sont plus brèves que les sons longs anglais et plus longues que les sons brefs. De plus, les sons /ɜː/ et /ə/ n'existent pas en espagnol et sont de plus en plus souvent rendus par /e/ et la consonne qui suit est prononcée même en finale.

Ex. : **Tell father to purchase better butter at another grocer's.**

Dis à Papa d'acheter du beurre meilleur chez un autre épicier.

D. Les diphtongues

Certaines existent en espagnol, correspondant aux diphtongues anglaises, mais /əʊ/, /ɪə/, /ɛə/ n'ont pas d'équivalent et sont souvent rendues selon la graphie.

VI.III Commonwealth et monde

Ex. : **He was fairly treated, though he had feared it would not be so.**

Il a été traité équitablement, bien qu'il eût craint qu'il n'en soit pas ainsi.

TABLEAU COMPARATIF DES SYSTÈMES DE SYMBOLISATION PHONÉTIQUE

- A.P.I. (Association phonétique internationale), en anglais I.P.A., International Phonetic Alphabet.

- MERRIAM-WEBSTER (U.S.)

Les tableaux qui suivent ne font pas figurer les symboles correspondant à des lettres immédiatement reconnaissables par le lecteur français (b, d, f, h, etc.) et utilisées par les deux systèmes.

Tableau comparatif des deux principaux systèmes de symbolisation phonétique

Système A.P.I.	Exemples	Système Merriam Webster
VOYELLES BRÈVES		
ɪ	**pit**	i
e	**bed**	e
æ	**cat**	a
ʌ	**but**	ə
ɒ	**not**	ä
ʊ	**put**	u̇
ə/ə*	**a/sister**	ə/ə(r)
VOYELLES LONGUES		
iː	**mean**	ē
ɑː/ɑː*	**calm/car**	ȧä(r)
ɔː/ɔː*	**law/born**	ȯȯr
uː	**moon**	ü
ɜː	**work**	ər
DIPHTONGUES ET TRIPHTONGUES		
eɪ	**day**	ā
aɪ/aɪə*	**buy/fire**	ī ī (ə)r
ɔɪ	**boy**	ȯ
əʊ	**no**	ō
aʊ, aʊə*	**now/our**	aüaü(ə)r
ɪə*	**peer**	i(ə)r
eə	**pair**	a(a)(ə)r
ʊə*	**poor**	u̇(ə)r
jʊə*	**your**	yu̇(ə)r
juː	**few, mute**	yü

Tableau comparatif des deux principaux systèmes de symbolisation phonétique

Remarques

• le **r** prononcé en final est représenté par un astérisque * (cf. p. 36).

Système A.P.I.	Exemples	Système Merriam Webster
CONSONNES		
g	**game**	g
tʃ	**child**	ch
dʒ	**Jane**	j
ŋ	**long**	ŋ
θ	**thin**	th
ð	**that**	th
ʃ	**ship**	sh
ʒ	**measure**	zh
j	**yes**	y

❑ **Remarques**

Les symboles phonétiques de l'A.P.I. utilisés correspondent à ceux de la 14e édition de l'*English Pronouncing Dictionary* de **Daniel Jones,** revue par **A.C. Gimson** et **S. Ramsaran** (Dent - 1977), et à ceux du *Pronunciation Dictionary* de **J.C. Wells** (Longman - 1990).

Tableau comparatif des deux principaux systèmes de symbolisation phonétique

On trouve quelques symboles sensiblement différents dans les éditions de dictionnaires antérieures à 1977 :

Nouveaux symboles	anciens symboles
ɪ	i
ɒ	ɔ
ʊ	u
ɜː	əː
aʊ	au
əʊ	əu
ʊə	uə
eə	ɛə
*	*(r)*, *r*

Le *Concise Oxford Dictionary*, dans son édition de 1995, tout en affirmant suivre le système A.P.I. apporte quelques modifications à l'alphabet phonétique.

A.P.I.	Exemples	C.O.D.
æ	**cat**	ə
e	**bed**	ɛ
ɪ	**pit**	ɪ
ɪ	**cosy**	i
ɜː	**work**	əː
əɪ	**buy**	ʌɪ
eə	**pair**	ɛː

INDEX

INDEX

• **Mots commençant par** :

• **Mots terminés par** :

INDEX

Version sonore (CD)

Chaque point de prononciation enregistré est accessible directement en composant un des numéros indexés ci-dessous.

Index

Version sonore (CD)

Version sonore (CD)

Composé par Atelier JOMI – 2001

Imprimé en France sur Presse Offset par

BRODARD & TAUPIN

GROUPE CPI

8687 – La Flèche (Sarthe), le 20-07-2001
Dépôt légal : octobre 1989

POCKET – 12, avenue d'Italie - 75627 Paris cedex 13
Tél. : 01.44.16.05.00